rené
lévesque

portrait d'un québécois

Éditeurs: LES ÉDITIONS LA PRESSE
                                         ALAIN STANKÉ, Directeur
                                         7, rue Saint-Jacques
                                         Montréal 126
                                         (514) 874-6981

Conception graphique: PUBLICI INC.

Photographie de la couverture: MICHEL MONTICELLI

Photos: CENTRE DE DOCUMENTATION DE LA PRESSE
                                         ET COLLECTION PRIVÉE DE L'AUTEUR

Distributeur exclusif   LES MESSAGERIES INTERNATIONALES
pour le Canada: DU LIVRE INC.
                                         4550, rue Hochelaga, Montréal 414, Qué.
                                         (514) 256-7551

Distributeur exclusif   LIBRAIRIE HACHETTE
pour l'Europe: 79, boul. Saint-Germain
                                         Paris VIe (France)

Dépôt légal: BIBLIOTHÈQUE NATIONALE DU QUÉBEC
                                         4e trimestre 1973

                                         ISBN 0-7777-0056-5

jean provencher

rené lévesque

portrait d'un québecois

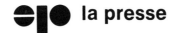 la presse

1

Une enfance heureuse

La Gaspésie de la fin des années 20, tout un univers! Celui des pêcheurs de morues. Celui de la Gou-Gou, l'ogresse géante de l'île Bonaventure, et du Hollandais-Volant, le vaisseau fantôme qui visite chaque année Cap-d'Espoir. Celui, déjà, de ces territoires de pêche au saumon et à la truite, concédés à des intérêts privés.

La Gaspésie de 1929, c'est aussi l'univers de Dominique Lévesque à la recherche d'ondes qui parlent français. À New Carlisle, son appareil radiophonique ne lui permet de capter que la station de Charlottetown. C'est peu dans ce coin de terre où les journaux arrivent invariablement avec trois ou quatre jours de retard. Sans parler de la neige qui réussit à stopper les trains et doubler ce temps de livraison... Comme les stations radiophoniques existantes ne disposent pas d'une grande puissance émettrice ou de relais, Dominique Lévesque a décidé d'aller à leur rencontre.

Il fait abattre deux des plus gigantesques arbres de la région. L'opération ne manque pas d'attirer des curieux, parmi lesquels se trouvent de nombreux marmots, dont son fils René. Bout à bout, les deux arbres forment une antenne extraordinaire pour l'époque. Et l'effort en valait la peine, puisque désormais Dominique Lévesque captera à sa guise non seulement la station montréalaise de CKAC, mais plusieurs stations émettrices de la côte orientale des États-Unis.

Son épouse, Diane, est un peu moins satisfaite de la chose. On a dressé l'antenne tout près de la maison et, par les jours de grand vent, le poteau oscille dangereusement. S'il fallait qu'il cède, il réduirait en miettes le solarium. Heureusement, il résistera aux intempéries.

Dominique Lévesque est avocat. Étudiant en droit, il avait travaillé au bureau d'Ernest Lapointe. C'est à Rivière-du-Loup, sa ville natale, qu'il avait rencontré sa future épouse, Diane Dionne. Après son mariage en octobre 1920, il s'installait à New Carlisle. John Hall Kelly, un autre avocat, l'avait convaincu de transporter ses pénates en Gaspésie et de fonder avec lui une étude légale.

C'est un peu l'aventure pour un jeune homme qui avait étudié à Québec et une jeune fille, originaire de Victoriaville, que de quitter la vallée du Saint-Laurent en 1920 pour aller habiter le littoral de la baie des Chaleurs. Il n'y a peut-être pas à cette époque agglomération québécoise plus anglophone que celle de New Carlisle. On y retrouve les Astles, Caldwell, Chisholm, Flowers, Gallon, Gilker, Hall, Imhoff, Main, Morrison, Sawyer, Starnes et Walker, tous descendants de Loyalistes ou de Britanniques venus des îles Jersey et Guernesey.

Au temps des « Robin »

Et, précisément, l'histoire de la côte sud de la Gaspésie est un peu celle de Charles Robin. Dès 1766, ce marchand de l'île Jersey fait une tournée d'exploration dans le golfe. Alors qu'un de ses frères s'établit sur l'île du Cap-Breton, il choisit la baie des Chaleurs. Durant les 17 années qui suivirent, Charles Robin mit sur pied un réseau de magasins et d'entrepôts à Grande-Rivière, Percé et Gaspé, avec poste central à Paspébiac. Pour beaucoup de gens, le nom de Robin devint synonyme de servitude. Antoine Bernard écrit que ce réseau symbolise « la rigide discipline qui allait pour longtemps soumettre à un joug de fer les pêcheurs de la côte gaspésienne. » [1]

Un instituteur, Paul LeBlanc, va plus loin et lève le voile sur ce « joug de fer ». « Petit à petit, écrit-il, la Compagnie Robin, tantôt par la ruse, tantôt par la force, accapara tous les postes de pêche gaspésiens, les fondit dans un grand tout. Si bien qu'en moins de vingt ans, on put parler d'un véritable monopole de la pêche à la

---

1. *La Gaspésie au soleil*, Montréal, 1925, p. 181.

morue. (...) Trois principes, tous pernicieux, permirent à la maison Robin d'exercer, pendant un siècle, un empire despotique sur les Gaspésiens. D'abord, le système du troc. Tirant profit, dès le début, du fait que leurs employés se trouvaient dans le dénuement absolu, les potentats jersiais installèrent dans chaque localité un magasin général. Puis ils se mirent à payer les pêcheurs moitié en espèces, moitié en nature. Ainsi le maigre argent payé en demi-salaire revenait prestement dans les coffres de la Compagnie, et avec usure. Au surplus, ce système permettant tout juste de ne pas crever de faim durant l'été, quand arrivait la saison morte, de novembre à avril, on vivait à crédit à même le *magasin jaune*, on hypothéquait la saison de pêche suivante, on forgeait en gémissant les chaînes d'une perpétuelle servitude. Un moyen s'offrait, capable d'arracher en peu de temps les Gaspésiens à la griffe de leurs exploiteurs: la culture du sol. Mais, fins renards, les Robin avaient prévu et conjuré d'avance cette éventualité. Ayant de puissantes influences en haut lieu, ils s'étaient fait autoriser à ne concéder à leurs serfs que des lopins de terre de dix arpents carrés au plus. Cet ukase eut pour effet de paralyser pendant un siècle les efforts des morutiers pour compléter par l'industrie du sol leurs moyens insuffisants de subsistance. Tout ce qu'il leur fut loisible de faire, ce fut d'entretenir un jardin, un champ de foin et un pacage. Enfin, troisième principe: il ne faut pas d'écoles, pas d'instruction pour les Gaspésiens! (...) Par une propagande insidieuse et constante, les Robin laissèrent croire aux pêcheurs que l'instruction ne les rendrait guère plus habiles à la pêche. » [1]

Voilà ce qu'était la vie « au temps des Robin ». Et lorsque la famille Lévesque vient habiter New Carlisle, beaucoup de Gaspésiens évoquent cette période avec amertume. En 1920, la Compagnie existe toujours. Elle a cependant changé de propriétaires et fait ses affaires sous la raison sociale de *Robin, Jones & Whitman Ltd.* Son emprise sur la vie économique gaspésienne demeure très forte, mais les pêcheurs songent à s'organiser. En 1923, avec l'aide de l'évêque de Gaspé, François-Xavier Ross, et des autorités gouvernementales, on fonde une organisation de syndicats de pêche. Bien que ces amorces de coopératives aient été laborieuses, les pêcheurs gaspésiens ont trouvé la solution qui, vingt ans plus tard, leur permettra de reléguer *les Robin* au second rang.

---

1. *La Gaspésie avant et après la coopération*, Institut Carillon, Montréal, mai 1945, pp. 13-15.

Au début des années 20, le village de New Carlisle (1,100 hab.) regroupe une bonne partie des cols blancs du comté de Bonaventure. On retrouve dans ce centre administratif le palais de Justice du district, la prison du comté, les bureaux d'enregistrement, plusieurs banques et de nombreuses études légales. Une petite bourgeoisie anglophone a fait sien ce village.

À quatre milles de là, un village de cols bleus, un village de francophones: Paspébiac (2,700 hab.). De tout le comté de Bonaventure, c'est la localité — et de loin — qui fournit le plus grand nombre de pêcheurs de profession. Outre la pêche, l'agriculture, l'industrie laitière et celle du bois constituent les principales activités des habitants.

Bref, dans une Gaspésie qui peut sembler lointaine, l'on retrouve un microcosme du Québec social d'alors. C'est là que naît René Lévesque, le 24 août 1922.

Un tour d'horizon nous montre un Taschereau bien en selle à Québec et qui, lorsqu'il n'inaugure pas des ponts, comme celui de la Batiscan, tente d'appliquer les premières modalités de la loi de l'Assistance publique. On assiste également aux débuts de la Confédération des Travailleurs catholiques du Canada (future C.S.N.) et aux premiers balbutiements de la Coopérative fédérée. Le Québec compte alors quelque deux millions et demi d'habitants. À Ottawa, les Libéraux, avec à leur tête William Lyon Mackenzie King, forment un gouvernement minoritaire.

Ailleurs, en France, par exemple, c'est le retour de Poincaré à la présidence du Conseil. À Rome, après la mort de Benoît XV, le consistoire élit le nouveau pape qui choisit le nom de Pie XI. Il devra composer avec cet homme politique adulé des foules italiennes, Mussolini. L'Égypte, pour sa part, respire un peu mieux depuis que l'Angleterre a mis un terme à son protectorat. En Russie, la Révolution d'Octobre est déjà vieille de cinq ans. Staline devient secrétaire du Parti communiste et l'on met sur pied une police secrète soviétique, la Guépéou.

Le Québec, encore moins la Gaspésie, ne connaît pas de branlebas semblables. De toute façon, à New Carlisle, la famille Lévesque est fort heureuse de l'arrivée de ce fils. Et René est d'autant mieux accepté qu'un premier garçon était décédé à sa naissance, l'année précédente.

Dominique Lévesque ne s'est jamais relevé complètement de la grippe espagnole qu'il contracta lors de la grande épidémie de l'automne 1918. Un peu frustré de ne pouvoir faire d'efforts physiques soutenus, il se consacre au droit et y met le temps qu'il faudra pour devenir finalement un des meilleurs avocats du Bas-du-Fleuve.

Son passe-temps — la lecture — est un peu à l'image de son gagne-pain. Il dévore tout ce qui lui tombe sous la main et, constamment, il achète des livres à New Carlisle même ou en commande par la poste. Il accumule ainsi, à l'exception de ses livres de droit, quelques milliers d'ouvrages. Il faut comprendre que beaucoup de professionnels de campagne trouvaient alors dans la lecture leur seul délassement. Les centres culturels, les tournées de chansonniers, les troupes de théâtre ambulantes et la télévision omniprésente n'existaient pas. La lecture était vraiment une des rares formes de loisir.

René Lévesque fouille «comme un enragé» dans cette bibliothèque bien garnie. « Et c'est normal, ajoute-t-il; je le voyais faire. Et on est singe quand on est petit.» Il imite donc son père qui passe de longues heures à lire.

Son père n'en est que plus heureux. Aussitôt que le fiston peut suivre attentivement un récit, Dominique Lévesque lui raconte les Fables de La Fontaine puisées dans le grand livre à couverture rouge des éditions Mame. Au début, le marmot écoute les paroles et ne rate aucune des mimiques de son père.

Puis il en vient à se pencher sur ce texte qui lui apparaît hiéroglyphique. Il y a bien quelques images; mais elles ne racontent pas tout. Alors il y aurait donc quelque chose de caché sous cette multitude de petites pattes noires? Son père ne l'aide pas beaucoup en lui disant que les pattes s'appellent des lettres. Oui, mais chaque lettre a un nom et toutes les lettres qui se ressemblent portent le même nom. Même là, allez donc comprendre quelque chose, lorsqu'on est un garçon de quatre ans. Il y a bien une lettre qui porte un nom difficile à prononcer : « doublevé ». Et c'est pourquoi on la mémorise plus facilement que les autres. Mais justement les autres? Regarde. Les lettres forment des trains plus ou moins longs qu'on appelle des mots. Prenons ce mot-ci: l o u p , loup. Mais c'est le loup!

Et voilà! Le père, vrai Champollion, lui avait donné la clef du jeu. René Lévesque confiera à Hélène Pilotte: « Il m'a appris le français dans une édition illustrée des Fables de La Fontaine. Après, j'ai su que la fable du loup et de la cigogne, dont je me souviens

11

encore, c'était un chef-d'œuvre. Dans le temps, c'était un jeu. » [1] Et il nous confiera: « On avait une grande édition de l'ancien temps des Fables de La Fontaine, couverture rouge, éditions Mame, qui était admirablement bien illustrée. C'était des contes, les Fables de La Fontaine; alors il nous les contait. Puis, peu à peu, j'ai commencé à les déchiffrer et il me montrait les lettres et tout ça. Ce n'est que bien plus tard que j'ai su que c'était des chefs-d'œuvre. Pour l'instant, ce n'était que des contes. » [2]

René Lévesque sait lire. À quatre ou cinq ans, on lui demande ce qu'il fera plus tard. Chaque enfant répond: « Un chauffeur, un éboueur ou un pêcheur. » Comme si le gigantisme de l'appareil, le côté spectaculaire de l'activité ou le prestige de l'uniforme conférait un certain pouvoir. La réponse de René Lévesque est toujours la même: « Écrire, écrire, écrire. » Pour lui, inconsciemment, le pouvoir de lire est déjà grand; combien merveilleux doit être celui d'écrire!

En septembre 1928, Dominique Lévesque accompagne son fils René à l'école primaire de New Carlisle. Beau temps, mauvais temps, neige ou pluie, le jeune écolier marchera quotidiennement ce mille et demi qui sépare la maison de l'école et, la plupart du temps, quatre fois par jour. « Notre plaisir, ajoute René Lévesque, c'était de le faire justement, ce mille et demi, pour aller à l'école et surtout pour en revenir. »

L'école primaire de New Carlisle est semblable à toutes les écoles primaires des localités éloignées des grands centres. René Lévesque la décrit: « En langue anglaise, il y a une expression, one-room school house, une école à une pièce, six classes dans la même pièce. » Comme il y a beaucoup d'Irlandais à New Carlisle, on a groupé ensemble francophones et anglophones catholiques. Et René Lévesque ajoute: « Avec une maîtresse qui, la plupart du temps, parlait mieux anglais que français, parce que c'était une école bilingue. »

Lionel Allard a dépeint l'intérieur d'une école primaire gaspésienne. « ... le gros poêle de fonte qui, durant les jours froids, grillait les élèves que le hasard ou le mérite — le rang en classe décidait parfois du siège à occuper — avait placés à proximité tandis que grelottaient ceux qui se trouvaient près des fenêtres disjointes; la chaudière à eau qu'il fallait, à chaque récréation, aller remplir

---

1. *Châtelaine*, avril 1966, p. 94.
2. Entrevue avec René Lévesque, 25 mai 1972.

Un petit bonhomme en traditionnel costume marin, au début des années trente...

chez le voisin ou au ruisseau tout proche, l'encre gelée dans les encriers chaque lundi d'hiver; le cabinet d'aisances extérieur, malodorant l'été et glacial dans la saison des neiges; le balayage au bran de scie humide qu'il nous fallait faire à tour de rôle sur un plancher d'épinette noueux... » [1]

À l'heure des cegeps et du transport par autobus scolaire, une telle description digne du *Grand Meaulnes* ne peut qu'étonner.

---

1. Lionel Allard, « L'éducation en Gaspésie en 1925 », in *Revue d'histoire de la Gaspésie*, avril-juin 1964, pp. 103-104.

René Lévesque en confirme néanmoins la justesse. « C'est exacte-ment ça, dit-il. Je me souviens du poêle; on mettait même nos gue-nilles à côté pour les sécher, parce qu'on arrivait tout droit d'un banc de neige. Mais, entre nous, se dépêche-t-il d'ajouter, il y a une chose cependant qu'il ne faut pas oublier: c'est que, si tu n'étais pas dans une famille malheureuse, parce qu'il y avait des familles pauvres, c'était plaisant. Il ne faut pas en faire un drame. La sen-teur n'était pas ce qu'il y avait de plus plaisant, mais on s'amusait bien. Ce n'était pas la fin du monde. »

Les catholiques de New Carlisle ont leur *one-room school house*; les protestants, leur *high school*. « Quand j'étais petit gars, à New Carlisle, confiait René Lévesque à Hélène Pilotte, c'était la belle vie. On allait à l'école à pied. Quand on arrivait en retard ou qu'on n'y allait pas, la maîtresse était plutôt contente, parce que ça lui faisait un élève de moins. Comme ça m'arrivait souvent et que je ne faisais pas toujours tout comme tout le monde, on disait de moi que j'étais « triste ». C'est une expression gaspé-sienne pour dire que quelqu'un est original. Tous les matins, je passais devant le *high school* anglais, une belle grande école mo-derne qui me paraissait d'autant plus énorme que j'étais tout petit. » [1]

Pour René Lévesque, ce *high school* prend figure de sym-bole. « Quand je retourne là-bas, dit-il, les choses prennent leurs véritables proportions, mais, à vrai dire, ce *high school* est devenu de plus en plus gros pour moi, à mesure que les années ont passé. Quand j'y repense aujourd'hui, je suis obligé de constater que c'était le symbole de toute notre co-existence avec les Anglais. New Carlisle était peuplé de Loyalistes qui s'étaient établis là et détenaient tous les pouvoirs. Ils n'étaient pas méchants. Ils traitaient les Canadiens français comme les Rhodésiens blancs traitent leurs Noirs. Ils ne leur font pas de mal, mais ils ont tout l'argent, donc les belles villas et les bonnes écoles. (...) Le retard en éducation, pour un peuple, c'est la chose la plus difficile à rattraper. Le beau *high school* anglais qui recevait des élèves jus-qu'en onzième année se prolongeait à l'université McGill. Mon école de rang canadienne-française, avec un seul professeur pour quatre ou cinq classes, ça ne conduisait nulle part; c'est simple. » [2]

---

1. *Op. cit.*
2. *Ibid.*

Ce clivage ethnique au niveau scolaire se retrouve au niveau du jeu. Non pas que petits francophones et petits anglophones jouent chacun de leur côté. Au contraire. Ce sont des matchs « inter-raciaux » : « Français contre Anglais ». Inutile de dire qu'on en vient vite à se colleter. Encore jeune, le match dégénère toujours en bagarre générale. Oui, une véritable guerre des boutons où aucune ethnie ne parviendra à s'affirmer comme supérieure.

« C'était une aventure permanente entre gangs de petits Canadiens français et de petits Anglais, confiait René Lévesque au journaliste Jacques Guay. On se cognait sur la gueule. Ils nous traitaient de *pea soup* et nous, je ne sais pourquoi, on les traitait de *crawfish*. C'était très folklorique et je n'en ai gardé aucun ressentiment vis-à-vis des gens de langue anglaise. Je trouvais ça normal. Ça faisait partie de la vie. » [1]

À un certain moment, les esprits sont tellement échauffés que M. Lévesque doit accompagner son fils, comme un garde du corps, jusqu'après le coin dangereux. « C'était nécessaire, dira le fils, car autrement je n'aurais jamais pu me rendre à l'école et on se serait perdu dans des maquis invraisemblables. » Et René Lévesque insiste : « C'est drôle; ça ne laisse aucun mauvais souvenir. On dramatise souvent ces choses-là quand on les raconte. Mais il faut vivre dans un milieu comme ça pour savoir que ça n'a laissé, enfin dans mon cas, aucune trace d'amertume. Au contraire, ça m'a aidé, je pense, à mieux les comprendre et à les connaître davantage. »

Maintenant que René Lévesque a acquis une certaine expérience scolaire, la lecture n'a que plus d'attrait. Il se plonge dans quelque bouquin pour de longues heures. Au début, cette passion réjouit ses parents; mais, avec le temps, on s'aperçoit qu'il profite bien peu du plein air. On doit alors l'expulser de la maison. « Ma vie, raconte-t-il, était divisée en deux pôles équilatéraux, si vous voulez: des orgies de lecture et des orgies de bord de l'eau et de couraillage. Il y avait toujours deux extrêmes. L'un: « Il faut le sortir de la maison, car cela n'a pas de bon sens »; l'autre: « Où est-il rendu? Il n'est pas encore entré? » »

Mais dans le cas des « orgies de bord de l'eau », est-ce le garçon modèle qui se promène, songeur, sur une plage gaspésienne? Non, il est comme tous les garçons du monde. « À un

---

1. Jacques Guay, « Comment René Lévesque est devenu indépendantiste », *Le Maclean*, février 1969, p. 25.

moment donné, on me sortait de force parce qu'il faisait ·beau. Une fois que tu es dehors, tu te rends compte qu'il fait beau. Je n'étais pas songeur, parce que l'on a toujours un trop-plein physique à cet âge-là. Et dehors, là-bas, on fait tout. Ce que je trouve triste, c'est que les enfants d'aujourd'hui soient obligés d'être élevés dans des grandes villes, parce qu'ils ne sentent rien. C'est quand ils atteignent trois ou quatre ans que l'on découvre qu'ils n'ont jamais vu une vache ou un porc. »

Le bord de l'eau et le « couraillage », ce sont les bagarres avec petits anglophones, les galets que l'on fait ricocher, le caboteur qui donne, pour plonger, « cinq pieds de plus que le quai », le temps passé à regarder les côtiers à l'ancre. On aime bien aussi taquiner Antoine Delarosbille, ce pêcheur de Paspébiac, « le passeur de poisson le plus connu dans le coin ». Tous les matins, Delarosbille fait sa tournée. Il parle « paspéyâ ». « De la morue fraîche à matin, madame Lévesque? De la morue fraîche? » Bien que l'accent soit charmant, l'effet est immanquable et les enfants pouffent de rire. Delarosbille, une des nombreuses images dans la mémoire d'un enfant heureux . . .

1933, en Gaspésie, c'est la crise économique qui ne semble plus finir. On a écrit: « C'est le plus noir horizon qui ait jamais précédé un soir de tempête, c'est la débâcle de toute notre industrie poissonnière, c'est la désespérance profonde pour le pêcheur . . . » [1] Pourtant la crise n'a guère laissé de mauvais souvenirs à René Lévesque, alors âgé de onze ans. Et, à écouter son témoignage, il semble bien ne pas être le seul. « Elle ne nous a pas vraiment effleurés plus que cela. On l'a sentie autour dans le genre « on ne change plus d'automobiles pendant deux ou trois ans » et des choses comme ça. On sentait qu'économiquement c'était serré, à la maison comme ailleurs. Et personne ne parlait de faire de grosses dépenses. Mais ce n'était pas le drame et ce n'était pas le drame autour. Je dis *autour, on le sentait*, on le sentait, mais d'une façon beaucoup moins douloureuse que ce que j'ai su sur la ville par la suite. Parce que, là-bas, tout le monde avait une sorte de minimum vital; tout le monde se connaissait. Ça crevait un petit peu plus, mais tout le monde était habitué à crever *joyeusement* dans un sens. Au fond, la pauvreté, tu la sens et ça fait mal quand tu te compares. Or, à ce moment-là, on n'avait

---

1. G. Guité, « À pleines voiles », cité par Romuald Minville, *25 ans en arrière*, *Revue d'Histoire de la Gaspésie*, janvier-mars 1965, p. 32.

pas le diable de chances de se comparer. Que veux-tu? On était dans notre coin et puis ... Non, on ne peut pas dire que la crise a laissé une impression catastrophique sur ceux qui vivaient là-bas, comme ce le fut à la ville. » [1] Et il confiera à un journaliste: « Dans le fond, nous étions tous pauvres, mais très heureux. Nous avions la forêt pour tendre des collets et la baie des Chaleurs pour nous baigner en suivant la voie ferrée jusqu'à la grève de Paspébiac. » [2]

Le collège

Après cinq années à l'école primaire, René Lévesque entre en éléments latins au séminaire de Gaspé. Voilà pour lui un événement beaucoup plus important que la crise, en 1933. Le séminaire de Gaspé avait été fondé en 1926. Et comme il y avait pénurie de séculiers, on avait fait venir des Jésuites de Montréal pour y enseigner. Cent quinze milles séparent New Carlisle de Gaspé; René Lévesque devra donc être pensionnaire au séminaire.

Quatorze ans plus tard, René Lévesque refait pour ses lecteurs ce voyage qui sépare la maison paternelle du séminaire. « Clic-clac, clic-clac, clic-et-clac... Le petit train de la baie des Chaleurs descend (...) En réalité, à tout bout de champ, il perd le souffle dans des montées abruptes; mais la tradition le veut ainsi: vers Gaspé, on descend toujours... Comme il a changé, ce minuscule convoi que, jadis, nous allions accueillir au détour; sans nous presser, car il n'avait jamais moins d'une demi-heure de retard. C'était alors de vétustes wagons aux banquettes de paille jaunie ou de velours vert également crasseux. Et le seul réconfort des voyageurs pendant le trajet, la voix de crécelle du colporteur: « Chocolat, sandwichs, cigares, cigarettes, tobacco, matches! » (...) Par bonheur, il nous reste toujours quelque chose du passé: cette allure de sénateur, et ces arrêts gémissants et spasmodiques, à propos de tout et à propos de rien. Je reconnais les bicoques en bois fruste et sombrement gangrené par les intempéries, et les vaches misérables et les poules étiques; et, à califourchon sur les clôtures, la marmaille pâlotte et mal nourrie. (...) Au bas d'un cap polychrome, une longue pointe sablonneuse, dont le triangle

1. Entrevue avec René Lévesque, 25 mai 1972.
2. Jacques Guay, op. cit.

se prolonge en aiguille très fine; avec un quai, de grosses barges, de vieilles bâtisses blanc et rouge et l'odeur omniprésente de la morue, morue fraîche, ou séchée, ou transformée en huile... C'est Paspébiac, premier centre de pêche, quartier général de l'ogre le plus indiscutable de la côte gaspésienne: la compagnie Robin, Jones and Whitman, ou mieux, comme on dit couramment: *les Robin.*

« Tout ce pays que nous traversons maintenant, et jusqu'à l'extrémité de la péninsule, c'était naguère l'empire des Robin. Ils y possèdent encore de nombreux comptoirs, de fidèles commis jersiais et un imposant chiffre d'affaires. Mais leur domination n'est plus; elle a été renversée par les sujets en révolte. Excédés, ils ont enfin trouvé, il y a quelques années, le seul contre-poison vraiment efficace: l'union et le travail en commun. (...) Dans ces havres bien protégés par des promontoires et des jetées crochues — Hope, Saint-Godfroi, Port-Daniel — nous les trouvons face à face: les Robin, rois détrônés mais toujours prétendants, contre les associations grandissantes... Et encore plus loin, après l'hiatus enfumé que fait Chandler avec son énorme pulperie, d'autres hameaux paisibles, aux maisonnettes toutes pareilles, comme des jeux de blocs que les enfants auraient oubliés dans le sable. Ainsi l'on *descend* vers Gaspé... Mais, brusque sursaut: voici Percé! L'incomparable, l'indescriptible, l'incroyable Percé... Ici, les vieux Malouins et Champlain sont venus et combien de milliers de yankees, qui reviennent toujours, en écarquillant les yeux... Percé vaut bien une journée. (...)

« Hélas! pas d'erreur: nous y entrons par la porte de service. À l'orée d'un pan de forêt touffue, c'est une petite gare dont la peinture rouge est solidement camouflée de poussière. (...) Au bout du quai, des types en salopettes laissent tomber hors du fourgon — *Fragile! Handle with care!* — une multitude de sacs et de caisses: des carottes, des navets, des tomates juteuses et de gros choux verdâtres et même des œufs (A-1, s'il vous plaît) ... Chaque colis est frappé d'une estampille: *Marché Saint-Jacques, Montréal.* À première vue, c'est un parfait non-sens: en pleine campagne, à 600 milles de distance, des victuailles expédiées à grands frais de la métropole! C'est que la Gaspésie n'est pas le moins du monde un pays agricole. Je me rappelle ces laitues poussives et ces radis honteusement véreux que mon pauvre père récoltait naguère, chaque fois que se réveillait en lui la vocation du *gentleman-*

farming... Les engrais les plus chimiques n'y pouvaient rien, ni les sarclages les plus minutieux: ce n'est pas un sahara, mais ce n'est certes pas une terre promise que celle-ci. Oh! il y a des fermes, bien sûr; et les dirigeants poussent tant bien qu'ils peuvent le *retour à la terre*. Mais il ne faudrait pas... pousser trop fort. (...)

« Percé: apothéose du spectacle gaspésien. Cannes et sa Croisette, Nice et ses *Anglais*, et le Mont-Saint-Michel avec la Mère Poularie, et Naples et Capri avec la Grotte d'Azur — heureux coins, qui trouvent des génies pour faire leur réclame! Mais si l'Europe n'avait derrière elle trente siècles et vingt empires, des milliers d'illustres fantômes et des ruines chèrement acquises, indiscutablement c'est Percé qu'il faudrait voir... Et de toute façon, on comprend mal le Québécois qui se paye Banff ou la Californie, et qui n'a point vu Percé. » [1]

René Lévesque s'attarde à Percé. Mais il ne peut y flâner très longtemps, car « le petit train de la baie des Chaleurs » doit repartir. Destination Gaspé. Le soir venu, le train y termine sa course quotidienne. Il s'est écoulé cinq heures depuis son arrêt à New Carlisle. Gaspé n'a pas la flamboyance de Percé. « Sur le quai en plein air, les rares ampoules de la gare jettent des lueurs tremblotantes et font vaciller quelques silhouettes confuses; l'œil jaune d'une auto se mire un instant dans une eau glauque... Le vrai pays du bout du monde. À travers les rues étroites, le taxi cahote et geint. (...) Gaspé n'a jamais eu de chance. Au grand jour, le coup d'œil est plus lamentable encore, si possible. Un gros village pose à la cité. Il s'étire fiévreusement, se disloque même d'une rive à l'autre de sa baie spacieuse. (...) D'un côté de la baie, l'hôpital toujours bondé, où les médecins trop rares ne suffisent pas à la tâche; sur l'autre rive, le couvent des Ursulines et le petit séminaire. » [2]

Voilà le séminaire. Son *Alma Mater*. Un monde quand même bouleversant pour un garçon de onze ans. Bouleversant parce que 80 élèves s'y retrouvent. Ce n'est pas, bien sûr, le Collège d'enseignement général et professionnel de Gaspé qui comptera 40 années plus tard plus de 1000 étudiants. Mais la perspective d'y

---

1. René Lévesque, « Gaspésie, pays du passé, pays d'avenir », II, III, *Le Canada*, 3 et 4 septembre 1947.
2. René Lévesque, « Gaspésie, pays du passé, pays d'avenir », IV, *Le Canada*, 5 septembre 1947.

vivre pensionnaire, reclus en quelque sorte, là où même les périodes de récréation sont réglementées, n'est guère réjouissante. Lui qui « faisait un peu à sa tête » dans ses orgies de lecture ou de « couraillage ». Il faudra d'abord ingurgiter le latin, puis, deux ans plus tard, le grec. Bien plus! des maîtres de salle « patrouillent » durant l'étude. On est loin de l'institutrice plutôt satisfaite de voir qu'il lui manquait un élève.

Mais il faudra s'y faire. Et René Lévesque s'y fait... du moins à sa façon. Les maîtres de salle, il apprend vite, comme les autres, à les balancer par-dessus bord. Ces maîtres n'ont pas l'autorité d'un père ou d'un abbé, car, comme le séminaire manque de bras, ce sont ses étudiants de philosophie qui ont la tâche de surveiller les plus jeunes. Ces étudiants, qui se voient confier pour la première fois quelques pouvoirs, se montrent parfois plus sévères que la direction du collège elle-même. Les plus jeunes les qualifient rapidement de « cons-disciples » et d'« enfants de chienne ».

Mais les maîtres de salle compteront pour peu dans la vie de collège de René Lévesque. C'est plutôt sa rencontre avec le père Alphonse Hamel, recteur du séminaire, qui fera de son cours classique « une grande aventure ». Il nous confiera: « C'était un gars pas mal extraordinaire. C'était une vocation tardive, comme il y en a chez les Jésuites comme ailleurs, je suppose, mais un gars qui était essentiellement un technicien. Il avait fait la guerre de 14-18 dans la marine et, si j'ai bonne mémoire, c'était autour des premiers développements de physique, de navigation du XXe siècle, au moment où les gars se cherchaient encore. C'était un maniaque de télégraphie sans fil, de photographie et de choses comme ça. Un gars qui avait plusieurs *hobbies* scientifiques. Alors, moi, j'étais un des plus petits quand je suis arrivé au collège et il se cherchait un nègre. Je suis tombé là-dedans comme assistant de la chambre noire et tout ça. À toutes fins pratiques, ça permettait d'avoir des loisirs sans même s'en rendre compte, et qui étaient intéressants, plutôt que d'être toujours pris par les études. C'était un gars pas mal extraordinaire. »[1] Alphonse Hamel en vient donc à bien connaître son jeune étudiant. Il confiera à madame Lévesque qu'à certains moments son fils, à cause de son sourire et de certaines réflexions, semble « aussi bébé qu'un enfant de deux ans » et qu'à d'autres moments, il raisonne « comme un homme de quarante ans ».

---

1. Entrevue avec René Lévesque, 25 mai 1972.

Maintenant collégien, René Lévesque devra faire face à de nouveaux problèmes: la politique, la nation, la langue, etc. Comme les adolescents de son âge, il est sensible aux divers mouvements de pensée de l'époque. Sur ce plan, le Québec des années 30 connaît une véritable « révolution tranquille ». Philippe Hamel, entre autres, chirurgien dentiste de Québec, s'emploie à convaincre la population québécoise de la rentabilité de la nationalisation de l'électricité. « Seule cette politique, dit-il, peut mettre un terme à la dictature des trusts de l'électricité. » En 1933, un groupe de Jésuites de l'*École sociale populaire* de Montréal et un certain nombre de laïcs publient un *Programme de restauration sociale*, dans lequel ils demandent à l'État d'intervenir pour mettre fin « à la dictature économique » et pour assurer « une meilleure répartition des richesses ».

En juillet 1934, de jeunes dissidents libéraux et les disciples québécois de Philippe Hamel fondent l'*Action libérale nationale*. Dans son manifeste qui s'inspire fortement du *Programme de restauration sociale*, ce nouveau parti politique québécois déclare que « le conflit de juridiction entre les pouvoirs municipal, provincial et fédéral, la confiance aveugle que certains de nos dirigeants placent encore en des formules dont la crise a démontré le danger, l'influence néfaste de la caisse électorale, l'absence de collaboration entre nos hommes politiques et nos économistes, l'inorganisation publique retardent indéfiniment l'exécution des mesures les plus importantes et nous privent du plan d'ensemble qui seul nous permettra de remédier intelligemment à la situation ».

Ce nouveau parti québécois, le seul, car les deux autres constituent en quelque sorte des filiales des partis fédéraux conservateur et libéral, remuera tout le Québec, en l'espace de 18 mois. Cent dix-neuf assemblées électorales sont organisées et 37 causeries, radiodiffusées. Le thème de la libération économique et sociale des Canadiens français est sur toutes les lèvres.

La jeunesse s'organise. Le mouvement des *Jeune-Canada*, qui se caractérise par un rejet des aînés, naît en 1932 d'un *Manifeste de la jeune génération* publié par l'Association des étudiants de l'université de Montréal. On en vient vite à parler d'« une révolution contre le capitalisme ». De 1933 à 1938, l'*Association catholique de la Jeunesse canadienne*, qui groupe essentiellement de jeunes francophones québécois, décuple le nombre de ses membres. Elle en compte alors 50,000, répartis dans plus de 1,000 cercles à travers le Québec. Les *Jeunes Patriotes*, trouvant bien peu de Québécois détenteurs de postes importants dans l'industrie québécoise, dénoncent la domination économique du capital étranger et condamnent la Confédération. Tous ces mouvements de jeunes feront dire à un observateur étranger: « La jeunesse joua un rôle considérable dans les luttes politiques de 1935 et 1936, luttes dont le résultat fut de rendre le Canada français à nouveau conscient de sa vitalité et de sa puissance. »

Si certains s'organisent, d'autres jeunes écrivent. La revue *Vivre*, dirigée par Jean-Louis Gagnon, condamne à son tour le capitalisme. Rodolphe Dubé, qui signe du pseudonyme François Hertel, publie en 1936 *Leur inquiétude*. [1] Il s'agit là à la fois d'une tentative d'explication du comportement de la jeunesse et d'un plaidoyer adressé aux jeunes eux-mêmes en faveur d'un plus grand dépassement. Hertel a 31 ans; pour lui, l'indépendance du Québec est inévitable. « Presque indépendante en apparence du reste du Dominion, écrit-il, la province de Québec subit pratiquement un joug néfaste à son développement normal, de par la malencontreuse Confédération. Pourquoi Québec rampe-t-il si souvent? C'est à cause d'Ottawa. (...) À mon sens, tant que le régime confédératif tiendra Québec sous la tutelle d'Ottawa, il ne s'accomplira rien de décisif. Le parti politique — quel qu'il soit — qui nous sauvera sera celui qui mettra en tête de son programme comme article premier et essentiel une rupture de la Confédération. C'est ce que les jeunes commencent à comprendre. S'ils se tournent vers l'*Action libérale nationale*, c'est qu'ils croient que de ce côté-là il y a plus d'espoir vers la conquête de l'autonomie. » [2] Et pour Hertel, la jeunesse québécoise constitue une des raisons du caractère inévitable de la rupture de la fédération canadienne. « Une autre raison, très forte, à l'appui de la fatalité d'une séparation, affirme-t-il, est la renaissance nationale (prise comme fait!) qui s'affirme de plus en plus chez la jeune génération, dans le Québec. Que cette renaissance doive continuer à s'accentuer, que toute notre province soit bientôt hostile à l'idée de Confédération, n'est-ce pas aussi une réalité qui s'en vient par la force des choses? Avant quinze ans peut-être, les jeunes d'aujourd'hui, qui seront alors au pouvoir, demanderont, exigeront la rupture; car ils auront une

---

1. Édition conjointe ACJC et Albert Lévesque, 245 p.
2. Pp. 106-110.

vision nette de la farce que fut à nos dépens la Confédération, parce qu'ils verront qu'ils n'ont plus rien de rien à en attendre. »[1]

Mais Hertel, écrivant ces lignes, n'avait pas prévu les intentions de Maurice Duplessis. Ce dernier, fin renard, avait flairé les succès politiques probables de l'*Action libérale nationale*. Aussi, après une alliance électorale avec ce nouveau parti, puis une rupture bruyante, il réussit à récupérer la majeure partie des sympathisants à l'A.L.N., contraignant ainsi ce parti à disparaître. Aux élections d'août 36, le nouveau parti de Duplessis, l'Union nationale, remporte une victoire éclatante, récoltant ainsi les fruits des campagnes de l'A.L.N. Plusieurs s'imaginent entrevoir dans ce résultat l'amorce d'une véritable libération. Mais, coup de théâtre! Hamel et ses disciples, qui avaient quitté l'A.L.N. pour suivre Duplessis, apprennent avec stupeur que le nouveau premier ministre ne nationalisera pas les trusts de l'électricité. Il croit beaucoup trop aux vertus de l'entreprise privée pour poser un tel geste. L'arrivée au pouvoir de Duplessis signifie donc l'avortement politique de cette première « révolution tranquille ».

Au séminaire de Gaspé, à 600 milles de ce foyer intellectuel qu'est Montréal, les étudiants sont aussi à la page que dans la métropole. La raison est bien simple. « Les Jésuites qui dirigeaient le séminaire, raconte René Lévesque, venaient pour la plupart de Montréal ou de Québec. Donc ils étaient déjà très *perméabilisés* à l'abbé Groulx, à ce moment-là, et à l'action de Hamel et compagnie. Alors mon premier professeur d'éléments latins était le père Dubé, comme par hasard, le frère ou le cousin germain de Dubé, François Hertel. À ce moment-là, Hertel, qui commençait sa carrière chez les Jésuites, venait d'écrire ou écrivait *Leur inquiétude*, qui était un livre genre *essai d'éveil des jeunes* essentiellement du côté définition et affirmation québécoises. Alors on avait ça entre les mains. Puis on avait des professeurs qui connaissaient bien ces courants de pensée. Et, chaque année, il y avait rotation. Certains quittaient; d'autres arrivaient de Montréal. Curieusement, on était peut-être plus près de ces courants de pensée, à cause du genre d'enseignants qu'on avait, que les étudiants *intermédiaires*, comme ceux de Rimouski, Rivière-du-Loup, etc. Alors, en fait, on était pas mal dans le bain de ces choses-là ... de loin évidemment. »[2]

1. *Ibid.*, pp. 143-144.
2. Entrevue avec René Lévesque, 25 mai 1972.

C'est donc au séminaire de Gaspé que René Lévesque découvrira le Québec. « I began discovering there was such a thing as French Canada and I began to learn about its problems. It was quite a shock for a boy from New Carlisle. »[1] Et il en conservera le souvenir.

En 1960, étudiant le programme du Parti libéral, il se rappellera celui de *l'Action libérale nationale*. Deux ans plus tard, c'est toute la pensée du docteur Philippe Hamel qui remontera à la surface. Quant au reste, il est difficile de démêler l'écheveau de la pensée autonomiste de l'époque et de l'option politique de l'homme. Il est certain cependant qu'il demeurerait marqué par cette effervescence intellectuelle et politique du Québec des années 30.

Ses premiers écrits

René Lévesque, tout jeune, rêvait d'« écrire, écrire, écrire ». Ses vœux sont exaucés au séminaire de Gaspé. Pour la première fois, il écrit pour un public lecteur qui dépasse le cercle du professeur et des parents. En méthode, soit en troisième année, on lui offre de collaborer à *L'Envol*, petit journal des étudiants du séminaire, imprimé à la gélatine et qui compte de 10 à 12 pages. Un des premiers textes de René Lévesque est publié en décembre 35. Il s'agit d'un conte de Noël intitulé « Le Noël du Chamelier ». Lévesque décrit à la façon du reporter le voyage d'un jeune chamelier à la Crèche. « Nous sommes à Bethléem, en l'an 749 de Rome, sous le règne d'Octave Auguste. Cette froide nuit de décembre a chassé tous les habitants de la ville dans leurs maisons. Les rues sont désertes. Un mince manteau de neige voile la terre, coiffant les dômes dorés des palais riches et le toit de la synagogue. Çà et là, la lumière pâle et froide de la lune, à son dernier degré, tachette de rouge ce tapis immaculé. Transportons-nous maintenant un peu en dehors de la ville en passant par la porte de l'est. Ici, à quelques arpents de la muraille, accroupis dans la neige, les chameaux d'une caravane dorment pesamment. Ces animaux sont de sang arabe, race très rare, et par conséquent très dispendieuse en Palestine. À qui peuvent bien appartenir ces superbes coursiers? À quelque riche émir arabe ou égyptien, sans doute. Pas à un Juif,

---

1. Claude Hénault, *The Gazette*, 14 octobre 1967.

en tout cas, car ils ne sont pas harnachés à la manière juive. Mais qu'est cela? Ces ombres plus petites, reposant entre les chameaux endormis? Approchons. Ah! voilà. Ce sont trois petits chameliers de la caravane, endormis dans la neige, près de leurs bêtes. Pauvres enfants! Des Arabes probablement, habitués à la vie dure et aux coups! Leur maître parti, ils se seront couchés à terre et ils reposent là, transis, dans la neige glacée. »

L'un des chameliers s'éveille et René Lévesque, toujours à la manière du reporter, nous invite à le suivre jusqu'à la Crèche. Devant une « pauvre cabane », le chamelier s'arrête. « Notre guide n'entre pas mais il se glisse derrière l'étable. Il aperçoit une fente dans le mur, il se penche prestement, il regarde, curieux. Avançons doucement derrière lui et regardons par-dessus son épaule. C'est un de ces malpropres petits locaux que les Juifs d'aujourd'hui, comme ceux d'il y a dix-neuf siècles, abandonnent, une torche fumeuse qui répand un peu de clarté dans ce gîte glacé et où le froid extérieur pénètre par les multiples ouvertures. Au milieu du plancher, un bœuf et un âne, vautrés dans le foin séché, soufflent doucement sur quelqu'un ou quelque chose que leur masse épaisse cache à notre vue, mais qui semble faire le bonheur d'un homme et d'une femme assis tout auprès. L'homme, presqu'un vieillard, est un peu cassé. Il porte une barbe grise. Sa longue robe lui donne un air majestueux. Son visage est grave, mais bon. Sa compagne, toute jeune, est belle d'une beauté céleste: elle est de petite taille. Elle a l'air modeste et recueillie. Ses yeux ne quittent point l'endroit que nous ne pouvons voir, mais qui est le but de l'attention de tous ces personnages. » [1] René Lévesque a treize ans; grâce à ses talents de narrateur, il réussit à maintenir un suspense autour d'une « histoire » vieille de plusieurs siècles.

Le second texte qu'il signe, publié en mars 36, raconte le naufrage d'une goélette lors d'une tempête en mer. [2] Son troisième texte raconte l'histoire fictive d'une horloge grand-père, fabriquée par Franz Schwartz en 1663, qui assista aux triomphes du règne de Louis XIV avant d'aboutir en Gaspésie. [3] Tous ces textes sont, à n'en pas douter, l'œuvre d'un adolescent qui a beaucoup lu. Un vocabulaire étendu lui permet d'apporter toutes les nuances nécessaires.

---

1. *L'Envol.* no 3, 20 décembre 1935, pp. 3-6.
2. *Ibid.,* no 5, 30 mars 1936, pp. 6-7, 9.
3. *Ibid.,* no 6, 12 avril 1936, pp. 5-9.

Si Lévesque écrit beaucoup, il n'a pas perdu pour autant son goût pour la lecture. Au contraire. Un confrère de classe, Raymond Bourget, visite les méthodistes au paradis en l'an 2010 et les retrouve occupés aux tâches qu'ils aimaient le mieux. Il aborde René Lévesque: « Tu es toujours le même, tu aimes ça, lire. Regarde-moi donc ce livre, *La Divine Comédie!* » [1] Que d'heures passées ainsi à lire sur les sujets les plus divers!

Durant les vacances ou les longues périodes de congé, il retourne chez ses parents à New Carlisle. La famille Lévesque compte maintenant quatre enfants: René, Fernand, André et Alice. Leur père, Dominique, prend toujours énormément d'intérêt à développer le potentiel intellectuel des enfants. Et comme René est l'aîné, il est le premier à en bénéficier.

Il y a d'abord le défi des mots croisés du *Standard*, supplément hebdomadaire du *Montreal Star*. « L'histoire des mots croisés du *Standard*, raconte René Lévesque, est typique. Mon père avait appris l'anglais très tard et il parlait admirablement au point de vue vocabulaire, mais comme une vache espagnole au point de vue accent. Il n'était quasiment pas compréhensible. C'est dur, l'accent, quand tu apprends tard. Moi, j'aimais le taquiner à cause de cet accent. Je parlais très bien anglais. Il n'y avait pas de problème; j'ai appris sans m'en rendre compte. Alors je me pensais bon. Et chaque fois qu'arrivait le *Standard*, c'était une manière de leçon de modestie, on faisait un concours pour savoir qui était capable de finir les mots croisés. On prenait deux exemplaires. Je me pensais bon et je me faisais avoir régulièrement; car, au point de vue vocabulaire, il était bien meilleur que moi. » [2]

La géographie est une autre passion de Dominique Lévesque. Souvent il réunit les enfants et organise un jeu géographique. « Quelle est la capitale de . . .? Le nombre d'habitants? Où est située la ville de . . .? Le pays? Le régime politique? . . . » René Lévesque ajoute: « Là, par exemple, à l'occasion, je pouvais en venir à bout. » C'est ainsi que René Lévesque acquiert une foule de connaissances en géographie qui lui seront d'une très grande utilité plus tard. Et il explique facilement cette passion qu'a son père. « Il était intéressé aux voyages. Mais, comme bien des gars qui n'ont pas beaucoup de santé, il n'a pas eu la chance de voyager beaucoup.

---

1. *Ibid.*, 12 avril 1936, p. 11.
2. Entrevue avec René Lévesque, 25 mai 1972.

Et, en Gaspésie, c'est peut-être normal. C'est un coin perdu et la géographie devient une sorte d'obsession. À part de ça, il y a le fait d'être au bord de la mer. Ça fait toujours penser à *ailleurs*. »

Justement, René Lévesque serait-il Gaspésien de la mer ou de la forêt? ... « Moi, je suis Gaspésien de la mer; je ne suis pas Gaspésien de la forêt. La forêt, je ne suis pas contre. J'aime ça aller dans le bois comme tout le monde. Mais pas plus que ça. La chasse ne m'a jamais intéressé, ni la pêche d'ailleurs. Il faut dire que j'en ai trop vu. J'étais le *souffre-douleur* de mon père; j'étais le plus vieux. Alors, à chaque fois qu'il allait à la pêche, s'il manquait quelqu'un, c'est moi qui y allais. J'étais bien prêt à y aller; mais il fallait garder le silence, surtout lorsqu'on localisait une bonne fosse. Non, moi, c'est la mer. Pour moi, la Gaspésie et le décor idéal, c'est la mer. Je serais heureux comme un roi si Montréal avait eu la chance de se construire au bord de l'océan. Une ville au bord de l'océan, moi, je trouve ça fantastique. » [1]

Politiquement, les Québécois ont longtemps été divisés en deux camps: les partisans de Wilfrid Laurier et ceux d'Henri Bourassa. La haine que l'on portait pour l'un des deux était proportionnelle à l'amour que l'on éprouvait pour l'autre. L'écrivain Jean Hamelin, qui raconte sa vie d'enfant élevé dans l'Est de Montréal durant les années 30, fait écho à ce manichéisme. « Et ce ne sont pas ceux dont la figure est la plus rébarbative, comme celles des premiers ministres fédéraux Borden et Meighen, visages abhorrés (auraient-ils eu les traits d'un ange), car on ne voyait en eux que les bourreaux du chevaleresque, du fin, du charmant, du légendaire, du surhumain sir Wilfrid Laurier, incarnation démesurée, extravagante, presque fantastique de l'urbanité canadienne-française. Et que de haine donc pour l'épaisse moustache et l'abondante barbe grise d'Henri Bourassa, fils de l'orgueil et de l'insoumission, qui avait mis en question le grand homme et l'avait même fait, selon les dires populaires, *pleurer* ? » [2]

L'on retrouve cette admiration sans bornes pour l'un des deux hommes politiques chez Dominique Lévesque. « Un an après la chute du régime Taschereau, raconte René Lévesque, mon père avait été approché par le Parti libéral. C'était un grand admirateur et même un *maniaque* de Laurier. Comme il n'avait jamais fait

---

1. *Ibid.*
2. *Les rumeurs d'Hochelaga*, HMH, 1971, p. 56.

de politique, sa réputation était très bonne. Il a commencé par refuser, parce qu'il ne trouvait rien de bon à dire du régime. [1] Puis il s'est laissé convaincre, à la condition de ne pas faire d'assemblée, seulement une émission d'un quart d'heure à la radio. Il est parti pour son émission la mort dans l'âme parce qu'il n'avait toujours pas trouvé quoi dire, tellement le parti était pourri à cette époque. Nous étions assis autour de la table de la cuisine et nous l'écoutions religieusement. Eh bien! il a réussi à vanter les mérites de Laurier, mort 17 ans plus tôt, durant les 15 minutes qu'a duré son émission. Ce n'était pas ce qu'il fallait dire, mais c'était tellement drôle! » [2]

Au printemps de 1937, c'est le drame pour la famille. Dominique Lévesque meurt de complications cardiaques à l'âge de 48 ans. La maison vient de perdre celui qui savait par excellence « éveiller » les enfants. Nous faisons part à René Lévesque de quelques impressions personnelles sur son père. « Il semble que votre père vous ait transmis, comme père, une image formidable de ce que doit être un homme et, en même temps, une image pas trop écrasante à un point que le fils, après coup, n'aurait pas été capable de sortir de l'ombrage du père. » Celui-ci nous répond: « Moi, je crois que c'était un gars extraordinaire. Beaucoup de gens qui le connaissaient disaient la même chose. Évidemment, comme il est mort, j'avais quatorze ans, il est difficile d'évaluer son importance. Tout ce que je pourrais dire pour résumer, c'est que c'est vrai, ce que vous dites. Je n'ai jamais rien trouvé chez lui qui était mesquin ou qui était autoritaire, dans le sens « je vais écraser les enfants ou les pauvres gens », parce qu'il y en avait beaucoup en Gaspésie. Il avait un respect inconditionnel des autres, que ce soit les enfants, les pauvres diables ou les adversaires. Autrement dit, c'était un gars, je dirais, naturellement humain et tolérant qui en même temps était capable à l'occasion, parce qu'on en a toujours besoin quand on est chien fou — surtout à la campagne comme ça où l'on faisait à peu près ce que l'on voulait — qui était capable à l'occasion d'indiquer des directions, mais sans que ça donne jamais l'impression que c'était arbitraire. Autrement dit, on pouvait le comprendre. » [3]

---

1. Il faut dire qu'au printemps 36, lors de l'enquête sur les comptes publics, Maurice Duplessis avait mis à jour certains scandales qui touchaient, au premier chef, l'administration libérale au pouvoir à Québec depuis 40 ans.
2. Hélène Pilotte, *op. cit.*, p. 96.
3. Entrevue avec René Lévesque, 25 mai 1972.

René Lévesque avait perdu un père, peut-être bien aussi un ami. Mais celui-ci avait su lui donner une partie des clés de l'indépendance: la lecture et l'écriture. Il pourra vite voler de ses propres ailes. À l'été de 1937, il entre comme annonceur et rédacteur de nouvelles au poste de radio CHNC de New Carlisle. En juillet, il décroche le prix Parker. *L'Action catholique* écrit: « Le séminaire des Trois-Rivières et le séminaire de Gaspé sont aujourd'hui à l'honneur. M. l'Abbé Émile Beaudry vient en effet de nous communiquer le résultat du concours Parker. Le premier prix est attribué à M. Lionel Dessureault, du séminaire des Trois-Rivières, et le second prix, à M. René Lévesque, du séminaire de Gaspé. Les prix Parker sont attribués aux élèves qui ont le mieux réussi dans un concours intercollégial portant sur un sujet d'histoire du Canada et plus spécialement sur un sujet se rapportant aux saints Martyrs canadiens. Ils ont été fondés par lord Gilbert Parker, qui, lors d'un voyage au Québec, avait été frappé par la grandeur et la beauté de l'histoire de nos Martyrs. »

Mais le travail à CHNC n'en est un que pour la période des vacances. Il n'est pas question que René Lévesque abandonne son cours classique. Aussi, en septembre 37, il retourne au séminaire de Gaspé où il s'inscrit en belles-lettres. Mais ce sera sa dernière année à Gaspé, car sa mère liquide les affaires de son père et part pour Québec à l'été de 1938.

De nouveaux horizons: la Vieille Capitale

En septembre 38, il s'inscrit au collège Garnier, dirigé par les Jésuites. Pourquoi à nouveau les Jésuites? Certains témoins nous ont répondu, mi-sérieux, mi-taquins: « Lévesque n'était pas un élève facile et seuls les Jésuites pouvaient l'endurer. » De toute façon, un mois et demi après son arrivée, il écrit un premier article dans *Le Garnier*, journal des étudiants du collège, dans lequel il entreprend d'expliquer sa Gaspésie à ces « citadins » ignorants. Il raconte d'abord son arrivée à Québec. « Le 6 septembre dernier, débarquait en la vieille cité de Champlain un Gaspésien passablement nerveux et dépaysé... Ses brefs contacts précédents avec Québec lui avaient inspiré, comme

1938.
Au collège
des Jésuites,
à Québec,
en rhétorique.

à tout campagnard qui se respecte, une sainte frousse de ce caphar-
naüm trépidant qu'on appelle la Ville! Il se demandait avec un peu
d'angoisse, le *pôvre*, s'il ferait vieux os là-dedans! Un mois et
demi s'est écoulé... Le *rusticus* s'est apprivoisé peu à peu... Il
ne voudrait pas passer pour un vulgaire flatteur (*licheux* pour
les collégiens), mais il doit dire que l'accueil sympathique qu'il a
rencontré a certes beaucoup contribué à cet apprivoisement...» [1]

1. « Ma Gaspésie », *Le Garnier*, vol. 2, no 2, novembre 1939, p. 4.

Dans le même numéro, Lévesque signe une petite pièce mettant en vedette Bénès, Adolf, Pollock, Magyar, John Bull et Édouard. Il s'agit d'une satire des affaires politiques européennes dans laquelle on sent déjà chez l'auteur un intérêt aigu pour la politique internationale. En décembre, on le retrouve pour la première fois au nombre des rédacteurs officiels du journal. C'est Pierre Boucher qui dirige l'équipe, formée de Jean Boucher, Jean Bernier, Gilles Pion, François Cloutier, Saint-Denys Prévost et... René Lévesque.

Durant toute l'année 38-39, René Lévesque collabore au journal. Mais, contrairement à plusieurs de ses confrères qui prennent cette fonction au sérieux, Lévesque badine. Il parle des sept heures de « retenue » qu'il compte à son actif, au cours desquelles il a totalisé « trente lignes de Cicéron, idem en thème latin, vingt-huit en version grecque, et onze problèmes du second degré ». Il obtient, en primeur, « un interviou avec le sieur Jean Racine » qui se trouve en paradis, à l'occasion de son trois-centième anniversaire de naissance. Il ridiculise la manie d'organiser des « parties » à propos de tout et de rien.

En juin 1939, cependant, il livre un texte beaucoup plus sérieux. À seize ans, il formule une philosophie de la vie et un sens de la collectivité qui étonnent. Dans un article qu'il intitule « L'esprit sportif dans la vie », il définit d'abord ce qu'il entend par esprit sportif. Pour s'expliquer, il reprend les mots d'Émile Maussat: « La religion de la lutte sans haine, de la défaite sans amertume, de la victoire sans orgueil. »

Et il enchaîne: « La lutte... Essentielle à un sportif ambitieux... Essentielle aussi quand on veut réussir dans la vie... Il faut lutter pour vivre. (...) Une condition du combat efficace, c'est le réalisme, l'esprit pratique de bon aloi... Voir les choses telles qu'elles sont, les difficultés, les chances de succès, les moyens d'y parvenir... Les rêveurs nuageux, les élucubrateurs de systèmes utopiques ne font jamais que des coches mal taillées. (...) Un idéalisme mal fichu peut être tout aussi dangereux que le manque d'idéalisme... On en a vu, par exemple, de ces penseurs enfumés, soi-disant animateurs de soi-disant mouvements patriotiques. (Non, mon vieux, je n'ai nommé personne...) Des phrases sonores et bien senties, des exhortations enflammées... Et puis, rien: pas d'action, pas de réalités; rien que du bavardage, sincère si l'on veut, mais quand même stérile... Des idéologues battant le tam-tam du patriotisme, et non des construc-

31

teurs, des rénovateurs avec des projets pratiques, palpables... Est-ce à dire que l'idéalisme pratique est un mythe? demandes-tu? Que non pas...»

Tout l'homme qui viendra par la suite est contenu dans ces quelques lignes et il est certain que celui qui cherchera à cerner la pensée de René Lévesque devra commencer par ce texte écrit à l'âge de seize ans. Tributaire de la pensée nationaliste traditionnelle, il a élagué cette pensée et en formule une qui lui est propre. La suite de ce texte, du moins, le laisse croire.

« Quant à l'Histoire, beaucoup l'ignorent honteusement, il est vrai... Mais beaucoup aussi (plus nombreux) la savent mal, ce qui est peut-être pire... Oh! les tartarinades, le charabia annuel de la Saint-Jean-Baptiste et de la Dollard! (Remarque bien: c'est du charabia ampoulé que je parle, non des fêtes elles-mêmes...) Arthur Buies le disait: « Pour n'avoir appris que cette phrase sacramentelle, mille fois répétée, cet adage traditionnel inscrit partout: *les institutions, la religion, les lois de nos pères*, pour n'avoir voulu vivre que notre passé, nous y sommes restés enfouis, aveuglés sur le présent, inconscients de l'avenir...» Tes ancêtres sur qui se pâment ainsi tant de gâteux, s'ils s'étaient envasés comme ces derniers dans les siècles révolus, auraient-ils accompli les merveilles que nous admirons maintenant?... Leurs vastes idéals: évangélisation, gloire de la France, ils n'en dissertaient pas à tort et à travers; mais chaque coup de hache, chaque tranchée de la charrue, chaque moulinet de l'épée en hâtaient la réalisation... Et, au lieu de parlotter sur leurs grands ancêtres, à eux, ils continuaient leurs foulées puissantes, espérant que leurs fils... Pauvres vieux naïfs héroïques!... Eh bien! toi, pour un, ne les déçois pas... Que tes idéals donnent un but et un sens bien défini à toute ta vie; que notre histoire te serve de modèle, de réconfort, de manuel rempli des leçons de l'expérience, mais jamais de laisse qui brise tes élans et te retienne en arrière... Et puis, à l'œuvre, au combat!... Détourne-toi du Passé... Descends et installe-toi sur terre... Là: les pieds bien ancrés dans le réel, le présent... le cerveau organisant dans le présent... les mains modelant dans le présent... les yeux fixés, l'un sur le présent, l'autre sur l'avenir (sans loucher évidemment...). Ainsi, au lieu de patauger lamentablement dans l'Histoire, tu en feras, de l'Histoire...»

Puis René Lévesque résume cette philosophie de la vie et la relie à la collectivité canadienne-française. « Alors, souviens-toi que la bonne fortune demande tout autant de maîtrise que la mauvaise: le victorieux ne doit pas écraser son rival vaincu sous le poids de son orgueil; ce n'est pas le triomphe qui suscite les inimitiés les plus amères, mais la superbe du triomphateur... Seule la modération concilie les bons sentiments du voisin et lui fait supporter l'éclat de la victoire chez autrui... (...) Exerce-toi donc à cet amour de la lutte, de l'effort calme et persévérant, en vue de résultats bien tangibles; à ce redoublement d'ardeur dans la défaite et à cet art de reconnaître partout ses victoires par sa diplomatie et sa modération... Si ton succès personnel n'est pas un but assez élevé pour toi, n'oublie pas que tu es Canadien français, que ton peuple croupit depuis quelques générations dans une inertie à peu près continuelle et que, si la masse ne réagit pas, ce peuple, ton peuple, te dis-je, est fichu! (...) Et ne va pas dire: « Bah! un de plus, un de moins! » ou « C'est l'affaire des autres! »... Imagine-toi quel serait le résultat, si chacun rejetait ainsi la besogne sur le dos du voisin! Non, pas de ça!... Chacun doit mettre la main à la pâte. « Chacun des descendants des 60,000 vaincus de 1760 doit compter pour un! » Au moins pour un! L'avenir est entre les mains des jeunes dont tu es. Oui, et ceci n'est pas de « la Saint-Jean-Baptiste »: c'est une vérité d'évidence qui est profonde pour toi: car tu en es, je te le répète... Ah! tu en as assez... Tu bâilles, tu veux absolument t'endormir sur ton fauteuil... dors dans ce cas, dors, et répète-toi, dans ton rêve, ce mot de Clémenceau, adapté et si vrai dans notre cas... répète, répète: « Le Canada français sera ce que les Canadiens français auront mérité! » » [1]

En septembre 39, René Lévesque entre en première année de philosophie. Un mois plus tard, il succède à Pierre Boucher à la direction du journal. Comme tous les directeurs de journaux étudiants, Lévesque est contraint de lancer un appel à son public lecteur pour qu'il collabore plus étroitement. Aux Bernier, Cloutier et Pion de l'équipe précédente de rédacteurs, se sont joints les Lucien Côté, André Dechène et Yves Pratte. Mais cela ne suffit pas et Lévesque est parfois obligé d'écrire deux articles par numéro.

Le 6 novembre, on fonde l'Académie Sciences-Arts. Le premier conseil se compose de Pierre Boucher, président, René Lévesque, vice-président, François Cloutier, secrétaire, et Guy Dorion, trésorier. L'Académie met au programme de sa première séance semi-publique un débat entre belles-lettres et philosophie I. Les orateurs devront trancher la question: « Napoléon a-t-il été utile à la France et à

---

1. « L'esprit sportif dans la vie », *Le Garnier*, vol. 2, no 6, juin 1938, p. 8.

l'Europe? » Laissons Paul Legendre, secrétaire pour la circonstance, donner un compte rendu du débat. « L'audace était grande pour des humanistes de s'attaquer à des philosophes. Mais les deux porte-couleurs de belles-lettres, François Cloutier et Christian Hardy, n'en manquaient pas. Leurs discours, d'une composition rigoureuse et solidement étayés, débités d'une voix agressive que soulignait un geste un peu trop abondant mais ferme, établirent que Napoléon n'avait pu être utile à la France et à l'Europe. Mais la réponse vint, incisive, mordante. La logique serrée de Jacques Roy, l'inépuisable documentation et la verve intarissable de René Lévesque qui, dans une brillante improvisation, accumula les raisonnements subtils appuyés de faits et de dates, tout cela fit du débat une discussion passionnée. Vingt minutes de réplique furent accordées où l'on vit les adversaires profiter des moindres faiblesses, éclairer un point mal interprété, renchérir sur les preuves, jusqu'au moment où le président annonça la fin du débat. Le président du jury, Jean Bernier, fit alors connaître le verdict: René Lévesque, de philosophie I, était classé le premier des orateurs, mais on accordait la palme aux représentants de belles-lettres. » [1]

René Lévesque, orateur; une nouvelle flèche à son arc. Mais une flèche guère utile pour l'instant, car, en janvier 40, on ne le retrouve plus à la direction du journal. Pierre Boucher doit même reprendre son ancienne fonction. Qu'est-il arrivé? En fait, les examens de décembre 39 lui avaient été fatidiques. « Philo I, raconte René Lévesque, était dans ce temps-là l'entrée en force, l'irruption massive des mathématiques supérieures. La manière de les enseigner et une sorte de répugnance personnelle à ce moment-là ont fait que j'ai boqué. Aussi, n'ayant pas travaillé au cours du semestre, je me suis quand même présenté aux examens et j'ai obtenu exactement un sur cent, si j'ai bonne mémoire. J'avais bien transcrit la donnée des problèmes. Pas une réponse! Le recteur m'a fait venir pour me dire paternellement qu'il m'avait suivi. Tu sais, ils suivent, les damnés Jésuites. Il m'avait suivi soigneusement et, à son avis, il valait mieux que je quitte le collège. »

Lévesque quitte donc le Garnier et s'inscrit à la faculté des Arts, pour le second semestre, au séminaire de Québec. « Je me suis donc retrouvé, dit-il, au refuge des moutons noirs, à la faculté des Arts. En fait, ça voulait dire les extra-collégiaux du séminaire. Le séminaire avait ses séminaristes et ses extra-collégiaux. » Aux examens du

---

1. « Académie Sciences-Arts », *Le Garnier*, vol. 3, no 2, décembre 1939, p. 5.

baccalauréat, il « passera » ses mathématiques haut la main. « Curieusement, j'ai eu 19.5 sur 20 en mathématiques au bac. Parce que ça m'a secoué. Et j'ai découvert que j'étais capable autant que n'importe qui. J'ai même battu Jacques Roy, qu'on appelait Œdipe. C'était le *génie* de la classe en mathématiques. Je l'ai battu et il a été longtemps incapable de me le pardonner, parce que j'étais la cruche professionnelle. »[1]

La vie d'extra-collégial empêche de suivre les activités de la maison fréquentée. De toute façon, même si René Lévesque se plaisait bien à l'Académie Sciences-Arts du collège Garnier, il est probable qu'il aurait trouvé beaucoup moins intéressants les débats de l'Académie Saint-Denys du séminaire de Québec. À son arrivée dans le quartier latin, celle-ci tient sa cent cinquante-quatrième séance solennelle. Les sujets traités sont « les béatitudes », « l'alcoolisme et l'Église », « notre connaissance terrestre », « la vie est une victoire sur la matière brute », « la quantité », « l'acte de connaissance est une action immanente », « la nature et l'art » et, enfin, « la logique proprement dite est la mathématique de la pensée ».

Aux examens du mois de juin 40, Lévesque termine au vingt et unième rang d'une classe de 60 élèves et obtient une moyenne de 69.5%. Si l'on se fie à la règle qui veut que les matières où l'on obtient les plus hautes notes soient celles qu'on trouve les plus intéressantes René Lévesque raffole de l'astronomie et de l'histoire de la philosophie.

En septembre 40, toujours « extra-collégial », il s'inscrit en deuxième année de philosophie. Le premier semestre est sans histoires, sauf qu'il « oublie » de se présenter aux examens de physique en décembre. Heureusement, la reprise en janvier lui permettra d'obtenir 16 points sur un total de 20. Le second semestre est beaucoup plus laborieux. Les prêtres du séminaire notent que sa conduite en classe est excellente, mais qu'il est souvent absent. En juin, il « oublie » à nouveau de se présenter aux examens d'apologétique et de physique. Ce n'est qu'en août, à la reprise, qu'il obtiendra, avec distinction, son baccalauréat ès Arts de la faculté des Arts de l'université Laval. Vraiment il était temps que ce cours se termine...

Mais un baccalauréat ès Arts, sans autres qualifications, n'ouvre les portes qu'à bien peu de métiers ou de professions. Il faut,

---

1. Entrevue avec René Lévesque, 25 mai 1972.

presque inévitablement, poursuivre des études universitaires. Sans trop de conviction, René Lévesque entre donc à la faculté de Droit de l'université Laval en septembre 41. Parmi les universitaires de l'époque, on retrouve Jean Bernier et Pierre Boucher, qu'il avait connus au collège Garnier, et d'autres comme Robert Cliche, Fernand Jolicœur, Doris Lussier, Jean Marchand, François Lajoie, Louis-Philippe Bonneau et Gaston Cholette. Jean Bernier, chargé de la page artistique du *Carabin*, le journal des étudiants de l'université, demande à René Lévesque d'y aller de sa plume. Lui-même raconte l'incident. « 3.48.50 heures ... Accoudé au comptoir du *Cercle*, je sirote mélancoliquement la dernière goutte du fond de mon Coc anté-Droit. Soudain, rayon de soleil: en compagnie de sa serviette, surgit l'ami Bernier ... Son air presque trop prévenant et d'une amabilité sucrée me met aussitôt la puce à l'oreille. Et de fait. Maître Bernier me parle à peu près en ces termes: « Bonjour, mon cher vieux. Sais-tu que le super-journal *Carabin* va paraître bientôt? On m'a confié la page artistique: quel problème! ... J'ai de la misère, c'est effrayant ... Dis donc, toi qui as du talent (publicité gratuite), tu devrais bien, sais-tu, me fournir un petit quelque chose ... » Fleurs, drames et plaintes, il se sert de toute la gamme, le finaud! Metternich, Dale Carnegie et le renard parlant à maître corbeau n'auraient, à eux trois, pu dire plus ni mieux en si peu de mots ... Que vouliez-vous que je fisse? » [1]

Inutile d'ajouter que Lévesque accepte de collaborer au journal. Le 25 octobre, il signe, tout à côté de Robert Cliche et Jean Bernier, un article dans lequel il s'en prend à la facilité avec laquelle la société canadienne-française décerne des titres de gloire, alors que les personnages en cause sont souvent de parfaits inconscients. Après le poète X et l'écrivain Y, il parle du député Z. « Z ... s'est présenté aux élections. Il a prononcé onze discours magistralement composés par son secrétaire ... Après une semence abondante de promesses, généreusement engraissée de caribou, de cigarettes et de poches de sucre, la moisson des votes (grâce à la voix de majorité due à son oncle l'officier-rapporteur) l'a gratifié d'un confortable fauteuil parlementaire. Dorénavant, il ne se reconnaît qu'affublé du titre d'honorable député du beau comté ... Le tour est joué: le voilà, comme les autres, bombardé gloire nationale. L'aigle alors de s'écrier: « Churchill et Roosevelt, bah! que sont-ils donc que je ne sois? » — Quelqu'un! écrit une main sur le mur ... Mais il ne peut voir: le

---

1. René Lévesque, « Le jeu de l'inspiration », *Le Carabin*, 11 octobre 1941.

regard en-dedans, il admire le pont qu'il va réclamer du ministère. »
Et Lévesque de conclure: « Et combien d'autres du même poil! quel
bonheur que le nôtre!... La gloire est chez nous monnaie cou-
rante, graduée — comme les œufs et les poires... — en A,B,C, selon
le magazine, le journal ou la docte société qui la distribue... Nos
gloires nationales pullulent dans tous les domaines, comme des
sauterelles dans les récoltes; des célébrités dans tous les coins... Nous
sommes farcis de grands hommes: nous avons, même, énormément
plus de grands hommes que d'hommes tout court! » [1]

Comme dans toute université qui se respecte, on organise,
le 23 octobre, un débat éliminatoire « à la salle des promotions ».
Les orateurs et les sujets qu'ils abordent sont, dans l'ordre:

Charles-Henri Beaupré: le syndicalisme,
Marcel Bélanger: l'annexionisme,
Raynald Bélanger: nos minorités françaises au Canada,
Pierre Boucher: la civilisation pan-américaine,
Jean-Louis Boulet: did war change your way of living?,
Jean-Paul Chartrain: le Québec, province agricole inconsciemment
       riche à millions,
Robert Cliche: l'individualisme,
François Lajoie: le statut de Westminster,
Léo-Paul Lévesque: l'inégalité des races humaines,
Louis-Joseph Marcotte: le problème de l'après-guerre,
Donat Quimper: la Providence et la guerre,
Émilien Simard: les deux visages de la France.

René Lévesque assiste au « débat ». Après s'être payé cette
brochette d'orateurs, il en reste fort déçu. Il en fait part à Jean
Sirois, le président de la commission des Débats, qu'il a bien
fréquenté à l'époque du Garnier. « Le mot débat implique essentiellement l'idée d'un combat, d'une lutte, un élément de discussion. Or, après avoir écouté tous les concurrents, je n'ai rien
remarqué de très belliqueux dans ce pot-pourri d'éloquence de
salon... Ils sont là, douze ou quinze sujets aussi disparates que les
toilettes des dames à la grand'messe du dimanche... L'un monte
sur la scène pour développer laborieusement, en huit minutes, quelques aspects de la culture des pommes de terre dans le Québec;
à la suite, se présentent les deux visages de la France, l'individualisme

_____

1. « Célébrités », Le Carabin, 25 octobre 1941.

et la comparaison de Hitler avec Napoléon... Devant un tel salmi-gondis, les juges (et Monsieur le Président) dodelinent bientôt doucement le chef, s'assoupissent et goûtent un somme euphorique, tandis que leur bon ange se charge pour eux de la classification des pauvres concurrents... Les auditeurs, devant un exemple parti de si haut, prennent à leur tour un peu d'avance sur les rêves de la nuit prochaine... Entretemps, là-haut, le dernier orateur se bat déses-pérément les flancs, le vocabulaire et l'esprit pour mettre un peu de vie dans sa conférence sur la civilisation pan-américaine... De belles causeries, d'accord; mais un débat, nenni! Pourquoi ne pas choisir cinq ou six sujets, parmi les plus intéressants soumis, choisir pour chacun de ces sujets deux concurrents, et dresser ces équipes les unes contre les autres dans un véritable débat? Ce système ne deman-derait pas plus de temps; demanderait moins de magnanimité des juges et de l'assistance; et moins d'efforts stériles des concurrents. De plus, l'atmosphère de discussion, de bataille, de *débat* ainsi introduite permettrait une appréciation beaucoup plus sûre de la valeur oratoire, *débatrice* des speakers, que cette mosaïque biscornue de petites causeries jolies, mais éloquentes à peu près autant que les promesses d'élection d'un candidat bleu, jaune, rouge ou vert... Sinon, n'appelez pas votre cérémonie: débat, mais *Pot-pourri élimi-natoire, les pavots d'éloquence, ou les grands chanteurs Laval!* » [1] Voilà un avis, quand même assez violent, qui n'a pas dû plaire à la douzaine d'orateurs et au président!

Vérité est synonyme d'authenticité. Et tout ce qui n'est pas « vrai » fait sortir René Lévesque de ses gonds. Déjà il s'en était pris au poète X, à l'écrivain Y et au député Z. Le 22 novembre, il ridiculise, cette fois-ci, Cornichon, ce pilleur des grands écrivains qui n'ose révéler la source de ses citations. « Heureux Cornichon! À toutes fins utiles, il jouit d'un véritable bail emphytéotique sur les œuvres d'une douzaine de grands hommes, bien que n'étant doué en propre de la moindre tremblotante étincelle d'esprit. Situation des plus avantageuses pour son équilibre et son optimisme: les critiques et toutes les épines, il les verse en effet au compte de ses fournisseurs; mais au nom du talent dont il s'est lui-même, pour réparer la négli-gence du Créateur, muni avec abondance, il savoure au contraire, en honnête pirate, les fleurs que certains gogos sèment devant ses mul-tiples personnalités! (...) Que de Cornichons, grands et petits! Ils seraient vraiment drôles s'ils ne faisaient pitié. Ou plutôt non,

---

1. « Débat ou pot-pourri », *Le Carabin*, 8 novembre 1941.

ils sont tout simplement indifférents, car ils n'ont pas d'existence propre... Ils ne vivent que par autrui: tels des pensionnaires de Mastaï qui, un bon matin, se lèvent Napoléon, gagnent un Austerlitz par semaine et répudient Joséphine deux fois par mois...» [1]

C'est là son dernier article durant l'année scolaire 1941-1942. En fait, il manque de temps pour écrire. Ses cours de Droit? Si peu. Voilà près de cinq mois qu'il est annonceur au poste de radio CKCV de la Vieille Capitale. Et c'est beaucoup plus par intérêt que par souci financier que, tous les soirs, il se rend au deuxième étage du cinéma Capitol, carré d'Youville, pour animer quelque émission. À l'été 42, il quitte CKCV pour CBV, poste de la chaîne française de Radio-Canada, dont les studios sont situés dans l'enceinte du Château Frontenac.

Lévesque adore la radio. Ce médium connaît d'ailleurs son véritable essor avec la deuxième guerre mondiale. L'étudiant en Droit se fait donc, auprès de ses confrères, un défenseur inconditionnel de la T.S.F. « Prodigieuse, prestigieuse radio, écrit-il dans *Le Carabin*, aux tentacules innombrables, qui se dressent en antennes sur tous les toits et ondulent au-dessus des autos rapides, qui enserrent la planète toute rétrécie, transportant les néons de Broadway, les bistros de Montmartre et les tam-tams de la jungle jusqu'à la sérénité champêtre de Saint-François, jusqu'aux fabriques de canots d'écorce de Loretteville! Tapis magique, sur lequel Yvon Horte, pêcheur gaspésien, peut survoler à l'instant les bruyères et les pardons de la Bretagne ancestrale; et Jacques Laroche, sentant s'éveiller en lui le vieux sang des coureurs de bois, s'aventurer parmi les pavots du Cathay fabuleux et se promener sur les rives bourbeuses du Gange où croupit la postérité des caïmans qui, jadis, s'aiguisèrent le râtelier sur les soldats de Gengis Khan... »

Puis, dans cet article, Lévesque fait la rencontre de Valérien, l'éternel protestataire Don Quichotte pour qui « la radio, comme le cinéma, comme l'avion, comme le XXe siècle, s'honore de figurer parmi ses moulins à vent ». Il en a marre. « Avec tous vos rapetissages de notre pauvre Terre, dit-il, vous êtes à nous dénationaliser, à nous enlever la moindre étiquette distinctive. Bientôt, grâce à votre ignoble Progrès, ce sera l'Internationale du genre humain! Vous nous faites ingurgiter à haute dose des syncopes de jazz et des miaulements de guitares gauchos. On nous promène des Barbades

---

1. « Les deux habits mais... non le moine », *Le Carabin*, 22 novembre 1941.

au Kamtchatka. À force d'absorber une telle salade, nous ne sommes plus nous-mêmes, mais une catalogne de toutes les races et de toutes les cultures! » — « Catalogne? répond Lévesque. Et pourquoi donc, quand, au fond, la culture est une? Culture: c'est la mise en valeur de l'humus intellectuel, qu'il soit jaune, noir ou blanc, et la récolte totale qu'on en retire. Shakespeare offre ses produits, qui ne le cèdent en rien à ceux de Racine ou de Molière; auprès de Bizet, il y a Wagner et Verdi, Gœthe et Victor Hugo, Balzac et Tolstoï, chacun laboure le champ à sa façon, d'après son génie particulier. Mais je n'ai pas dit que le champ donnât des récoltes toutes identiques. La pomme canado-franco-gréco-latine diffère de la slave ou de l'anglo-saxonne: le Jardinier Suprême a décrété qu'il en devait être ainsi. Oui, mais quel que soit le produit final, les grandes règles de labour, de hersage, d'arrosage demeurent partout et toujours les mêmes. C'est là, pour nous, la culture pratique.

L'avocat du diable insiste. « En Europe, dit-il, des dizaines de siècles se voient sous chaque pierre polie, sous chaque opinion faite. Derrière les épaules d'un Européen, on voit une longue file de figures imposantes, comme la procession des ombres dans Macbeth. Nous, nous sommes Américains, jeunes par conséquent, et dépourvus de tels appuis. » Lévesque ne croit pas à cette affirmation. « Mais non, répond-il, puisque nous héritons des trésors de France et, par là, de Rome et d'Athènes. Seulement, comme tout héritier affligé d'une fortune transcendante et gratuite, nous devons nous garder de l'odieux — et dangereux — genre fils à papa. Ce patrimoine, il nous faut le travailler, le pétrir, l'engraisser en lui imprimant le sceau de notre esprit. Autrefois, on n'avait que le livre; aujourd'hui, la radio vient combler une lacune; après l'œil, l'oreille, à son tour, reçoit l'outil ... » Mais Valérien n'abandonne pas facilement. Pour lui, la radio, comme tout le XXe siècle d'ailleurs, ne fait qu'encourager la paresse, la loi du moindre effort. « Ainsi, lui dit René Lévesque, tu en as contre la lâcheté du siècle. Mais, mon pauvre Valérien, sur ce point, l'homme n'a jamais changé. Il a toujours cherché ses aises. On pourrait fignoler une étude passionnante sur ce sujet: La quête du moindre effort à travers les âges. Adam marchait, Charlemagne chevauchait, ton grand'père crankait, ton père démarre et roule en vitesse, nous, nous volerons, nos fils se rendront probablement en fusée à la lune pour le week-end ... Quand l'imprimerie apparut, les plus grands admirateurs de Gutenberg furent sans doute les pauvres moines qui, depuis toujours, s'arrachaient les yeux en lisant, et s'usaient les paumes en transcrivant des manuscrits. La T.S.F. marque une nouvelle étape, voilà tout. Mais prends courage, car bientôt la télévision va nous mener encore plus avant. Et c'est bien ainsi: pour la masse, le manuscrit à copier, souvent même le livre à feuilleter et comprendre, c'est trop ardu; mais écouter sans effort, comprendre à la volée, ah! voilà qui sourit à sa paresse congénitale. La radio, c'est le livre du peuple ... »

Valérien est habile. Il voit bien que certaines stations ont tendance à adopter, sans hésiter, le slogan d'Hollywood: « la quantité avant la qualité ». Pour Lévesque, ce n'est pas là une raison suffisante pour abolir la radio. Il lui répond: « Tu parles! Comme si le minimum que les uns ne peuvent ou ne veulent dépasser t'empêchait, toi, d'élargir et d'approfondir! Qui te force, par exemple, à borner tes notions de psychologie aux recettes du *courrier des cœurs en peine*? N'empêche que même une *tête à Papineau* doit prier très fort pour feu Marconi, sans qui sa place au *Metropolitan Opera* radiophonique — une fraction de cents — lui reviendrait à cinq dollars, plus certains frais de voyage! »

Mais notre Don Quichotte ne s'arrête pas là. Il parle de cette rage de publicité qui avilit les plus belles émissions. Il faut dire que cette publicité envahit surtout les ondes des stations privées, car Radio-Canada restreint alors à deux minutes par heure d'émission la réclame publicitaire et la moyenne de ses émissions commanditées ne dépasse pas le cinquième de tous les programmes du réseau français. Sans tomber dans l'excès contraire, René Lévesque refuse de jouer les purs. « Pourquoi donc les artistes vivraient-ils d'eau claire et d'irréductible indépendance? D'ailleurs comment le pourraient-ils? Ils ont un estomac des plus exigeants, comme le commun des mortels. Et tant que la société ne leur fera pas de rentes, ils devront rester aux ordres du plus haut enchérisseur ... Le jeu souverain de l'offre et de la demande ... Et ne va pas t'imaginer qu'il est d'aujourd'hui ou d'hier. Quand il était professeur *artis dicendi*, saint Augustin chargeait ses amis et ses élèves de sa publicité. Et Le Brun, achevant une toile, ne devait-il pas compter un peu sur un léger encouragement ... tangible de son protecteur Colbert? Je parierais — sans risque exagéré — que, vers l'an 2242, les soupes Campbell's de Roger Baulu ou le Barsalou de Jacques Desbaillets formeront matière à description pittoresque, tout autant que les bateleurs du XVIIe siècle débitant leurs panacées et leur eau de Jouvence aux badauds du Pont-Neuf ... »

« Mais si les crieurs radiophoniques, affirme Valérien, refilent des émissions vulgaires et stupides, c'est le niveau artistique et intellectuel qu'ils abaissent avec cette camelote! » Lévesque est d'accord. « Touché, mon vieux! Camelote il y a, c'est indéniable. Une mise en garde toutefois: la nourriture légère n'est pas nécessairement de l'eau de vaisselle. Inutile d'appeler à la rescousse Aristote et sa docte cabale pour assommer Tino Rossi! Il faut varier le menu. Après un *fireside-chat* de Roosevelt, je ne vois aucun obstacle à planter là la politique internationale durant un quart d'heure pour m'ébaudir un peu avec Jovette. Entre deux magnificences symphoniques, je reconnais un besoin de détente, j'accroche le huit-reflets, je mets mon esprit en pantoufle, et je me divertis en compagnie de Ray Ventura, aux dépens du soldat Lebrun... Sur ce, je t'abandonne tout un bagage de programmes décousus, mal préparés, mal présentés, parfaitement mal fichus; en te rappelant les représailles ultra-faciles: tourner le bouton... comme on met en quarantaine un avocat véreux ou un coupe-gorge charlatan... »

Valérien s'en retourne peu convaincu de la valeur de la radio. Et René Lévesque ajoute pour lui-même: « La T.S.F., comme le cinéma, le sous-marin, l'avion et l'Electrolux, n'a pas besoin de toutes mes défenses pour régner tranquille jusqu'au prochain bond en avant de l'humanité. Sourde au babil des mouches du coche, se riant dans sa barbe millénaire des calculs de Ptolémée et de toutes les Inquisitions passées ou futures, la Terre tourne toujours... Philosophe, je hausse les épaules et allume une cigarette, me recampe dans les profondeurs du fauteuil et, après avoir applaudi à la dernière économie de l'ingénieux Séraphin, j'accompagne le *barlot* du gros docteur chez la pudique et rougissante Angélique... Il a tout de même du bon, le XXe siècle! » [1]

Pendant l'année scolaire, c'est là le seul article remis par René Lévesque au *Carabin*. Il demeure tout aussi occupé que durant l'année précédente. Au début de septembre 43, il s'inscrit en troisième année de Droit. En décembre, quelques semaines avant les examens du semestre, son professeur, Louis-Philippe Pigeon, le prend en flagrant délit de fumer. Il est formellement interdit de fumer dans les salles de cours. « Il se voit immédiatement sommé de quitter les lieux pour n'y revenir qu'au moment où il se trouvera

---

1. René Lévesque, « Propos en ondes », *Le Carabin*, 14 novembre 1942.

dans des meilleures dispositions, prêt à faire des excuses. »[1] Lévesque quitte l'université et n'y reviendra plus. Quelques jours plus tard, le recteur intervient auprès de sa mère. « Votre fils, dit-il, a beaucoup trop de valeur pour qu'on le laisse agir ainsi; essayez donc de le convaincre de revenir. » Sa mère n'y peut rien et René Lévesque a pour toute réponse: « Écoutez. Je ne suis pas intéressé à passer ces examens, car je ne pratiquerai jamais le Droit. Tout ce que je veux faire dans la vie, c'est écrire, pas autre chose. »

En fait, depuis un bon moment, le cœur n'y est plus. Avec le recul des ans, on a l'impression que les cours enseignés répugnent à l'universitaire Lévesque, car ils ne sont pas assez collés à la réalité d'alors. Lorsque nous lui faisons part de cette impression, René Lévesque répond: « Ça, ce serait un jugement *post facto* dangereux, parce que tu ne peux pas juger comme ça maintenant. C'est peut-être vrai. Tout ce que je sais, c'est que je me sentais de moins en moins impliqué dans ce qu'on m'enseignait ou dans les études. Je me sentais de moins en moins intéressé. Maintenant je ne pense pas que je pourrais juger en disant que ça ne collait pas à la réalité. Ça, ce serait un peu prétentieux. »[2]

Mais insistons, puisque nous croyons ce jugement assez juste: « D'accord. Mais l'étudiant qui ne se présente plus à certains examens, alors qu'il avait fait la preuve auparavant qu'il pouvait les réussir, ce n'est pas parce qu'il doute de sa capacité de les réussir? » René Lévesque refuse ce jugement *post facto*: « J'étais de moins en moins intéressé. C'est aussi simple que ça. Il y a une chose aussi qui m'a massacré un peu, c'est que, étant le plus vieux, mon père était mort. Et, évidemment, il ne faut pas oublier l'obsession traditionnelle de nos bonnes familles canadiennes-françaises pour les professionnels. Mon père ayant été en Droit, le plus vieux était destiné automatiquement à prendre la succession. En plus, il y avait une espèce de sentiment de devoir de succession. Il y avait même un bureau, en Gaspésie, qui était loué au cas où . . . Alors, tu sais, tu te sens comme poigné dans une sorte d'enchaînement et plus je regardais le Droit tel qu'il se présentait à ce moment-là, c'est-à-dire essentiellement une affaire de collection au départ et pendant je ne sais combien d'années, ça devenait à toutes fins utiles « tu vas dans les

1. Michèle Tremblay, « Ce que j'aime en lui, c'est sa profonde honnêteté », *Le Nouveau Samedi*, 24 décembre 1972.
2. Entrevue avec René Lévesque, 25 mai 1972.

bureaux et tu te débrouilles pour collecter ». Alors plus ça allait, moins ça me tentait. Je pense que cela a joué beaucoup aussi. »

Le très grand désintérêt manifesté pour une profession aussi « rangée » et la perspective de devoir y être enchaîné pour un bon nombre d'années font alors que René Lévesque songe de plus en plus à quitter le Droit. Une sorte de « drop out », pourrait-on dire. Mais s'il quittait, que ferait-il? « Je commençais, dit-il, à m'intéresser au journalisme. Mais tout était mêlé. »

2

Le choix de la guerre

Il prend effectivement, en décembre 1943, la décision d'abandonner ses cours de Droit. Le « drop out », cependant, devient immédiatement un « drop in ». Un événement majeur le fascine: la guerre mondiale. À 21 ans, il choisit la guerre. Pas avec le fusil, mais avec la radio. Pourquoi, si jeune, choisir la guerre? « Ça, il faut avoir vécu à ce moment-là. Je pense que n'importe qui comprendrait. C'était quand même très visiblement, et on le voyait de loin, la plus grosse révolution de notre époque. Une guerre comme ça, c'est quand même une sorte de brassement mondial. Alors on se sentait loin de la chose clef de notre époque, à ce moment-là. À part de ça, il y avait une autre chose. On se disait: « La conscription va venir. On n'a pas envie de prendre le bois, parce que ce sera alors beaucoup plus ennuyeux que ce qui se passe. » Et moi, je n'avais pas du tout envie d'être dans l'armée canadienne pour toutes sortes de raisons. Ça ne me tentait pas. »

En décembre 43, René Lévesque rencontre des copains américains qui lui présentent un certain Robb. Celui-ci dirige, à Montréal, le bureau de l'Office of War Information. Et les Américains, qui songent déjà au grand débarquement en Europe, ne tiennent à être sous la coupe de personne. Aussi recrutent-ils leurs propres services bilingues. René Lévesque tente alors sa chance au bureau de Robb, qui lui accorde une première entrevue. Immédiatement, voyant qu'il se débrouille très bien dans les deux langues, Robb lui dit: « Si l'emploi vous intéresse, nous vous l'accordons. »

René Lévesque va par la suite à New York rencontrer Pierre Lazareff, Juif français réfugié aux États-Unis, chef des services de langue française de l'Office of War Information. Ce dernier lui fait passer un test d'écriture et de radio et lui dit: « Si tu es prêt à t'embarquer, va passer ton examen physique et, après ça, on te fera signe. » Il faut comprendre que toutes ces démarches ont une certaine note mystérieuse, car on craint les espions allemands.

Satisfait de son entrevue avec Lazareff, René Lévesque revient dans la Vieille Capitale pour y passer son examen physique et, surtout, pour annoncer la nouvelle à sa famille. Sa mère n'a qu'une seule espérance: ne jamais le voir partir pour « les vieux pays ». Deux longs mois s'écoulent qui réjouissent madame Pelletier [1] et qui impatientent son fils. Finalement, au début de mai 44, l'O.W.I. lui demande de se rendre à Montréal et de cesser, à partir de ce moment, de donner des nouvelles à sa famille. « Ma mère, raconte René Lévesque, a alors failli mourir. »

L'Arche française

« À Montréal, j'ai traîné deux jours, je crois, à l'hôtel; puis, tout à coup, un matin, ils m'ont dit: « Rends-toi au pier no 9; il y a un bateau français qui t'attend. » Là j'ai bien vu ce petit bateau français, l'Indochinois. Sur ce bateau, il y avait la plus belle salade que l'on puisse imaginer, une sorte d'Arche de Noé. D'ailleurs on en a ramassé d'autres à Halifax. Une douzaine d'enfants anglais qui étaient venus très jeunes en 40, évacués pendant le blitz allemand. Et là on commençait à penser qu'ils pouvaient retourner s'ils avaient atteint 17 ou 18 ans. Il y avait aussi je ne sais combien de techniciens divers, un peu dans mon genre, qui s'en allaient étoffer des équipes là-bas: des électriciens, des caméramen, des gars de transmission. Et un équipage français. Alors là-dedans, tu avais la vraie salade. »

L'Arche lève donc l'ancre pour Halifax. La capitale de la Nouvelle-Écosse est alors l'endroit où les cargos se rassemblent pour former des convois. Au début de la guerre, les cargos avaient l'habitude d'entreprendre seuls la traversée de l'Atlantique. Les sous-marins allemands s'en donnaient alors à cœur joie et beaucoup de navires

---

1. La mère de René Lévesque avait épousé en secondes noces monsieur Albert Pelletier.

alliés étaient incapables de se rendre à bon port. Devant de telles attaques, souvent nocturnes, on systématisa la méthode des convois, c'est-à-dire des cargos qui traversaient l'Atlantique escortés de destroyers. Et, même en mai 1944, tous ont en mémoire le massacre de l'année précédente. En effet, en mai 1943, deux convois, pourtant escortés, essuyèrent le feu des sous-marins allemands. Ils étaient 77 navires à Halifax; 33 manquaient à l'appel à Liverpool. L'Indochinois vient donc mouiller dans le port d'Halifax.

« Là, raconte René Lévesque, j'ai vu la scène la plus cocasse. C'était quand même la période de la fin de la guerre sous-marine; mais c'était la fin terrible, dans le genre que ça coulait partout. Notre capitaine, celui de l'Indochinois, était un vieux Français colérique. Un gros gars qui fait ses quatre volontés et pour qui son bateau est un peu comme son équipage personnel. La chicane a pris dans le port d'Halifax avec la direction des convois. On n'a jamais su l'explication. Une chose est certaine, il revient tout à coup du port avec son canot-automobile. Aussitôt monté dans le bateau, il dit: « On part! On appareille tout de suite! Pas de convoi! Tout seuls! Les maudits convois d'ailleurs, plus ils font des règlements, plus on a des chances de se faire descendre. On va y aller tout seuls. » Alors cela prit quelques minutes avant que le message soit traduit en anglais. Je me souviens qu'il y avait un nommé Cooney, de Brooklyn, et un de ses amis que les Américains avaient mis à bord. Au bout de cinq minutes, Cooney remonte sur le pont avec ses valises; la sueur l'abîmait. Il dit: « Si on n'a pas de convoi, moi, je débarque! » Or, malheureusement, il ne pouvait plus débarquer, parce que le secret aurait été éventé. Les Allemands avaient des agents dans tous les coins d'Halifax et ça aurait été connu. Cooney s'est fait prendre par deux gros matelots et s'est fait redescendre dans sa cabine, de force. »

Le 7 mai 1944, le capitaine de l'Indochinois décide de quitter Halifax sans le secours de destroyers. Malgré son entêtement, il doit sûrement être aussi inquiet que les autres passagers durant la traversée. René Lévesque raconte: « On a donc fait le voyage tout seul. Moi, je pense que je n'ai pas enlevé mon pantalon une fois pendant ce voyage-là. À chaque nuit, chaque fois que le bateau craquait, on se disait: « Ça y est!» Et c'est grand, l'océan. Ce n'était pas un bateau rapide. Certainement un bon 8 ou 10 jours. La nuit, on essayait de se trouver une occupation: les cartes, la lecture, n'importe quoi. La nuit, c'est terrible! Quand le matin arrivait, on se disait: « Bon, là, on est bon pour une autre journée. » Et on dormait un peu. »

Londres sous les bombardements

Le 17 mai, le jeune Québécois de 21 ans descend en Grande-Bretagne. Une semaine plus tard, il s'empresse de donner des nouvelles à sa famille. Il écrit à sa mère, mais évite de lui parler des nuits de l'Indochinois. « Notre navigation a été magnifique. Beau temps, quelques *mals de mer* — mais pas moi ... Notre bateau était français et, comme les autres passagers étaient Anglais ou Américains, j'étais en quelque sorte interprète officiel: ça me donnait de l'importance! De passagers, il n'y en avait que 24, moi compris: 12 de l'O.W.I., trois ou quatre vieux Anglais et un groupe de jeunes réfugiés anglais qui retournaient chez eux en Angleterre. Durant la traversée, j'ai pris des bains de soleil et joué aux cartes; je suis arrivé bruni comme aux jours de New Carlisle, et plus riche de $38.00 = pas mal! ... » [1]

Ce sont, par la suite, les premières impressions du touriste arrivant en sol nouveau. « Londres est une très grande ville qui s'étale beaucoup, car les buildings n'ont jamais plus que 5-6 étages au maximum. On voit ici et là des balafres du *blitz*, mais, de ce temps-ci, les raids sont tellement inexistants qu'on n'a pas du tout l'impression de la guerre. Il fait très beau, du soleil, et très chaud. Je n'ai pas encore aperçu le fameux brouillard londonien. La nourriture est plutôt dispendieuse, mais on n'en manque pas. Dire que ça vaut Kerhulu serait exagéré, mais c'est très satisfaisant. Des légumes à foison, et des pâtes à en crever. La viande n'est pas trop rare. C'est sur les desserts qu'on est le plus faible. Le grand défaut de la plupart des restaurants, c'est d'être malpropres. Je n'ai jamais vu de nappes si tachées! Tout Londres donne d'ailleurs cette impression d'une ville qui attend la fin de la guerre pour se rafistoler et faire son grand ménage. Les tramways n'existent pas ici; on n'a que les autobus à *deux étages*, dont les parcours divers et innombrables me déroutent littéralement! Pas une fois jusqu'ici ils ne m'ont conduit exactement à l'endroit que je visais! Les journaux, sauf de très rares exceptions, n'ont qu'un format de guerre de 4 pages: c'est merveilleux! Pas de carnet mondain, pas de *comics* et très peu de sport. Hyde Park est le seul endroit intéressant que j'ai visité jusqu'ici. Très grand, très bien planté, et — en fin de semaine surtout — très bien peuplé. À tous les coins, des phénomènes, dressés sur de vieilles boîtes, pérorent sur tous les sujets imaginables. J'ai même entendu un **Hindou**, la

---

1. Lettre de René Lévesque à sa mère, Londres, 24 mai 1944.

barbe longue comme ça, qui gueulait sur la décadence certaine... de l'Empire britannique! Ça, vraiment, c'est le summum de la liberté de parole!... » Voilà qui doit rassurer une mère imaginant son fils sur les champs de bataille.

Depuis que les armées occidentales ont été évincées du continent par l'Allemagne, l'Angleterre est devenue le refuge de la plupart des nations qui songent à reconquérir le terrain perdu. Aussi, au cœur même de la City, on y côtoie Belges, Américains, Français, etc. René Lévesque parle à sa famille des attitudes de l'Anglais qui voit son pays « occupé » par tant de gens d'armes. « Les Anglais eux-mêmes, écrit-il, remontent dans mon estime. Ils se résignent super-bement à l'invasion formidable des troupes qui se massent ici pour le (?) deuxième front... L'Anglais dans la rue n'est pas très loquace ni très brillant; mais il est serviable, poli et se mêle parfaitement de ses affaires. »

Son jugement à l'égard des premiers Français qu'il rencontre à Londres est beaucoup moins élogieux. « J'ai rencontré ici, note-t-il, à la section française, divers types qui sont de nouveaux genres d'oiseaux pour moi. Il y a Pierre Lazareff, le directeur, dont je vous avais déjà parlé à mon retour de New York. Et puis, d'autres Français qui, ma foi, ne valent aucune description particulière... Si je ne savais qu'on trouve mieux que ça en France, je dirais que la pauvre France n'est pas sortie de ses difficultés, et aussi que les Canadiens n'ont pas besoin de tant s'extasier sur les Francés (sic) de France! Tout compris, même au point de vue écriture, nous valons très sûrement la moyenne de ces gens-là... Seulement, ils ont plus que nous le tour de se mousser... Un parfait idiot, qui est inscrit ici sous le nom de Laferre, se présente, par exemple, sous le nom (volé à l'Athos de Dumas?) de De La Fère!... (Believe it or not!). » [1]

Malgré ces premières observations qui peuvent laisser croire à un touriste en vacances, René Lévesque s'est vite mis au boulot. Il écrit: « Jusqu'ici, j'ai travaillé à peu près continuellement. Je m'occupe de newswriting (rédiger les nouvelles et autres placotta-ges) et d'annoncer divers programmes adressés au peuple de France (hem!...). » Il travaille à la Section radiophonique francophone de l'American Broadcasting Station in Europe (A.B.S.E.). Ce dernier organisme relève alors de l'United States Office of War Information. Et Lévesque nous confiera: « J'ai fait quelques mois comme speaker

---

1. *Ibid.*

pour la radio américaine. On était un groupe international faisant du texte et des choses comme « Un ami viendra ce soir », bref, des messages, des nouvelles et de la propagande pour la France occupée. » [1]

À l'ère de l'espionnage par satellites, il est difficile de se rendre compte de l'importance de la radio à cette époque. La radio de Radio-Canada, nous l'avons dit, a connu son véritable essor avec la seconde guerre mondiale. Beaucoup de Québécois se sont mis aussi à l'écoute des ondes courtes, afin d'avoir plus rapidement un tableau complet des opérations en Europe. À Londres, la radio du temps de guerre devient un instrument de libération. Il s'agit de seconder les Forces françaises de l'Intérieur (F.F.I.), qui agissent la plupart du temps à découvert, et les autres organisations clandestines qui se livrent, dans l'ombre, à des distributions de tracts, à des sabotages, à des attentats et à la recherche de renseignements.

Un observateur français apporte l'exemple de l'appel du général de Gaulle prononcé sur les ondes de la radio londonienne, le 18 juin 1940. « Que l'acte historique, écrit-il, par lequel s'exprimait le refus de la défaite ait été un appel radiophonique diffusé au surplus par un émetteur national étranger, que la France continue avec raison à saluer dans cet appel du 18 juin 1940 le point de départ de la Résistance française, voilà qui suffit à souligner l'importance sans précédent de l'arme radiophonique dans la deuxième guerre mondiale. » [2]

Au moment où René Lévesque entre en fonctions à Londres, cette arme qu'est la radio s'est affinée. Les communications entre résistants en sol français et Londoniens sont d'un synchronisme parfait. « Juin, juillet, août 1944, écrit Crémieux-Brilhac, la B.B.C. fut alors vraiment une arme de guerre, au plein sens du mot. Tandis que les postes émetteurs et récepteurs clandestins échangeaient les messages secrets qui dirigeaient sur des objectifs précis la stratégie de l'insurrection nationale, c'est de la B.B.C. que vinrent les instructions à la grande masse des Français, c'est elle qui annonça les hauts faits des F.F.I., qui publia la chronique périodique de la Résistance, c'est par sa voix que les Allemands furent sommés d'avoir à considérer les

---

1. Entrevue avec René Lévesque, 25 mai 1972.
2. J.-L. Crémieux-Brilhac, « Les émissions françaises à la B.B.C. pendant la guerre », *Revue d'histoire de la deuxième guerre mondiale*, novembre 1950, p. 73.

soldats des formations de l'Intérieur comme des combattants réguliers. » [1]

La radio londonienne de 1944 diffuse donc à peu près tout: des faits éclatants dignes d'être connus à la fois des Alliés et des Ennemis et, aussi, des messages. C'est là le boulot de René Lévesque comme des autres speakers. Mais comment s'opère la compréhension entre le diffuseur et le récepteur du message? Crémieux-Brilhac nous en livre le secret. « Pour le plus grand nombre, écrit-il, les *messages personnels* avaient pour objet de confirmer ou contremander des opérations clandestines de parachutage, d'atterrissage ou d'embarquement prévues pour la même nuit. Ils étaient diffusés au début de l'émission de 21 h. 15. De façon générale, ils étaient établis par les services B.C.R.A. (Bureau central de Renseignements et d'Action); les textes étaient adressés pour vérification et accord au service de liaison anglais, qui lui-même les transmettait à une section spéciale de la B.B.C. Au préalable, les messages avaient été communiqués aux réseaux intéressés par télégrammes chiffrés confirmant le texte, l'indicatif de la phrase ainsi que la position du mot dans la phrase et la lettre du mot qui, suivant l'ordre de la numération alphabétique, définissait la date de l'opération. Exemple: Indicatif: le Canari, 3e mot, 3e lettre du 2e mot, pour une opération ayant lieu le 18. Le message correspondant donné par la B.B.C. était par exemple le suivant: Le Canari picore des graines (= l'opération Canari aura lieu le 18). Dans le cas où pour une raison quelconque l'opération prévue ne pouvait avoir lieu le 18, on passait un message qui comportait le mot *Canari* et une composition faisant figurer à la deuxième lettre du troisième mot un T (19e lettre de l'alphabet) pour indiquer que l'opération se ferait le 19, ou un U pour indiquer qu'elle se ferait le 20, etc. » [2]

En juin 1944, c'est le grand débarquement des forces alliées en Normandie. Mais les Allemands, pour bien montrer qu'ils n'entendent pas s'en laisser imposer, pilonnent l'Angleterre. Néanmoins, les Anglais ont appris à vivre avec ces « sautes d'humeur ». Dans une lettre du 3 août, René Lévesque en parle à sa famille. « Tiens: encore les sacrées sirènes ... Houououou ... houououou ... houououou ... comme un sifflet dans lequel on soufflerait par saccades, en laissant presque mourir le son entre chaque effort. C'est facilement le gémis-

___

1. *Ibid.*, p. 94.
2. *Ibid.*, p. 94.

sement le plus détestable que j'ai jamais entendu. Et voilà sept semaines que ça dure... Sérieusement, je commence à avoir hâte d'être en Normandie. » [1]

Le gémissement des sirènes suit la détection des bombardiers ennemis et précède le bombardement. La plupart des ampoules électriques s'éteignent et beaucoup de Londoniens gagnent le métro qui servira à nouveau d'abri. René Lévesque poursuit la rédaction de sa lettre. Quelque dix lignes plus bas, il note: « Voici le premier *flying-bomb* de la soirée. Il est à côté (à *côté* veut dire = pas en ligne...): c'est le même vacarme qu'un gros camion qui se tromperait de voie — et comment! — et qui roulerait dans le ciel, en ébranlant d'abord le toit au lieu de commencer par les fondations!... Le moteur s'est arrêté, assez près pour que je reste un instant la plume en l'air... Puis bang!... Le rebord de la fenêtre gémit une seconde et l'air se remet à circuler... Moi z'aussi... On est habitué, maintenant. Dans le jour, on travaille, on n'y pense même pas. Et la nuit, sitôt couché, j'en compte cinq ou six — comme des moutons — et puis je dors comme une bûche!

« Vous allez sans doute lire, poursuit-il, des chiffres impressionnants tirés du discours de Churchill hier. Le nombre des victimes, des maisons atteintes, etc. Ça paraît pire de loin. Ici, on remarque à peine les nouveaux dégâts, au milieu de ceux causés par le vrai *blitz*. [2] Et personnellement, je n'ai souffert... que trois carreaux émiettés, dont il m'a fallu nettoyer les débris pendant une heure en me levant, le lendemain matin... Ça ne me disait pas de me traîner à quatre pattes au milieu de la nuit!... Ce qui m'a permis de me poser en malheureux *bombed-out*, et de manquer une demi-journée d'ouvrage! »

Certains passages des lettres de René Lévesque valent d'être reproduits pour la forme d'humour dont l'auteur fait preuve. Durant la guerre, par exemple, on a pris l'habitude de censurer les lettres à destination de l'Amérique du Nord, de peur que quelqu'espion allemand y décèle des renseignements lui permettant d'éventer une opération militaire. René Lévesque n'échappe pas à cette censure et se voit, de temps à autre, raturer certains paragraphes. Dès son arrivée à Londres, sa mère lui avait promis d'envoyer des aliments. En août, il n'a encore rien reçu. Aussi la prévient-il de cesser ces envois. « Pour ce qui *regarde* les paquets, écrit-il, que ce soit un ou deux, je n'ai

---

1. Lettre de René Lévesque à sa mère, 3 août 1944.
2. Allusion aux célèbres bombardements allemands de 1940.

encore rien reçu. Alors, de grâce, n'envoie rien de plus jusqu'à ce que je te donne un accusé de réception, ou bien une explication du retard. Il serait imbécile de nourrir le gouvernement de Sa Majesté, celui de Monsieur King ou encore les requins . . . » Et il ajoute à l'intention du censeur: « Censor: please note this is only *hunger*, not treason! . . . »

Le 8 novembre 1944, jour des élections présidentielles aux États-Unis, l'*American Broadcasting Station* en Europe organise, dans le cadre de la guerre des ondes, une vigile des élections américaines. Trois annonceurs, dont René Lévesque, sont chargés d'animer cette nuit radiophonique. Laissons la parole au *Star* de Londres qui titre sur trois colonnes: « Europe *listens* to freedom via London radio ». « Three young Americans, écrit-on, speaking from London, today fought a major action in the Allies' psychological warfare against Hitler. They are announcers of the American Broadcasting Station in Europe, who kept a sleepless vigil to ensure that Germany, the countries still occupied, and those recently liberated, should have a supreme example of a great nation exercising its Democratic right. Each was typical of millions of their countrymen who are fighting the battle of freedom. Eldest was Tys Teowey, aged 34, of Dutch ancestry, who spoke in English, and the youngest was Rene Levesque, 22, who originally came from Canada and spoke in the French of his forefathers. The third who spoke in German was Alfred Puhan, born in Germany 31 years ago. Reception is known to have been good, and Europe heard the sounds and a description of the scenes in the Republican and Democratic headquarters, the voices of thousands of New Yorkers in Times-square, and the election atmosphere in the villages of the west coast, the south and the middle west. (. . .) » [1]

René Lévesque fait parvenir la coupure du *Star* à sa mère et ne manque pas l'occasion de taquiner ses deux frères. Il écrit: « La découpure ci-incluse (c'est beau de savoir sa gramaire . . .) est tirée du *Star*, un des plus grands, des plus *exclusives*, etc., etc., journaux de Londres. Tu montreras ça à Fernand et surtout André pour les faire *râler*: même le *2ème* de la course à la nage de 4 milles ne paraît pas dans les journaux, ici. En Angleterre, le papier est rationné; et à moins d'être Winston Churchill . . . ou *quelque chose d'équivalent*, on ne paraît pas dans les journaux! » [2]

1. *The Star*, 8 novembre 1944.
2. Lettre de René Lévesque à sa mère, Londres, 17 novembre 1944.

Dans sa lettre du 17 novembre, cette coupure de presse n'est pas la seule occasion pour René Lévesque d'y aller de quelques lignes humoristiques. Tout y passe. D'abord le paquet d'aliments qui remonte à la surface. « J'ai reçu très rapidement (comme tu peux voir) ton paquet-épicerie... J'ai passé 45 minutes à en retirer, un par un, le pâté de foie gras, le *relish* et le fudge... Seuls les biscuits avaient légèrement souffert: quand j'ai aperçu les décombres au fond de la boîte, j'ai pensé un instant qu'on envoyait au pauvre isolé une poignée de terre canadienne pour le consoler dans son exil... Hélas! Qui, sauf moi, comprend la poésie?... Remerciements: je penserai à vous autres à chaque sandwich... et à chaque indigestion! »

Puis le climat londonien. « Apparemment, écrit-il, l'Angleterre est un pays où il n'y a pas de neige. Il ne pleut que douze heures par jour; les douze autres, c'est la nuit et il n'y a pas de lumières... À mon retour, j'écrirai un livre intitulé: *Londres au soleil, nouveaux contes de fées* ».

Il y a aussi le René Lévesque brouillon qui parvient à peine à retrouver les objets les plus usuels. « J'ai perdu, note-t-il, mon *trench coat* (ou, plus exactement, quelqu'un au restaurant l'a perdu pour moi). Par bonheur, on peut en avoir au *Quartermaster*. J'ai aussi perdu mes claques: j'en ai trouvé au *quartermaster*... J'ai aussi perdu mon étui à cigarettes: il n'y en a pas au *quartermaster*. Comme ça, je ne pourrai pas en perdre un autre... J'ai aussi perdu mon portefeuille noir; mais j'en avais deux (et il n'y avait à peu près rien dedans). Mais comme je suis très soigneux, je n'ai rien perdu... d'autre. »

Dans ses lettres, René Lévesque entretient bien peu les membres de sa famille de son travail quotidien. Le premier de l'an 1945, il en glisse pourtant quelques mots qui donnent un avant-goût de la formule « Point de Mire ». « Certains jours, écrit-il, je bâtis le *reportage*, une mise au point aussi graphique que possible de la situation militaire. La plupart du temps, je prépare des *Images du monde en guerre*, des tableaux dramatisés des événements, personnages et endroits les plus importants... (...) Jeudi, je dois faire un dix minutes sur le Canada. Voilà déjà plusieurs fois qu'on me fait parler de choses canadiennes. À mon retour, je demanderai à Ottawa de me donner une médaille! »

Le jeune journaliste trouve encore l'occasion de blaguer. Mais le temps commence à peser lourdement. Voilà bientôt huit mois qu'il travaille à Londres et les Alliés sont débarqués sur le continent depuis longtemps. Lui qui est chargé d'illustrer quotidiennement la marche des armées, il a bien hâte de « faire du terrain ». Le 1er janvier 1945, il écrit: « Pour l'instant, je vis surtout d'espoir... Après trois semaines dans une *boîte* d'entraînement, je me trouve sur la liste des correspondants *leaving next*. Où? J'ignore et je m'en fous... Quand? En 1945, j'espère bien ! ! ! » [1]

Trois semaines plus tard, très agréable nouvelle: on lui apprend qu'il devra rejoindre les troupes américaines au début de février. René Lévesque exulte. On le perçoit très bien dans la brève lettre qu'il fait parvenir aux siens pour leur annoncer la primeur. « Salut, camarades! Comment allez-vous tous? Moi ça va très bien, pourvu que les Russes ne soient pas à Berlin avant quelques semaines encore! Je vais avoir enfin l'occasion de voir ce qui se passe et — sans prétendre prolonger les atrocités — je ne voudrais pas tout rater de 20 minutes ou de 24 heures! D'ici deux semaines, je vais partir. Cette fois, c'est réglé. Je n'attends que le retour d'un de nos *writers* pour faire mes paquets. Ça ne sera pas désagréable de quitter Londres et son hiver pour quelque temps — même si Paris et le front ne sont pas, non plus, à ce qu'on raconte, trop trop bien munis de chauffages centraux!... Ce n'est tout de même pas en prévision de ce départ que je dépasse les neuf mois. C'est pour la bonne raison que, à cause des blessés, des partants officiels et du manque de places, les retours ne sont pas faciles... Seulement, d'ici deux mois à peu près, c'est-à-dire après mon stage *ailleurs*, je devrais avoir droit à quelques vacances *in America*. À ce moment-là, je verrai. Pour l'instant, je file me coucher. Il est une heure du matin. Staline ne prendra pas d'autre ville ce soir! Adieu. Bonjour à tous. » [2] Et il signe: « Vladimir-René ». Bien sûr, il est fort heureux. Mais les membres de sa famille ne peuvent, à certains moments, s'empêcher de penser au pire.

L'intermède alsacien

Durant la première semaine de février, une nouvelle équipe de correspondants va relever celle qui est dans la région alsacienne depuis bientôt trois mois. René Lévesque est du groupe. Il est affecté à la Troisième grande armée américaine, celle du général Patton, et

1. Lettre de René Lévesque à sa famille, Londres, 1er janvier 1945.
2. Lettre de René Lévesque à sa famille, Londres, 24 janvier 1945.

réside temporairement à Saverne. C'est à cet endroit qu'il perd la voix, ou mieux, qu'il acquiert sa voix éraillée. « C'est vrai que j'ai perdu ma voix en Alsace, nous confie-t-il, exactement pendant l'hiver de 1944-45. J'ai attrapé une, ensuite deux et puis trois extinctions de voix. Tu sais, c'était des bobos bénins. On n'était pas pour déranger les hôpitaux militaires pour des niaiseries. Il fallait donc attendre le printemps et on vivait dans les caves des maisons détruites, plus souvent qu'autrement. Puis c'était humide à mort. C'était dans le bout de Saverne; ça donne juste en-dessous des Vosges. Pas besoin de dire que ça tombait continuellement en forme de bruine ou de petite neige qui fondait à mesure. Alors, au printemps, je n'avais plus de voix du tout. » Mais ça ne lui pose pas de problèmes lorsqu'il s'agit d'enregistrer un reportage. « Tu sais, dit-il, les gars ne demandaient pas la qualité. Et une bonne partie de notre travail, même si c'était enregistré, était pour reproduction dans les journaux américains de l'armée. Parce que ça permettait de savoir ce qui se passait dans les unités. Alors, une chance du Bon Dieu, il ne demandait pas la qualité de Roger Baulu. » [1]

Mais René Lévesque ne fait pas que renseigner les Américains. Sa langue maternelle, le français, lui permet d'aider la France. « J'étais, dit-il, avec des unités d'assaut. J'étais dans l'*équipage*, si vous voulez, pour essayer de donner continuellement en français surtout — mais en anglais aussi, car parfois tu étais le seul à couvrir un coin — un aperçu de ce qui se passait pour renseigner le public français, parce que, pour eux, la guerre passait sur le dos et ils étaient très mal renseignés. Leur radio avait été malmenée; leurs journaux avaient tous, plus ou moins, collaboré. Alors il y a eu une période où, en fait, il fallait que ce soit nous qui les renseignions, sinon il y avait uniquement la propagande allemande. » [2]

L'offensive du Rhin

Le séjour en Alsace dure quelques semaines, le temps pour les généraux alliés de préparer la grande offensive du Rhin. Le Canadien Crerar et le Britannique Dempsey placent leur armée tout au nord du Rhin. Plus au sud, on retrouve les armées américaines de Simpson et Hodges. L'armée de Patton quitte l'Alsace pour

---

1. Entrevue avec René Lévesque, 21 mars 1973.
2. *Ibid.*, 25 mai 1972.

Mayence. Lévesque, qui en fait partie, séjourne quelques jours à Haguenau et se rend à Kaiserslautern. Il n'accompagnera pas plus loin l'armée de Patton, car on l'affecte comme *Senior Correspondant* à l'armée du général Patch, la Septième grande armée américaine. Et, comme la Première grande armée française du général de Lattre de Tassigny s'est jointe à l'armée de Patch pour la campagne du Palatinat rhénan, René Lévesque couvre les activités d'unités soit françaises, soit américaines.

Au début de mars 45, les combattants alliés sont massés à l'ouest du Rhin et les troupes allemandes, à l'est. Le 7 mars, la Première armée américaine passe le fleuve à Remagen. Longtemps, par la suite, on parlera de cette traversée du pont de Remagen. Le 23 mars, Patton franchit à son tour le Rhin. Les trois armées alliées au nord le traversent le même jour. La Septième grande armée américaine suivra le 26 mars et celle de De Lattre de Tassigny, cinq jours plus tard. Après le pilonnage de la vallée de l'acier, la traversée du Rhin par les Alliés signifie la fin prochaine de l'Allemagne. Deux des trois phases de la grande offensive, soit la destruction des forces allemandes à l'ouest du Rhin et l'occupation de la rive droite, sont maintenant réalisées. Avril sera le mois de la dernière phase: l'avance vers le cœur de l'Allemagne et la jonction avec les Soviétiques.

Le « hillbilly » de Nuremberg

Les unités de l'armée de Patch, que couvre René Lévesque, ont traversé le Rhin entre Ludwigshafen et Speyer et ont immédiatement occupé la ville d'Heidelberg. Mais l'Allemagne ne se rendra pas facilement. À Nuremberg, « ville-symbole », lieu des grands ralliements du Parti nazi, on a massé des Jeunesses hitlériennes qui se battent avec l'énergie du désespoir. René Lévesque vient près d'y laisser sa peau. « La ville de Nuremberg, nous confie René Lévesque, était la ville sacrée des Nazis, à cause du super-stade de Hitler et des grands congrès du Parti nazi. Alors, dans toute la périphérie de la ville et surtout aux approches du stade, les Allemands, vu que l'armée manquait de troupes, avaient mobilisé beaucoup d'unités de Jeunesses hitlériennes, des petits gars et des petites filles de 12 ans et plus. Ils étaient jeunes, mais pouvaient tuer comme les plus vieux. Cachés dans les fossés, ils pouvaient à tout instant vous descendre au bazooka ou à la grenade. Je me souviens d'une petite fille de 13 ou 14 ans, l'air d'un ange, que nous avons arrêtée tout juste au moment où elle s'apprêtait à nous zigouiller, avec deux ou trois grenades accrochées à l'intérieur de sa jupe. C'était dangereux. Et que pouvions-nous faire avec des enfants? Vraiment Nuremberg a été particulièrement difficile. Ça a duré plusieurs jours et ils se sont battus comme des enragés. »

Mais il y a plus. « Souvent, dans les villes importantes, raconte René Lévesque, il y a des unités détachées, des éclaireurs, si vous voulez. Nuremberg était une grande ville quand même. Moi, j'étais parti avec un *snipper* et son adjoint. Un *snipper*, c'est un éclaireur, un gars qui, règle générale, fait partie d'une unité, mais qu'on détache à l'avant. Ordinairement, c'est un *hillbilly*, genre gars du Tennessee, qui a une excellente vue, habitué qu'il est à tirer des écureuils, bref, un bon tireur, mais indiscipliné. C'est un gars excellent dans le genre de fouillis comme celui de Nuremberg. Le *snipper* avance toujours cinq ou six rues en avant des unités, l'œil aux aguets, de façon à voir si le ciel ne nous tomberait pas sur la tête. Pour capter un peu l'action, parce que j'étais quand même attaché à l'armée — je n'avais pas le droit de me payer le même luxe que les correspondants civils — je lui ai dit: « D'accord, je vais partir avec toi. » Quand un gars a survécu à ce genre de boulot depuis deux ans, c'est un gars chanceux. Alors je suis parti avec lui et son adjoint. Puis, à un moment donné, nous nous sommes rendus compte que ça commençait à tirer, mais derrière nous. Nous étions donc rendus trop loin et le pont était coupé avec l'armée à laquelle nous étions attachés. Le *snipper* est monté sur une maison en ruine et il a dit: « Tu parles! Les Allemands sont non seulement devant nous, mais aussi derrière nous. Nous sommes encerclés! » Aussitôt nous avons sauté tous les trois, pas un, pas deux, tous les trois par la fenêtre qui était à la hauteur du sol. Nous avons défoncé le cadre, mais de façon à ce que ça ne paraisse pas trop, et nous nous sommes retrouvés dans la cave. Mais, pendant ce temps-là, l'unité avait reculé, parce que, dans les villes, ça avance et ça recule, d'un côté comme de l'autre. Nous sommes certainement demeurés près de deux jours à regarder les Allemands se promener sur la rue. Et nous avions hâte que ça finisse! » [1] Il est certain que, si les Allemands avaient habité le refuge, la peau de nos trois Américains n'aurait pas valu très cher.

---

1. *Ibid.*, 21 mars 1973.

L'horreur de Dachau

La bataille de Nuremberg avait duré cinq jours, soit du 16 au 21 avril. La victoire acquise aux Américains, René Lévesque est affecté au reportage des faits et gestes de la Première grande armée française à Stuttgart. Celle-ci vient de franchir le « purgatoire » de la Forêt-Noire, c'est-à-dire qu'elle mit 18 jours pour franchir la distance Karlsruhe-Stuttgart, quelque cinquante milles. Lévesque rejoint les Français et servira, pour quelques jours, de trait d'union entre des unités de l'armée de De Lattre et d'autres de celle de Patch. Mais il reçoit vite l'ordre de se rapporter aux unités de l'armée de Patch qui descendront de Nuremberg à Munich en passant par Ingolstadt et Augsbourg.

En banlieue de Munich, à quelque dix milles du centre-ville, c'est l'ébahissement: Dachau. René Lévesque se trouve dans une des premières jeeps à pénétrer sur le terrain du camp. Un prisonnier décrit Dachau: « Entouré par des fils de fer électrifiés, flanqué de nombreux miradors du sommet de chacun desquels pointaient deux mitrailleuses, notre camp avait, comme dimensions, environ quatre cents mètres de long sur deux cent cinquante mètres de large. On y entrait en passant sous un porche et, immédiatement, on était sur une immense place, la place d'appel, où, par tous les temps, hiver comme été, sous la neige, la pluie, le vent glacial venant du Tyrol, nous étions astreints à de très longs et pénibles stationnements durant parfois plusieurs heures. Au sud de la place, un immense bâtiment à double retour d'équerre comprenait le magasin à chaussures et vêtements, la cuisine, les douches et d'autres magasins. Au nord de la place, et partant de son milieu en direction nord, une grande et large allée, la Lagerstrasse (rue du camp), d'environ trois cents mètres de long, bordée de peupliers. » [1] De chaque côté de cette allée et perpendiculairement à elle se trouvent les blocks, alignés parallèlement entre eux. Ils sont tous numérotés. Les impairs servent d'infirmerie ou de « quarantaine » et les pairs, de logements pour les prisonniers « bien portants ». Le block 30 est fatal; ceux qui y entrent n'en sortent que par la porte du four crématoire.

René Lévesque raconte: « J'étais dans le groupe qui est entré le premier jour; ce n'était pas un cadeau. Je me souviens; j'ai fait un

---

1. *Tragédie de la déportation, 1940-1945.* Témoignages de survivants des camps de concentration allemands choisis et présentés par Olga Wormser et Henri Michel, Hachette, 1955, pp. 73-74.

interview avec deux ou trois des gars et c'était incohérent. La première réaction était incohérente pour tout le monde. Tout était à l'envers. D'abord l'horreur elle-même. Ensuite, le fait que tu voyais des animaux, parce que ce n'est pas vrai que, rendus à ce point-là de douleur et de souffrance, les gens sont annoblis. Ça les bestialise. Les gars qu'on libérait essayaient de nous voler, de nous grapiller n'importe quoi et tu ne pouvais pas les blâmer. Alors tout était à l'envers et incohérent. Je me souviens qu'il a fallu trois gars pour maîtriser le brigadier américain qui dirigeait l'unité, parce qu'il a perdu les pédales complètement quand il a vu tout ça. Il avait son revolver en main et cherchait un Allemand pour le tuer. Sans procès. « S'il y a des Allemands aux environs, moi, j'ai besoin d'en tuer quelques-uns. » C'était à ce point-là. » Mais, effectivement, y avait-il des Allemands dans le coin? René Lévesque poursuit: « Les dernières unités allemandes étaient parties une heure ou deux avant notre arrivée. Certains s'étaient cachés dans les 20 ou 30,000 détenus, s'étaient mêlés à eux. Les détenus, sachant qu'ils étaient maintenant libres, faisaient des rondes en se tenant par la main. Et quand ils en identifiaient un dans le groupe et qu'ils l'avaient isolé, le gars était fini. Ce n'est pas compliqué; il n'y en a pas un qui est sorti vivant. Ils se sont fait déchirer à leur tour. »[1]

Parmi les prisonniers du camp, un Breton qui connaît le Québec rencontre René Lévesque. Ce dernier raconte l'incident. « Je suis arrivé à Dachau qui était littéralement une fabrique de morts et, parmi les gars faméliques qui nous ont entourés quand nous sommes arrivés, il y avait un Breton, je crois, qui s'est mis à me parler du Québec. Il m'a dit: « Vous êtes Canadien? » Parce qu'évidemment, pour eux-autres, le Québec n'existait pas encore. C'était bien avant de Gaulle, enfin les grosses années de De Gaulle. Il dit: « Vous êtes Canadien? » Bien j'ai dit: « Oui. » Il voyait que je parlais français. Il dit: « Je connais bien! » Je pense que c'était Montréal qu'il connaissait. Alors ça faisait assez curieux. Un pur hasard. Mais je l'ai perdu de vue tout de suite, parce qu'il faisait partie des moins maganés. Alors ils l'ont évacué immédiatement. Dans les camps de concentration, on administrait d'abord les mourants, parce que les Allemands les avaient laissés dans un drôle d'état et il y en avait beaucoup qui mouraient. Tous les autres détenus étaient piqués contre le typhus et les maladies de ce genre, parce qu'il fallait éviter la contagion. Puis on les isolait pendant une journée ou deux, parfois

---

1. Entrevue avec René Lévesque, 25 mai 1972.

1944.
Sous l'uniforme
américain,
René Lévesque
est correspondant
de guerre
avec la 7e armée
du général Patch.

davantage. Nous sommes arrivés au moment où tout cela n'était pas fait, parce que les Allemands partaient par un bout et nous arrivions par l'autre. Mais nous avons placé les détenus immédiatement dans de nouveaux camps, pour les nettoyer, les épouiller, les piquer et tout ça. » [1]

La condition physique et psychologique de ces prisonniers faméliques est troublante pour ces Américains qui n'ont encore rien vu de tel. Mais le pire est à venir: la découverte des fours crématoires. Comme il s'agit là du premier camp libéré, René Lévesque enregistre la bande sonore décrivant au monde occidental les fours crématoires, tels que nous les connaissons aujourd'hui. « Quand on a vu les

1. *Ibid.*, 21 mars 1973.

crématoires et surtout la *stockroom* ... À Dachau, ils n'avaient pas eu le temps de tout brûler, parce qu'ils manquaient de combustible. Alors ils avaient laissé traîner un *stock* d'au moins une semaine de cadavres. C'était jauni. Une forte senteur s'en dégageait. Les femmes, les enfants pêle-mêle. Les cheveux des femmes coupés, parce que ça pouvait toujours servir. Les dents en or arrachées, parce que ça pouvait toujours servir. L'enregistrement n'a pas été un cadeau. Nous n'avions pas de portatif. Notre portatif était un gros accumulateur diesel et un appareil qui pesait à peu près 25 livres séparé du reste. Alors il fallait une jeep pour traîner tout ça. Il y avait un caméraman avec nous qui était un Français des F.F.I. Il a commencé à prendre ses images sur les pires coins de Dachau et je pense que j'ai vu ce gars-là vomir trois fois avant d'être capable de finir un bout de film. Tu sais, le cœur te levait. Et cela a pris des jours avant qu'on en revienne. On se lavait les mains et on se disait: « Je dois sentir le cadavre encore! » Et, au début, personne ne voulait nous croire. » [1]

Cette incrédulité du monde occidental, porté à ne voir dans ces reportages sur les fours crématoires que propagande américaine, a longtemps étonné René Lévesque. Il confiera à une journaliste: « C'était une horreur sans nom. Et si les braves gens qui, à l'époque, ont pensé qu'il s'agissait de propagande et de germanophobie avaient été avec nous, ils auraient compris. » [2]

Mais il faut poser à ce témoin l'éternelle question: selon l'expérience que vous avez eue, le citoyen allemand ignorait-il ou non l'existence des fours? René Lévesque ne peut y répondre. « C'est curieux, dit-il; je n'ai jamais été capable d'obtenir une réponse valable. Quand les gens sont proches d'une horreur comme celle-là, je suppose qu'à un moment donné ils viennent à ne plus se poser de questions et ils aiment mieux ne pas savoir. Dans la ville même de Munich qui n'est même pas à 20 milles, peut-être 10 milles de Dachau, nous avons demandé la direction de Dachau à des civils allemands. C'est drôle comme contraste, parce que la Bavière est très catholique. Les maisons ont souvent des niches avec des statues de saints. Tu sais, c'est très Sainte-Anne-de-Beaupré à certains points de vue. Et tu avais des dames sur le pas de la porte à qui on a demandé: « Le camp de Dachau? » — « Ah oui! nous répondaient-elles. Par là, par là. » C'était comme si tu parlais d'une attraction touristi-

1. *Ibid.*, 25 mai 1972.
2. Odette Oligny, « René Lévesque, journaliste de l'air », *Le Samedi*, 7 décembre 1957.

que. Et ils ont toujours maintenu qu'ils savaient qu'il y avait un camp de concentration, mais qu'ils voyaient ça comme un pénitencier et non comme un four crématoire. Ce n'est pas nécessairement impossible. Les gens se ferment l'esprit parfois, lorsqu'ils ne veulent pas savoir. » [1]

L'incident d'Itter

Depuis la traversée du Rhin par les Alliés, la défaite de l'Allemagne est imminente. D'autant plus que les Russes, à l'est, marchent également sur l'Allemagne. Dans le sud, les dernières grandes opérations militaires de l'armée de Patch ont eu lieu à Nuremberg. Les prises de Munich et Dachau s'étaient faites presque sans coup férir. « Après ça, dit René Lévesque, tout ce qui restait à faire, c'était du *mopping up*, c'était de ramasser ce qui restait, c'est-à-dire les morceaux d'unités allemandes qui fuyaient en débandade. » Après Munich, Lévesque fait le pont à nouveau avec l'armée française dans la région du lac de Constance, où l'on découvre un nouveau camp de concentration réservé, cette fois-ci, aux femmes seulement. Puis il rejoint les Américains à Garmisch Partenkirchen, avant d'assister à la conquête du « nid d'aigle » près de Berchtesgaden.

Néanmoins, René Lévesque n'est pas au bout de ses surprises. Il y a, maintenant en Autriche, l'incident du château d'Itter. Le décor aurait pu servir au réalisateur désireux de montrer les agissements d'un vampire ou de raconter l'idylle d'un prince et de sa bergère. « Perché sur un roc, au milieu de la vallée qui va de Wörgl à Salzburg, en territoire jadis autrichien, dans un endroit qui évoque le bout du monde, au centre d'un cirque de montagnes boisées et de prairies vertes, (...) un château fantasmagorique, un haut donjon carré, érigé dans le ciel, percé de fenêtre en ogives. »

En 1532, ce château abrita les amours de l'archevêque Wolf Dietrich von Raitenau avec la belle Salomé. Cent ans plus tard, on y brûla une prétendue sorcière, Barbara Gudenhauser, qui couchait, semble-t-il, avec le diable et beaucoup d'hommes. Sur le bûcher, elle avoua que le seul homme auquel elle s'était refusée était son dénonciateur, le curé de Söllen. Plus tard, un « seigneur riche et puissant » avait emprisonné dans les souterrains du château la fille d'un paysan

---

1. Entrevue avec René Lévesque, 25 mai 1972.

qui avait refusé de l'épouser. En 1884, le château est racheté par Sophie Mender, une pianiste virtuose, amie de Franz Liszt. Wagner, Sebelnikow, Wolf, Liszt lui-même et Tchaïkovski y séjourneront. Ce dernier y composera même sa sixième symphonie.

En avril 1945, les musiciens sont partis. Douze hommes habitent ce château devenu une bastille tyrolienne munie de grilles, de verrous et de serrures. Le château d'Itter est réservé à des prisonniers de marque sous la garde du Hauptsturm-führer Wimmer.

Dans l'ordre:

> Le lieutenant-général Tadeusz bor-Komorowski, 50 ans, officier polonais, commandant de la résistance polonaise pour le district de Cracovie en 1940. En 1944, il fut fait prisonnier alors qu'il dirigeait l'insurrection de Varsovie.

> Jean Borotra, 47 ans, maintes fois champion de tennis tant en France qu'à l'étranger. De 1940 à 1942, il occupe le poste de Commissaire général à l'Éducation générale et aux Sports. Il est mis en arrestation, en novembre 1942, pour « action anti-collaboratrice »:

> Édouard Daladier, 61 ans, député à l'Assemblée nationale française depuis 1919, Premier ministre et ministre de la Défense nationale, puis de la Guerre en 1939 et 1940. Il fut arrêté et fait prisonnier en mai 1941.

> Le général Maurice Gustave Gamelin, 73 ans, officier français diplômé de l'école militaire de Saint-Cyr, commandant en chef des Forces françaises de septembre 1939 à mai 1940. Il cède alors son poste au général Maxime Weygand. Il fut arrêté et fait prisonnier après la défaite française en 1941.

> Léon Jouhaux, 66 ans, syndicaliste français, secrétaire général de la Confédération générale du Travail depuis 1909. Il fut fait prisonnier en 1941.

> Francesco Saverio Nitti, 77 ans, économiste et homme politique italien, Premier ministre et ministre de l'Intérieur d'Italie en 1919 et 1920. Il est contraint de vivre à l'étranger après l'arrivée du fascisme. Il fut arrêté à Paris par la Gestapo en 1942.

> Paul Reynaud, 67 ans, ministre de la Justice, puis des Finances dans le Cabinet Daladier d'avril 1938 à mars 1940, président du Conseil en mars 1940. Deux mois plus tard, il remplace le général Gamelin au commandement en chef des Forces françaises par le général Weygand. Il fut arrêté et fait prisonnier en 1940.

Le général Maxime Weygand, 78 ans, officier français diplômé de l'école militaire de Saint-Cyr, membre de l'Académie française depuis 1932, commandant en chef des Forces françaises en mai et juin 1940, ministre de la Défense nationale dans le gouvernement Pétain de juin à septembre 1940. Il fut arrêté en 1942.

Outre cette galerie, digne des contes de Voltaire, on y retrouve un certain Georgini, banquier italien arrêté à Paris par la Gestapo, un Français du nom de Granger, madame Brucklein, secrétaire de Jouhaux et « excellente cuisinière », et Christiane Mabire, secrétaire particulière de Paul Reynaud.

Quoi qu'on en pense, Itter n'est pas Dachau. C'est la douce réclusion. D'ailleurs un témoin raconte le passage de détenus de Dachau. « Depuis trois jours, quatre malheureux détenus politiques de Dachau réparent un pan de mur de ronde qui s'est écroulé sous les pluies; ce sont des Polonais et des Autrichiens; l'un est professeur dans un lycée de Varsovie; ils ont le teint terreux, la mine hâve, un aspect lamentable avec leurs pantalons de bagnards à grosses raies bleues; nous tâchons de leur passer des cigarettes et du sucre, sans attirer l'attention des gardiens qui les surveillent. L'un d'eux est un communiste autrichien. En face d'eux, nous semblons jouir d'un sort magnifique; nous sommes plus que des privilégiés, presque des demi-dieux! Plaignons-les et sachons ne pas nous plaindre! » [1]

Itter, c'est la captivité, bien sûr. Mais c'est aussi le soleil, le deck-tennis, la partie de belote, les fauteuils moelleux et le gigot de mouton accompagné de haricots blancs. François-Poncet, cet ex-ambassadeur français à Berlin, écrira à la vue d'une petite caisse de vivres que lui fera parvenir son épouse: « Elle me croit affamé, elle ne se doute pas qu'à certains égards nous sommes mieux nourris qu'en France; elle ne se rend pas compte de l'étonnant paradoxe que nous sommes en train de vivre, et qui associe les verrous, les grilles, les sentinelles d'une prison aux commodités d'une pension bourgeoise! » [2]

Les prisonniers d'Itter, pour la plupart vedettes politiques ou militaires, ne sont donc soumis à aucune contrainte physique. Ou mieux, une seule qui expliquera tout le reste: la promiscuité. Mettre des personnalités aussi disparates, souvent adversaires, dans un même

---

1. André François-Poncet, *Carnets d'un captif*, Arthème Fayard, 1952, p. 59.
2. *Ibid.*, p. 51.

lieu durant trois ans, voilà que la friction devient inévitable. Le général Gamelin, obsédé par la défaite française et les reproches qu'il encourt à ce sujet, ne cesse de se disculper. Nitti rêve de revoir son Italie qu'il dut quitter, il y a 25 ans. Jouhaux ne voit qu'une solution aux malaises sociaux et politiques: le pouvoir au peuple. Paul Reynaud ne croit pas, comme Nitti, qu'on aurait dû tenter de se concilier l'Allemagne.

Il est normal alors que, certains jours, François-Poncet, de passage à Itter durant trois mois, écrive dans son journal: « Il y a de la brouille dans les relations mutuelles de certains de nos camarades » ou encore « Mes compagnons de captivité à Itter ne sont pas toujours faciles à vivre. Ils forment un assemblage assez hétéroclite d'hommes très personnels, dont ni les caractères, ni les idées ne s'harmonisent. » [1] Et l'ex-ambassadeur de France à Berlin ajoute: « Le meilleur d'entre eux par le cœur est, certainement, Borotra, réuni à eux par le caprice des nazis, mais, au fond, sans lien avec eux, d'une autre origine, et d'une nature différente. »

En 1945, à la fin d'avril, il leur apparaît certain que leur emprisonnement tire à sa fin. Le langage sibyllin de la radio allemande, les cohortes de réfugiés sur les routes autrichiennes, le troc par les officiers allemands de leur uniforme de militaire contre l'habit du paysan, autant de signes qui ne peuvent mentir.

Jean Borotra a eu vent, semble-t-il, de l'arrivée en sol autrichien de la Septième grande armée américaine. Et la rumeur veut que la région abrite beaucoup de membres du Parti national-socialiste. Des prisonniers craignent d'être laissés pour compte, de servir de monnaie d'échange ou d'être confondus par les Alliés. Car la fin d'une aussi grande guerre dans des coins parfois éloignés n'est pas toujours identique à celle d'une guerre qui se termine sur le front militaire.

C'est pour ces raisons ou, tout simplement, pour en finir le plus tôt possible avec cette séquestration que Jean Borotra décide d'aller au devant des Américains. « À un moment donné, au moment où les Allemands s'étaient effondrés, Borotra est arrivé. Il avait fait cinq, peut-être dix milles de course à pied, pour rejoindre les Américains. Il était encore en forme, le gars, malgré ses 47 ans. Puis là on a été averti qu'il y avait toute cette *talle* d'anciennes vedettes qui n'était pas loin. Alors nous sommes partis, un groupe; deux ou

---

1. *Ibid.*, p. 77.

trois voitures, parce qu'il fallait quand même avoir des voitures pour les ramener. Puis nous nous sommes rendus au château. » [1]

René Lévesque sera donc le premier journaliste à rencontrer et interviewer ces « vedettes ». À son avis, il est probable que les Allemands les avaient « encabanés » ainsi « justement pour les faire souffrir », pour qu'ils s'entre-déchirent. Et le journaliste poursuit: « J'ai eu le premier interview de ces gars-là et c'était drôle à crever. Daladier, par exemple, exigeait d'être interviewé seul. Il ne pouvait pas raconter grand'chose. Que voulez-vous? Il ne pouvait dire que: « J'ai été ici pendant deux ans et demi et je ne sais pas ce qu'il se passe. » Je lui disais: « Oui. Mais vous êtes avec monsieur Reynaud? » Il répondait: « Oui. Mais, vous savez, sur lui et les autres, j'aurai des choses à dire quand j'écrirai en sortant! » Ensuite j'allai voir Reynaud et il dit: « Oui. Eh bien, vous savez, j'étais avec des gens avec qui je ne suis pas tellement d'accord, hein. Mais je vais écrire avant longtemps, puis ça va faire du bruit. Les gens vont savoir. » C'était drôle. Ils m'ont tous dit la même chose. C'était tous des Français qui avaient un livre à écrire. » [2]

La reddition de Kesselring

Après Itter, c'est Innsbruck, la fin de la guerre pour la Septième grande armée américaine, « le plus beau coin, dit René Lévesque, qu'on puisse imaginer pour finir une guerre ». Mais Lévesque ne plie pas bagages. La curiosité l'emporte et il pousse une pointe vers l'Italie. Empruntant le col du Brenner, il assiste à la reddition de la dernière grande armée allemande, celle de Kesselring. Celui-ci avait acquis une réputation de véritable génie militaire et de tacticien hors pair. En Italie, il avait réussi à paralyser durant un bon moment la montée des armées américaines et britanniques. Mais, au moment où Lévesque arrive dans le col du Brenner, Kesselring n'est plus là. Un mois et demi auparavant, Hitler l'avait rappelé pour le nommer commandant des forces allemandes sur le front ouest. René Lévesque raconte cette reddition. « Ça, c'était incroyable! Je n'ai pas assisté à la reddition dans le sens précis du mot, soit voir Kesselring se rendre. Mais l'armée de Kesselring remontait de l'Italie et, à l'entrée du col du Brenner, elle ne pouvait plus remonter plus loin.

---

1. René Lévesque. Entrevue du 21 mars 1973.
2. *Ibid.*

Le Brenner mène en Autriche où nous étions. Au Sud, les Alliés leur poussaient dans le dos. Alors ils n'avaient plus le choix. Ou ils mouraient, ou ils se rendaient. Et ils se sont rendus. Tu sais, les Allemands avaient une armée extraordinairement disciplinée. Une fois qu'ils se rendent, ils se rendent. Tu étais plus à l'abri, plus en sécurité au milieu de soldats allemands qui venaient de se rendre que tu l'étais dans un coin *civil* où il pouvait y avoir un gars en colère. Ça arrive souvent, ça. Mais ce qui était incroyable, c'est que le col du Brenner à ce moment-là était tout juste une route à deux voies et presqu'immédiatement la montagne abrupte des deux côtés. Et les soldats allemands, par centaines, s'étaient rendus; la guerre était finie; ils avaient tout perdu. Mais tu voyais encore les unités, en ordre, au bord de la route. Ils avaient mis leurs fusils en ordre, leurs tentes également. Tu voyais un restant de compagnie, un restant de bataillon. Mais ils étaient toujours en ordre. Et ils sont restés en ordre jusqu'à ce qu'on leur dise où aller. Tu sais, c'est pas mal extraordinaire. » [1]

Après le Brenner, l'Italie. « C'est là que se placent quelques-uns des souvenirs les plus inoubliables de René Lévesque. Près du lac de Côme, dans le village où on lui avait infligé une mort si ignominieuse, après l'avoir déifié comme on sait, René Lévesque vit, pendu par les pieds, truffé de coups et couvert de crachats et d'autres immondices, le cadavre presque méconnaissable de Mussolini, près de lui, pendue à la même pompe à gazoline, celui de Claretta Petacci. Il les a vus, de ses yeux vus... » [2] Un témoin raconte que, le 29 avril 1945, « tout un peuple se livra à des danses sadiques (blâmables pour des gens civilisés) devant le cadavre pendu par les pieds ». [3] Lorsque nous questionnons René Lévesque sur cet événement, il est facile de déceler une certaine répugnance à en parler. « De loin, dit-il, c'est vrai que je l'ai vu. De loin, oui. De loin, parce que c'était une foule assez écœurante, on voyait les deux morceaux là. C'était comme deux quartiers de viande, si vous voulez. Et on ne s'est pas approché. D'ailleurs ça ne servait à rien d'essayer de s'approcher. C'était vraiment une sorte de délire. Puis ça ne donnait pas une bien belle image des réactions italiennes, en tout cas. C'est bien beau de

---

1. *Ibid.*, 21 mars 1973.
2. Odette Oligny, *op. cit.*
3. Charles Ewald, « Comment mourut Mussolini, le Duce d'Italie, il y a un an », *Le Canada*, 27 avril 1946.

dire: « Le gars . . . » En tout cas. Ouèh . . . Que veux-tu? Mais ça . . .
On l'a vu comme ça, à peu près à une distance de 500 pieds. » [1]

La journaliste Odette Oligny raconte la suite du voyage de
Lévesque en Italie. « Poussant plus loin le voyage en Italie, il passa
à Florence très touchée et où il ne restait plus qu'un seul pont sur
l'Arno; il passa à Rome, ville ouverte, descendit à Naples et se rendit,
pour quelques jours, à Capri qui n'était pas, à l'époque, le paradis
des touristes. » Puis elle fait référence à une présence de René
Lévesque à la télévision. « Vous avez vu, écrit-elle, à la télévision,
René Lévesque commentant le film *Païsa* présenté à *Ciné-Club*. Il
était, en effet, la personne toute désignée, car il a vu et connu l'Italie
de cette époque, au moment où son peuple, dans la grande misère
produite par la guerre, ressentait, plus peut-être que d'autres, l'humiliation du vaincu. La libération, pour le peuple italien, n'était qu'une
sorte d'occupation, et la misère l'obligeait à quêter la nourriture,
les vêtements, tout ce que les Américains possédaient en abondance.
C'était l'époque des *sciussias*. » [2]

Et le premier interview de Goering

Après la mort de Hitler à Berlin, le 30 avril, l'amiral Karl Dönitz
lui succède. Pour ce dernier, la tâche n'est pas facile. Il doit négocier
dans les meilleures conditions possibles la capitulation de l'Allemagne. [3] Au début de mai, Hermann Wilhelm Goering, longtemps
bras droit de Hitler, puis écarté de la succession par suite de gaffes
personnelles et de rivalité, tente, une dernière fois, de se donner un
rôle prépondérant. Ses biographes racontent comment il entreprend
des négociations avec les Américains. « Le 7 mai, il dépêcha son
principal aide de camp, von Brauchitsch, à l'état-major américain le
plus proche, avec des lettres pour le général Eisenhower dans lesquelles il demandait un entretien au commandant en chef allié.
Après de multiples difficultés dues à un trafic considérable sur les
routes, von Brauchitsch remit ses lettres à l'état-major d'une division
du Texas; il y reçut l'ordre de retourner vers son maître pour l'informer qu'il devait se rendre au château de Fischhorn où il serait placé

1. Entrevue avec René Lévesque, 21 mars 1973.
2. Odette Oligny, *op. cit.*
3. Voir à ce sujet Marlis-G. Steinert, *Les derniers jours du IIIe Reich, Le gouvernement Dönitz*, Casterman, 1971.

sous la protection des Américains. Lorsque, le 8 mai, le général Stack se présenta à Fischhorn avec trente hommes pour prendre en charge ce prisonnier de marque, il fut désagréablement surpris d'apprendre que Goering n'était pas arrivé. Celui-ci ne se décidait toujours pas. Mais, cette fois, les Américains le firent pour lui. Un ordre comminatoire du général Stack le fit venir en hâte de Mauterndorf et, après un long et fatigant voyage ralenti par un encombrement tel que les troupes américaines durent le dégager, Goering se trouva enfin face à face avec un général ennemi. » [1]

À Fischhorn, immédiatement après sa rencontre avec le général Stack, Goering accorde une conférence de presse à quatre ou cinq journalistes qui ont eu vent de son arrestation. René Lévesque, qui est revenu d'Italie, est du nombre. « Goering, dit-il, avait quitté Berlin, parce qu'il avait son voyage. Et ce, avant que Hitler ne meure dans le *bunker*. Soit disant, je pense, pour aller prendre la tête de ce qui devait être le maquis. C'était une rumeur qu'on a entretenue jusqu'à la dernière minute et qui, en fait, était inconsistante. Mais les Alliés, les troupes, avaient une sainte frousse de ce supposé maquis. Les Russes avaient bien un maquis et les Français, une Résistance. Les Allemands auraient la leur. Et ça s'appellerait les *Werwolf*, c'est-à-dire les *Loups-garous*. Alors, partout, on avait peur de voir les *Werwolf* apparaître. Et Goering avait quitté Berlin, disait-on, pour prendre la tête des dernières unités et des *Werwolf* dans le sud de l'Allemagne, où nous étions. En fait, il n'y avait pas de *Werwolf* et il n'y avait plus d'unités. Il devenait évident que Goering avait quitté Berlin pour finir la guerre à sa façon et tenter de sauver sa peau. Alors il s'est rendu aux Américains, dans le coin où j'étais, à peu près une demi-heure avant que nous arrivions. Et je l'ai aperçu, assis avec son uniforme gris-perle — c'était un élégant du régime — mais on lui avait arraché, ou il les avait arrachées lui-même, ses épaulettes, ses décorations et tout ça. Il avait donc un uniforme *tout nu*. Il était assis en dessous d'un saule pleureur dans un énorme fauteuil, parce que c'était un gars fort corpulent. On l'a traité convenablement. Mais il savait bien que sa peau ne valait pas cher. Évidemment, pas besoin de dire qu'il était bien gardé. Et il a donné une petite conférence de presse. Nous n'étions pas nombreux; nous étions peut-être quatre ou cinq au début. Ensuite des journalistes de tous les autres fronts sont venus rapidement. Mais, la première fois, c'était quatre ou cinq seulement. Et il faut lui donner ça; il a fait ça avec

1. Ewan Butler et Gordon Young, *Goering tel qu'il fut*, J'ai lu, 1965, p. 348.

dignité. Il n'a pas gueulé contre Hitler ou le régime, sauf pour dire
« C'est fini » et « Je demande au peuple allemand ... » Tu sais, il essayait de se donner une sorte de rôle de sauveur à la fin, comme tous
les autres d'ailleurs. Mais il a fait ça avec une certaine dignité, en
sachant très bien que sa peau ne valait plus rien. L'interview que
nous avons eue avec lui ne menait pas bien loin, parce que, forcément,
nous essayions uniquement de voir s'il passerait un petit message
pour sauver sa peau. C'est tout. » [1]

Nuremberg, Dachau, Itter, Kesselring, Mussolini, Goering, une
guerre et combien de « vedettes » pour un jeune Québécois de 22
ans, correspondant de guerre de l'armée des États-Unis! Le 9 mai,
à Rosenheim, près de Munich, il prend un moment de répit pour
écrire à sa famille. « Plus de balles, note-t-il; plus de tapage! Presque
trop tranquille! Ça doit danser là-bas, aujourd'hui. Ici, c'est paisible.
Pas d'éclat. Il y a longtemps déjà qu'on sent que c'est fini. Depuis
un mois, couru comme un fou: Nuremberg, Munich, Tyrol,
Brenner... Reynaud, Daladier, Weygand, Kesselring, Goering, etc...
Maintenant, encore une semaine au Tyrol, puis frontière suisse,
puis Paris, puis, sitôt que transport possible, home! À bientôt. Excu-
sez hâte. Je pars. Il est 9.25 a.m. La jeep attend pour 9.30. » Et il
ajoute en *post-scriptum*: « Pas de timbres! Espère que ça se rendra
quand même! » [2]

La guerre est finie. Après le Tyrol et la Suisse, Lévesque se rend
à Paris. Mais son boulot n'est pas terminé. Il reçoit l'ordre de se
rendre en Provence et sur la Côte d'Azur. Des convois américains
quittent l'Allemagne en direction de Marseille « pour aller faire la
guerre au Japon ». René Lévesque est donc sur place pour aider les
convois à se comprendre avec les autochtones. Mais ces unités
n'auront pas le temps de partir pour le Japon; la bombe atomique
leur épargnera le voyage.

Lévesque profite de la fin véritable de la guerre pour se balader
pendant quelques semaines sans les contraintes du « service militaire ». Et cela est d'autant plus facile qu'il a quelques milliers de
dollars en poche. « On était quand même, dit-il, parmi les gars les
mieux payés. J'avais une sorte de grade *assimilé* de lieutenant. Je
pense que j'ai fini capitaine. Je n'étais pas capitaine en charge d'une
unité, mais l'équivalent. Les Américains appelaient ça *assimilated*.

1. Entrevue avec René Lévesque, 21 mars 1973.
2. Lettre de René Lévesque à sa famille, Rosenheim, 9 mai 1945.

Et ils payaient assez bien. Et que vouliez-vous qu'on dépense? Hélas, il faut dire qu'il y avait un tel marché noir que, bien plus que de l'argent, un paquet de cigarettes ou une boîte de ration pouvait acheter n'importe quoi. C'était assez effarant le genre de semi-famine qu'il y avait dans les pays européens. »

Avant de retourner au Québec, Lévesque s'arrête de temps à autre à Londres où se trouve la « maison-mère » européenne de l'Office of War Information. Il y rencontre une dernière fois Pierre Lazareff. « Lazareff, dit-il, était notre patron professionnel à Londres et il était déjà un journaliste très connu. Très jeune, il avait été rédacteur en chef de *Paris-Soir*. Pendant toute la guerre, *Paris-Soir*, comme tous les journaux français ou à peu près, était obligé de collaborer, de diffuser les communiqués allemands, etc. Alors, aussitôt Paris libéré et un peu plus tard, quand tout est revenu dans l'ordre, on a évidemment changé les équipes à la direction des journaux. Là, il y eut une commission ou une sorte de régie qui a décidé qui seraient les purs qui pourraient mettre le grapin sur ces journaux, pour reprendre le nouveau régime de la libération. Alors mon Lazareff, qui était bien connu, qui était un pur — il était même un Juif qui avait combattu avec les Alliés pendant toute la guerre — s'est dit: « Si je rentre à Paris le plus vite possible, je serai une belle façade extraordinairement pure. Je vais peut-être mettre la main sur un journal. » Il n'était pas fou, le gars, loin de là. Alors, je me souviens, j'étais à Londres à ce moment-là; il a fait le tour de la salle et il a rapaillé tout l'argent qu'il pouvait, parce qu'il était toujours cassé à ce moment-là. Moi, je lui ai donné cinq livres; d'autres, ce qu'ils pouvaient. Lazareff s'est ramassé ainsi une petite somme qui lui permettait d'aller se promener quelques jours à Paris. Il est rentré à Paris et je suis passé un mois plus tard. Je pense que mon Lazareff était déjà en charge d'un journal. »[1] Taquin, René Lévesque ajoute: « Il a toujours oublié de me remettre mon *cinq livres*, cependant... De toute façon, j'ai oublié de le lui demander. »

---

1. Entrevue avec René Lévesque, 21 mars 1973.

3

Le choix des ondes

« La voix du Canada, Montréal, Canada. » C'est là l'indicatif du Service international de Radio-Canada qui émet sur ondes courtes à destination de l'étranger. Mis sur pied en 1943, ce service a d'abord enregistré des émissions françaises sur disques qu'on expédiait par avion à Londres et à New York. Ne possédant pas encore le puissant émetteur de Sackville, les Québécois devaient passer par ces métropoles pour diffuser leurs messages à la France occupée. Au début de 1945, les antennes fin prêtes, les émissions du service deviennent quotidiennes. Soixante-dix pour cent de toute la programmation sert alors à divertir les Canadiens qui participent directement ou indirectement aux opérations militaires en Europe. Avec la fin de la guerre mondiale, le caractère des émissions se modifie. Le Service international tente alors de « refléter fidèlement les multiples aspects de la vie canadienne » et de « soutenir les efforts des organismes internationaux en s'appuyant sur le principe que la paix et la prospérité sont des notions interdépendantes ».

À son retour d'Europe, en janvier 46, René Lévesque entre au Service international de Radio-Canada. Il y retrouve deux pionniers de la radio: René Garneau, le directeur de la section française, et Gérard Arthur. Ses connaissances de l'Europe lui permettent facilement de parler un langage adapté à ses auditeurs. Lui-même raconte: « Voyez-vous, moi, je suis entré aux ondes courtes avec ma voix qui n'existait pas, ma voix d'Alsace, et je l'ai traînée pendant quinze ans. Or, comme je n'étais pas annonceur commercial et que j'aimais beaucoup le reportage, on m'a affecté aux reportages, parce que ça n'intéressait pas les gars qui faisaient de l'argent, parce que ça n'était pas payant. Alors j'ai eu l'occasion comme ça, assez vite, de revenir au reportage pour la radio sur ondes moyennes et de suivre les affaires politiques. » [1]

Dans un article, René Lévesque décrit le travail quotidien. « Voici ce qu'on fabrique à la section française, sous la direction de René Garneau. Deux émissions de trente minutes, tous les jours, qui comprennent: informations, revue de la presse (où l'on cite les journaux d'opposition!), reportages, chroniques des mines, de l'agriculture, des sciences, des livres, de la poésie canadienne, etc. Il faudrait ajouter des montages spéciaux, quelques émissions dramatiques et d'autres bilingues. (...) Comme on le voit, ces émissions sont plutôt de la formule newsreel. La Voix du Canada est avant tout un organe d'information, et non de propagande. » Et il termine son article en citant ces mots d'un auditeur étranger, mots qu'il qualifie d'impressionnants et de pleins de bon sens: « La radio me fait un peu penser aux cercles de commérage de nos grand'mères. Jadis une parole imprudente aurait pu bouleverser tout le village. Aujourd'hui, à l'aube de l'âge atomique, ce mot en l'air pourrait bien détruire le monde entier. » [2] Voilà ce qui, de tout temps, a fasciné René Lévesque: le rapetissement de la planète par ces communications modernes. Il y faisait allusion dans ses « Propos en ondes » en 1942 et, trente années plus tard, à la suite de la retransmission par satellite de la messe de Noël au Vatican, il qualifiera le pape Paul VI de « curé du village ».

À la Voix du Canada, René Lévesque est dans son élément, puisque les informations occupent à elles seules près de la moitié du temps. Elles portent de préférence sur les événements canadiens, mais toujours replacés dans le contexte international. Comme l'équipe de la section française est peu nombreuse, on y joue tous les rôles. Lévesque devient donc rédacteur de nouvelles, annonceur et, surtout, reporter. En avril 48, par exemple, il entretiendra ses auditeurs de la signature à Washington du Pacte de l'Atlantique Nord. Un an

---

1. *Ibid.*
2. « La voix du Canada, Montréal, Canada », *Le Clairon de Saint-Hyacinthe.*

plus tard, il transmettra en langue française l'élection du nouveau chef du Parti libéral du Québec, Georges-Émile Lapalme. Le 7 novembre 1950, il annoncera aux Européens et aux Sud-américains que le premier contingent de troupes canadiennes vient de débarquer en Corée. Autant d'exemples du boulot qu'il a à accomplir.

Les tâches deviennent de plus en plus importantes. En avril 51, le président de la République française, Vincent Auriol, fait un voyage de quatre jours au Canada. Le 8 avril, il est accueilli chaleureusement par 300,000 Montréalais. Le journaliste Jean-Paul Nolet couvre l'événement sur les ondes moyennes de Radio-Canada et René Lévesque fait de même sur les ondes courtes. La section française du Service international diffuse en tout plus de quatre heures de reportage de René Lévesque et la Radiodiffusion française juge bon de reproduire intégralement trois de ces quatre heures.

Outre son travail au Service international, René Lévesque publie occasionnellement des articles dans le quotidien libéral Le Canada. « J'ai publié, dit-il, un peu au Canada, parce que Garneau faisait partie de l'équipe. C'était un groupe assez intéressant, ça. Même si c'était un journal libéral, c'était quand même un journal vivant et amusant à ce moment-là. » [1] À compter de 1946, il signe également une chronique des arts et des lettres dans l'hebdomadaire maskoutain Le Clairon de Saint-Hyacinthe. Tout y passe: Claudel, Sartre, Orson Welles, Jean Marais, Jean Gascon, Ray Ventura, Jean Racine, etc. La formule est souvent bien frappée. Comparant « Le Pain dur » à « Huis clos », il en conclut que « la poésie est compatissante », mais que « la philosophie n'est que mathématique ». D'autres fois, c'est la sortie contre « les intuables romans-savons » de la radio. « Tous ceux-là, écrit-il, qui vont vivifier de plus belle la 2,500 ou 3,500ème émission de L'amour tel qu'on n'oserait nulle part le parler. C'est la multitude de feuilletons qui reprennent intarissablement le cycle des scènes où rien ne se passe, pour alterner avec les scènes où rien ne se dit. »

Pendant ces années d'après-guerre, René Lévesque dirige et anime « Les Journalistes au micro », une émission diffusée tous les jeudis soirs du Cercle des journalistes à l'hôtel Laurentien. « C'était une conférence de presse intéressante, dit René Lévesque, parce que ça permettait aux journalistes eux-mêmes d'être interviewés et de discuter. C'était une sorte de confrontation entre journalistes et,

---

1. Entrevue avec René Lévesque, 21 mars 1973.

comme j'en étais un moi-même, j'étais l'animateur de l'émission. On a eu bien du plaisir avec ça. Je pense que c'était utile comme formule. » [1]

Le Canada français le découvre avec la guerre de Corée

En juin 1951, coup de théâtre dans la vie de René Lévesque. La direction du Service international de Radio-Canada lui offre l'occasion d'aller rendre compte des faits et gestes de la brigade canadienne qui combat sous l'emblème des Nations Unies en Corée. Fort de son expérience en Europe, Lévesque accepte d'emblée. En juin 1950, les Coréens du Nord avaient envahi le Sud et, trois mois plus tard, les Nations Unies avaient dépêché des troupes en Corée du Sud. À l'été de 1951, le problème coréen se partage les manchettes dans la presse québécoise avec l'enquête publique sur la chute du pont Duplessis à Trois-Rivières.

René Lévesque devient donc correspondant de guerre de langue française pour le compte de Radio-Canada. Il s'embarque au début de juillet à destination du théâtre des hostilités. Un arrêt à Tokyo lui permet de prendre possession de son équipement et d'endosser l'uniforme militaire, car on n'entre en Corée que vêtu de l'uniforme du soldat. Puis il rejoint son poste auprès de la brigade canadienne et y retrouve un de ses confrères de Radio-Canada, Norman McBain, de Montréal, et un opérateur, Norman W. Eaves, de Halifax.

Lévesque livre reportage sur reportage à Radio-Canada. Au *Petit Journal*, il raconte, à compter du 12 août, son aventure. Au Service international, on trouve ces reportages d'une telle qualité qu'on entreprend de les diffuser également sur les ondes moyennes. La Corée n'est pas la vie rêvée. « Au lendemain d'une épuisante patrouille, écrit René Lévesque, le 22 est installé en ce moment dans une zone de repos. En Europe, durant l'autre guerre, ç'aurait été à quelques milles derrière les lignes une ville ou un village relativement intact, avec quelques cafés, etc. Mais ici . . . La zone de repos, c'est un vaste champ détrempé. À l'arrière-plan, les éternelles montagnes nues, d'où l'on arrive et où il faudra retourner dans quelques jours. À perte de vue, pas une maison, sauf quelques bicoques coréennes, avec leurs toits de chaume, leurs murs croulants, leur crasse, inhabitables. Il pleut, et les étroits chemins se transforment en

---

1. *Ibid.*

bourbiers, des ruisseaux vaseux se promènent à travers le camp, l'eau pénètre dans les tentes, pourrit les couvertures et les vêtements. On mange mouillé, on dort mouillé. Tout le monde tousse. La pluie cesse, le terrible soleil de Corée plombe pendant quelques heures, et, déjà, la poussière épaisse, irrespirable, s'élève de nouveau en gros nuages bruns. Tout le monde tousse de plus belle. Pas un civil abordable: c'est un pays de misère atroce, un pays hostile aussi, où la robe blanche du paysan peut toujours camoufler un soldat ennemi. » [1]

Il raconte l'ennui du lieutenant Roger Halley, « les théâtres, les restaurants, le Forum, le stade des Royaux ». Il reproduit la voix de l'opérateur Medland, « Allo, Love... One... Five... Pass your Message. Over... » Il narre les confidences du colonel « Jimmy » Dextraze qui lui dit que les Québécois du « 22 » se servent du français comme d'une arme secrète. Il furète dans le journal personnel du sergent Maurice Juteau, ce « Pipeau » à la superbe moustache de bandit sicilien, et y lit : « Il y a quelques secondes, je regardais une jeune Coréenne de 7 à 8 ans. Il pleut, elle est pieds nus, une longue robe qui lui descend presque à la cheville et rien sur la tête. Ses cheveux noir de jais sont lissés par la pluie. Elle cherche de quoi manger et elle sourit peureusement pendant qu'elle se promène à travers les soldats et les camions... En la regardant, un remords violent m'a saisi. Je viens à peine de terminer deux barres de chocolat. Sans penser, j'avais faim et j'ai mangé. Là, je suis misérable. J'aurais dû l'inviter à venir s'asseoir avec moi dans le camion, la couvrir des trois ou quatre couvertures que j'ai et essayer de la réchauffer... Ce qui me frappe le plus, c'est l'égoïsme qu'il y a dans moi-même... »

René Lévesque est consacré. De journaliste relativement connu, il devient, au Québec, rapidement identifié à ses excellents reportages sur la Corée. À son retour à la fin de septembre, il réalise des montages sur la Corée pour le compte de Radio-Canada et prononce à gauche et à droite des conférences sur ses quelques mois passés en Asie. La critique est unanime. Le journaliste Gérard Pelletier, par exemple, y va d'un éloge sans nuances. « Je tiens les émissions que j'ai entendues pour ce qui s'est fait de plus remarquable sur nos ondes depuis bien longtemps. M. Lévesque est, à mon avis, la révélation de l'année radiophonique et le meilleur commentateur de langue française (peut-être bien aussi de langue anglaise) que

1. *Le Petit Journal*, 16 septembre 1951.

nous ait jamais présenté la radio canadienne. Certains, qui n'ont pas entendu M. Lévesque, trouveront peut-être cet éloge intempérant. Je le fais pourtant sans aucune inquiétude, après avoir repassé dans mon esprit tous les grands noms du métier, à commencer par celui de M. Louis Francœur. Ce qui m'embarrasse, toutefois, c'est de motiver en détail cet éloge. Non certes que je manque de choses à dire, de détails à relever, de qualités à monter en épingle: tout cela abonde dans les émissions de M. Lévesque. Ma perplexité vient plutôt de deux tentations contradictoires que ces textes me font subir: celle de commenter longuement, mais au risque de me perdre dans le particulier, et celle qui me vient devant toute chose bien faite et vraiment à point, à savoir d'affirmer que c'est une merveille et de tirer l'échelle. Pourtant, il faut que je m'explique, si brièvement que je doive le faire. Essayons! »

Et Pelletier poursuit: « M. Lévesque avait une mission bien précise: renseigner l'auditoire canadien sur la guerre de Corée, plus particulièrement sur la vie de nos troupes engagées dans la bataille, et sur la situation générale des pays d'Orient qu'il avait visités. Or, M. Lévesque n'était pas le premier à traiter de ces divers sujets! La difficulté de son travail consistait donc à ne répéter personne, tout en reprenant le travail que ses prédécesseurs avaient tenté de faire. Je dis bien *tenté*, car, à l'audition des reportages de M. Lévesque, on se rendait compte avec une admiration (admiration au sens latin de s'*étonner*) grandissante que personne, jusqu'ici, n'avait réussi à nous rendre présente cette guerre-prélude qui s'infecte là-bas comme une plaie. Le second échec à éviter, c'était la propagande. Qu'on ne s'y trompe pas, un autre reporter aurait pu faire de ces émissions un quelconque *Béni fut son berceau*, peut-être même une aggravation sérieuse de ce dernier programme. Car rien n'est plus facile, quand le tambour s'est déjà mis à battre, que d'emboucher la trompette. Et la trompette est un instrument redoutable... Mais toutes ces difficultés, M. Lévesque les a vaincues avec le plus grand naturel, comme si jamais elles ne s'étaient présentées à lui. Ce n'est pas un *reporter de Radio-Canada*, retour de mission, que nous entendons quand il nous parle; c'est un homme de notre milieu, un homme libre, qui a promené là-bas notre conscience, nos espoirs, nos craintes et notre curiosité. Ce qu'il nous dit, c'est cela même que nous voulions savoir, sans peut-être nous en rendre bien compte. Et M. Lévesque le dit avec une franchise qui lui fait honneur, qui fait honneur aussi à Radio-Canada.

« Cela dit, il me resterait à relever, page après page, le texte presque entier. Je devrais dire longuement comment M. Lévesque combine à merveille le technicien radiophonique avec l'homme de culture. La technique n'apparaît jamais en surface, la culture non plus. Mais n'importe quel passage pris au hasard (par exemple, cet enregistrement étonnant des soldats qui causent dans l'obscurité) laisse deviner un travail acharné de mise au point technique et le jugement sûr d'un homme qui ne confond pas la propagande avec l'humain, la comédie avec la vie. La seule critique que j'aie entendue (encore n'est-elle qu'une remarque en passant) concerne la voix de M. Lévesque. J'admets que le timbre en est voilé, qu'elle contraste vivement avec les *voix d'or* que l'on nous sert le plus souvent. Avoue-rais-je toutefois qu'elle me plaît beaucoup, étant donné l'art avec lequel M. Lévesque en fait usage? Cela le rapproche de nous, donne à ses causeries un caractère confidentiel dont la radio s'accommode très bien. En bref, je voudrais dire qu'un vrai talent radiophonique est une chose extrêmement rare. Les demi-talents abondent, les talents supérieurs ne manquent pas totalement, mais l'excellence ne se rencontre pas une fois l'an. M. Lévesque y atteint sans effort dans ce métier de reporter-commentateur; il est à souhaiter que Radio-Canada le retire au service international, malgré l'importance du rôle qu'il y joue, et nous permette plus souvent de l'entendre commenter pour nous ce qui se passe à travers le monde. » [1]

Un autre auditeur, un étudiant cette fois-ci, a « découvert » René Lévesque lors de ses reportages sur la Corée. « Un soir, raconte-t-il, il n'y a pas très longtemps, on annonça un reportage de René Lévesque sur la Corée. Je ne connaissais pas cette personne. Mais j'écoutai! Miracle! en quelques instants, j'avais l'exacte impression qu'un ami causait chez moi, tout juste invisible derrière quelque fumée de cigarettes. C'est ainsi que René Lévesque me fut d'abord une *voix*, mais laquelle! une voix qui se distingue et qui, grâce à ce léger enrouement devenant vite familier, prend un volume de chair où l'on sent les muscles s'animer doucement, respirer, s'arrondir puis se relâcher avec un aimable automatisme. (...) René Lévesque parlait ce soir-là du Japon. Une interview. Sans effort, l'auditeur se retrouvait dans une rue de Tokyo, tel un attentif visiteur devant qui un guide merveilleux déplacerait les décors. Le respir du peuple,

---

1. Gérard Pelletier, « M. René Lévesque, reporter et commentateur émérite », *Le Devoir*, 6 octobre 1951.

l'innombrable volière des petits bruits, les minuscules gestes du peuple et l'intime étouffement de sa vie, même les tics d'un individu qu'on ne verra jamais et sa domestique physionomie: tout me rejoignait, là, dans mon fauteuil où, par une demi-extase et docilement soumis au speaker, je subissais l'étonnante hypnose de la vraie radio. Pas un livre, peut-être pas un film, ne m'a dit davantage sur un pays. Ici, la Radio atteignait incontestablement un sommet de l'expression. C'est que René Lévesque apprivoise le verbe et le manie magiquement jusqu'à l'esprit. Son jeu dépasse l'oreille, il explicite ce verbe et touche le terme absolu de l'idée. Il dépasse la talentueuse inhumanité du simple speaker et rejoint l'universelle fluidité de tout ce qui est humain. L'artiste a parfait son chef-d'œuvre... »

Des témoignages identiques fourmillent sur le René Lévesque de Corée. Ici, il faut absolument prendre un peu de recul. Notre homme a 29 ans. Physiquement pas très grand, il commence déjà à perdre ses cheveux. Ce n'est pas une vedette de la télévision, puisque ce médium n'existe pas. Il n'est pas ministre et non plus chef d'un parti politique. Et, pourtant, c'est l'engouement. Comme du style, on pourrait dire que le verbe, c'est l'homme. Car cette admiration ne s'explique que par sa puissance du verbe.

Le même étudiant assiste à une conférence de René Lévesque en février 1952. Il en conclut: « René Lévesque est unique. Tout son être s'ajuste à un même diapason de franchise et d'humain. Nerveux et incisif, il use abondamment d'images vivantes et esquisse l'agir même de son modèle. René Lévesque, conférencier, est un impressionniste: il nous a brossé le Japon et la Corée actuels, tout en saillies. Infimes touches rapides dont l'ensemble parfaitement harmonisé contient plus de véracité et de finesse que les laborieuses fresques des raconteurs officiels ou parleurs de métier. René Lévesque n'a visiblement pas de thèse; il n'a pas de système; il n'a pas d'élection à préparer. Il vit de ce qu'il fait ou dit. Rien de plus véridique que ce personnel engagement! À un haut degré d'observation et de sensibilité, il discerne et reproduit l'intime caractère des choses. De même que par un précis mouvement d'épaule, une infime ondulation du sourcil et un mot allongé avec une intentionnelle difficulté, il dessinera le soldat qui s'aplatit imbécilement sur une crête de Corée, ainsi, par quelque décor essentiel de l'esprit, il nous rendra une situation psychologique donnée, avec une perfection saisissante. (...) René Lévesque poésifie le geste de chaque jour, le simple agir de la vie. Il sait donner à la vérité une expression dont le rythme s'identifie à celui de ce temps; René Lévesque se soumet à cette grouillante géographie des hommes et consent à marier son langage à celui des voix intérieures des gens à qui il s'adresse. Il en résulte une franchise déconcertante pour un monde où il n'y a plus de rentiers mais seulement des cardiaques. La grande cécité populaire goûte un rare rayon, une musique cuivrée de soleil; elle qui, pour se délivrer, avait cherché un genre de prison ... » [1]

Gérard Pelletier avait demandé que Radio-Canada retire René Lévesque du Service international pour permettre aux auditeurs de l'entendre plus fréquemment. Immédiatement à son retour de Corée, on le prévient qu'il devra couvrir le voyage au Canada de la princesse Elizabeth et du duc d'Edimbourg pour les deux réseaux, ondes courtes et ondes moyennes. Le 8 octobre, René Lévesque est à Dorval pour décrire leur arrivée. Le lendemain, Candide, l'humoriste du Devoir, se moque du reportage de Lévesque. Il parodie l'annonceur: « Je l'aperçois, mes chers auditeurs, mais de très loin. Elle porte un manteau de vison ... pardon, chers auditeurs, est-ce un manteau? Je dirais plutôt ... une ... cape; cette cape est de ... chers auditeurs, la princesse est trop ... loin, je ne saurais dire de quelle cape est cette fourrure, ou plus exactement, de quelle fourrure est cette cape. (...) » Et il conclut: « Les reporters radiophoniques font de leur mieux; mais qui donc songe à leur confier des missions impossibles où tout ce qu'ils ont à faire, c'est de tuer le temps pendant 30 minutes ou 2 heures? » Quelques jours plus tard, Pelletier répond à Candide: « À qui la faute, demande-t-il? Certainement pas à nos commentateurs de langue française. J'ai dit déjà mon estime pour René Lévesque et l'ennui de ses reportages royaux ne le diminue en rien. Ce n'est pas le talent de M. Lévesque qui se trouve ici en cause; c'est Son Altesse Royale, l'héritière présomptive. Qui donc, en effet, parmi les poètes canadiens-français, a jamais écrit un poème à la gloire d'un roi britannique, voire d'une reine ou d'une princesse anglaise? Il se trouve chez nous des royalistes malgré eux, des gens qui croient au Commonwealth, qui défendent la Couronne comme fiction juridique et facteur d'équilibre entre Ottawa et Washington. Mais jamais, hors quelques gâteux, des Canadiens français n'ont ressenti de tendresse véritable, profonde, sentimentale pour la famille royale. » [2]

---

1. Yvon Côté, « René Lévesque », Le Quartier latin, 7 février 1952.
2. Gérard Pelletier, « Parlons, en retard, de la Princesse », Le Devoir, 24 novembre 1951.

Après avoir suivi la princesse Elizabeth durant ces 23 jours passés au Canada, René Lévesque quitte définitivement le Service international. Il n'est pas le seul, puisque Judith Jasmin et Gérard Arthur font de même. Ce trio fonde le premier Service de reportages de la radio canadienne. Pourquoi ce service? René Lévesque répond: « C'est parce que là on commençait à se rendre compte qu'il fallait des reporters de métier. Non pas seulement des gars qui le faisaient dans leurs loisirs, mais qui seraient professionnels. » Très tôt, Jacques Languirand et Jean Ducharme se joignent au trio. Une première émission, Carrefour, diffusée cinq soirs par semaine, leur sert de banc d'essai. Des quantités d'interviews, de courts reportages, dans les domaines les plus variés, leur permettent d'acquérir du métier. Judith Jasmin dira de Carrefour: « Ce fut un coup de génie. René Lévesque a été le premier à comprendre que les gens d'ici avaient besoin de s'entendre et de se voir. Il avait 23 ans quand j'ai fait sa connaissance. C'était déjà un homme fait. C'est un professeur né, en même temps qu'un merveilleux éducateur. » [1] Carrefour sera à l'horaire de la radio de 1952 à 1955. Une autre émission, Reportages, une demi-heure par semaine, traite les sujets d'une façon plus fouillée.

Le 6 septembre 1952, Radio-Canada inaugure la diffusion régulière de ses programmes télévisés. Le Service de reportages mis sur pied pour la radio servira également à la télévision. Mais il faut faire ses classes. « À la télévision, raconte René Lévesque, on nous a employés tranquillement à faire des bouts de nouvelles, puis peu à peu du reportage, à mesure qu'on s'adaptait. Tout le monde cherchait son adaptation à ce nouveau médium-là. Et là, on a transféré Carrefour. On a fait une demi-heure cinq fois par semaine à la télévision pendant un bon bout de temps. » René Lévesque anime une autre nouvelle émission télévisée, Conférence de presse. Mais, en 1955, il n'en est pas pleinement satisfait. « Ce que j'aimerais faire avec Conférence de presse, confie-t-il à un journaliste, c'est lui donner cette tournure de débat très large, y introduire ce franc-parler qui fait la force des programmes américains équivalents. Mais, voyez-vous, ici c'est difficile. » [2]

Le chef du Service de reportages ne délaisse pas la radio pour autant. Il participe notamment à l'émission Lettre à une Canadienne, où il revient régulièrement causer avec Marcelle Barthe des sujets

---

1. Hélène Pilotte, op. cit., pp. 96-97.
2. Rémy Le Poittevin, « René Lévesque ne vit que pour tout voir et tout comprendre », Le Journal des Vedettes, 9 octobre 1955.

1953.
De retour de Corée,
René Lévesque,
alors chef du
Service de reportages
de Radio-Canada,
commente les
événements
entourant le
couronnement de
la reine Elizabeth.

d'actualité qui intéressent la femme. Il donne toujours sa chronique de cinéma à la Revue des Arts et des Lettres.

Les grands moments du Service de reportages coïncident avec des événements internationaux sortant de l'ordinaire. Ainsi ne couronne-t-on pas une reine chaque jour de l'année. Le 2 juin 1953, Gérard Arthur, Judith Jasmin et René Lévesque décrivent le couronnement d'Elizabeth II à Londres. « Ce reportage a eu un retentissement considérable. Quelques semaines avant le couronnement, une équipe de techniciens de Radio-Canada s'est rendue à Londres pour préparer l'enregistrement sur film de la cérémonie entière telle que télévisée par la British Broadcasting Corporation. Trois avions à jet de la RAF ont quitté Londres successivement le jour du couronnement, apportant par tranches les précieuses pellicules jusqu'aux studios de CBFT à Montréal. À 4 h 15, le même jour, les premières images étaient télédiffusées sur les trois postes canadiens qui alimentaient en même temps les grands réseaux de télévision aux États-Unis. Tout cela s'accomplit en un temps record puisque les téléspectateurs canadiens pouvaient assister aux cérémonies du couronnement avant même qu'elles ne soient complètement terminées à Londres. » [1]

Le Service de reportages couvrira également les voyages au Canada d'Haïlé Sélassié, en juin 1954, de Pierre Mendès-France, en novembre de la même année, de même que les Jeux de l'Empire et du Commonwealth à Vancouver. Chaque fois, René Lévesque sera en ondes.

Une journée au « chalet d'été » de Krouchtchev

À l'été de 1955, Lester B. Pearson, ministre des Affaires extérieures dans le Cabinet libéral de Louis S. Saint-Laurent, prépare un important voyage dans les principales capitales du monde. En fait, il doit, à compter du 12 octobre, assister à la conférence du Plan de Colombo à Singapour. À l'heure de la guerre froide, pourquoi alors ne pas en profiter pour faire le tour des capitales? Des journalistes canadiens accompagneront Pearson et Radio-Canada y délègue René Lévesque. Les escales à Londres, Paris et Berlin sont sans histoires.

Le 5 octobre, Pearson descend à Moscou. Un grand nombre de journalistes occidentaux suivent le voyage, car il s'agit du premier ministre des Affaires étrangères à se rendre à Moscou depuis les accords de Genève en 1954. À son arrivée, seuls le ministre des Affaires étrangères, M. Molotov, et son adjoint, Valery Zorin, sont là pour l'accueillir. En fait, Krouchtchev et Boulganine se font attendre et c'est là leur manière de montrer qu'ils sont supérieurs à l'autre membre de la troïka. « Il y a toutes sortes de jésuitismes, raconte René Lévesque, dans la hiérarchie russe. On remarque souvent ça. Selon la place qu'un personnage a dans une photographie, par exemple, les Kremlinologues prétendent pouvoir juger jusqu'à un certain point ce qu'il se passe au sujet de ce personnage. Alors les deux gars nous jouaient le même jeu. » [2] De toute façon, Pearson déclare qu'il espère échanger des idées sur les problèmes mondiaux

1. Florent Forget, « L'actualité à la télévision », *Le Livre de l'année 1954*, Société Grolier, 1954.
2. Entrevue avec René Lévesque, 9 mai 1973.

avec les chefs soviétiques, afin de « mieux comprendre les points de vue de chacun ».

Les jours passent et Pearson n'a aucune nouvelle de Krouchtchev et Boulganine. On croit dans les milieux diplomatiques que des entretiens entre les trois hommes pourraient fournir à l'Ouest un indice de l'attitude soviétique lors de la conférence des ministres des Affaires étrangères des Quatre Grands, qui doit avoir lieu à Genève le 27 octobre courant. Pendant ce temps, des fonctionnaires canadiens, Mitchell Sharp, sous-ministre adjoint au Commerce, et George Ignatieff, d'origine russe, chef de la section de liaison au ministère canadien des Affaires étrangères, tentent de négocier un accord commercial avec la Russie, touchant le blé et le papier journal. Et Pearson, en bon diplomate, souligne l'importance pour le Canada et la Russie, « des voisins par le Pôle Nord », de travailler à la paix et la compréhension.

Finalement, après le Bolshoï, une visite à Leningrad, le mausolée — et un rhume qui l'oblige à garder le lit pendant quelques heures — Pearson est prévenu dans la matinée du 11 octobre qu'il sera reçu le soir même par Krouchtchev dans sa Datcha criméenne. René Lévesque sera du voyage. Il raconte la suite. « À un moment donné, le matin, ils nous ont réveillés et nous ont dit: « Il y a de la place pour deux journalistes. » Alors on a dit: « Bien, un français et un anglais. » Ce qui fait que j'ai eu la chance d'être le journaliste français, parce que je pouvais faire un reportage à la fois parlé et écrit. Et puis l'autre fut Robert Needham du *Globe and Mail* aujourd'hui. Alors nous sommes montés tous les deux avec Pearson, Crépault, un de ses adjoints, et George Ignatieff. Or Ignatieff, si mes renseignements sont bons — et ça vous explique une partie de l'histoire — était apparemment le fils ou le petit-fils d'une vieille famille de haute bourgeoisie ou même d'une sorte de noblesse du temps des tsars. Évidemment les Russes l'avaient repéré. Alors on monte à Moscou, puis on descend dans une ville près de Yalta. Là, on a pris un taxi qui nous avait été réservé. Et notre chauffeur de taxi était déjà amusant, parce que là, on arrivait dans un autre contexte que celui qu'on avait connu. Le gars était un vrai maniaque. Il faisait fonctionner à fond de train son moteur, aussitôt que le terrain exigeait que le moteur travaille, et il coupait les gaz aussitôt que le terrain était en pente. On a demandé au guide qui nous accompagnait: « Pour l'amour du bon Dieu, pouvez-vous nous dire pourquoi il fait ça? » Il nous a répondu: « Ah! » Tu sais, le côté moitié primitif et moitié reconstruction. Il avait l'illusion que ça économisait de l'essence. En fait, à chaque fois qu'il allumait, il en dépensait encore plus. De toute façon, on a marché comme ça, avec des moteurs qui allumaient et des moteurs qui arrêtaient jusqu'à Yalta. »

René Lévesque s'attarde sur son chauffeur de taxi. « D'ailleurs, c'était un cas intéressant. Sa femme était médecin. Lui n'avait pas l'air plus brillant que ça. Il était chauffeur professionnel. C'était déjà une image de cette espèce de rupture d'une vieille hiérarchie des classes qui nous frappait un peu. Il faut dire que l'immense majorité des médecins russes sont des femmes et, forcément, il faut qu'elles se marient un jour. Ce qui fait qu'il semble y avoir là beaucoup moins de snobisme social qu'ici. Que quelqu'un se marie en dessous de sa condition, comme on dit, c'est conforme dans notre société. Mais qu'une femme se marie en dessous de sa condi-tion, c'est plus rare. Là-bas, il semble que ça ne joue pas comme ici. »

La suite du récit nous apprend les secrets non officiels d'un voyage fort officiel. « On est finalement arrivé chez Krouchtchev. On entre dans cette grande datcha. Datcha, dans ce cas-là, voulait dire *au bord de la mer Noire*. Et c'était en plein sur un promon-toire au bord de la mer Noire, à deux pas de Yalta. Ça voulait dire une sorte de château de vacances du temps des grands bour-geois et qui était réservé aux Grands du régime. Alors c'est Krouch-tchev qui l'occupait. C'était comme une grande maison de Laval-des-Rapides, dans le genre tape-à-l'œil en masse, trois étages et des pièces à profusion. Mais pas un château genre Renaissance ou Moyen Âge. Alors on rentre là et il y avait trois ou quatre gorilles de Krouchtchev qui nous attendaient. Mais tout le reste était très simple. » [1]

À ce moment, Krouchtchev et Boulganine s'avancent pour serrer la main aux membres de la délégation canadienne. René Lévesque, un peu en retrait, examine les deux hommes. « Krouchtchev surtout est renversant. L'antithèse vivante, bondissante, du stalinisme figé, buté et de plus en plus étouffant des dernières années. Trapu et replet, le teint rose et l'œil porcin, il est solide et débraillé comme un paysan mal dégrossi, avec la faconde et la familiarité vulgaire du commis-voyageur. Quand il s'anime, c'est-à-dire dès qu'il ouvre la bouche, son timbre de baryton grimpe aussitôt vers l'aigu, il gesticule, il rit très fort, on le sent infatigable, naïf, curieux, insatiable... et

---

1. *Ibid.*

tout autour de lui et de son compagnon silencieux, le très correct et très distingué Boulganine, flotte une atmosphère infiniment subtile d'émancipation si neuve encore qu'elle a besoin de s'affirmer avec éclat. Un vague relent de geôle et le survoltage d'ex-prisonniers qui refont leurs muscles, se saoulent d'air libre et reprennent frénétiquement le temps perdu. » [1]

On invite Lévesque et Needham à s'approcher à leur tour. « On rencontre Krouchtchev qui était exactement conforme à ses photos : une espèce de paysan à la face rose, les petits yeux pointus, et très très vigoureux, plein de vitalité. Puis il commence à placoter, moitié en russe, moitié traduit. Moi, j'avais un Nagra, un petit appareil radio de l'époque, et le Nagra était très bon pour le temps, mais était quand même beaucoup plus gros que ceux que l'on a aujourd'hui. C'était un portatif, mais un portatif d'environ deux à trois .pieds de long et d'au moins un pied et demi d'épais. Ce qui veut dire qu'il était bien visible et je le traînais en bandoulière. À un moment donné, il baragouine et montre mon appareil en disant : « Qu'est-ce que c'est ça ? » Je lui dis : « Radio ! Radio ! » Il dit : « Ah ! Radio ! Radio ! » Puis il demande d'apporter cela sur la table. Je l'apporte. Il l'ouvre. Il fait semblant, bien innocemment, de ne pas savoir comment ça fonctionne. Et on lui explique. C'est bien simple. Je lui passe le microphone. Et c'était son interprète, Troyanovsky, qui travaillait. »

Ici, un peu comme pour faire durer le suspense, René Lévesque ouvre une parenthèse au sujet de cet interprète. « Troyanovsky est un autre exemple au point de vue social de ce qu'était la Russie et du fait, au fond, que le patronage et le favoritisme demeureront toujours à moins que la nature humaine change. Troyanovsky était un jeune homme d'à peu près trente ans qui avait l'air très brillant. Il était l'interprète attitré de Krouchtchev et des principaux du régime. Et pourquoi était-il devenu ce genre de privilégié ? C'est parce que le bonhomme Troyanovsky, son père, qui était un vieux bolchévique, avait été nommé le premier ambassadeur soviétique à Washington, quand Roosevelt a reconnu la Russie en 1933, si j'ai bonne mémoire. Ce qui fait que le fils a évidemment appris l'anglais avec le *slang* américain. Étant donc parfait bilingue, il est devenu un interprète. Donc les privilégiés se refont sous tous les régimes quand ils ont des pères qui les protègent. »

Mais revenons à Yalta. « Troyanovsky commence à traduire et là, Krouchtchev rentre dans le corps de Pearson. Parce que 1955

---

1. René Lévesque, « Staline parmi nous », *Vrai*, 10 mars 1956.

était le temps de l'OTAN et de tous les tiraillements au sujet de l'encerclement des bases militaires. Krouchtchev est rentré dans le corps de Pearson, qui ne s'attendait pas à ça, avec le microphone. Puis Pearson, un gars qui n'aimait pas les attaques violentes — c'était un diplomate, mais pas un gars très d'attaque — s'est fait déculotter. Mais d'une façon remarquablement intéressante. C'était la première fois que Krouchtchev manifestait en public cette espèce d'agressivité. Tu sais, il a toujours eu ce caractère-là. Il a déculotté mon Pearson complètement.

« Moi, j'étais représentant français; Needham, représentant anglais. Et nous étions en même temps, comme on dit dans le jargon, pooled, c'est-à-dire que tout ce qu'on attrapait à Yalta devait être envoyé à Moscou. Mais on avait la priorité sur notre matériel. Les autres avaient le droit de s'en servir. Alors, moi, je l'ai envoyé à Moscou, comme c'est normal. C'était le premier interview avec Krouchtchev au moment du début de sa puissance. Personne ne l'avait jamais interviewé du côté occidental et voilà une de ces engueulades historiques. Ce qui m'a crucifié, moi, c'est que, comme on était dans un groupe avec Pearson et que Pearson avait l'air fou un peu, tous les autres ont sauté dessus, les Français, les Allemands, les Britanniques, etc., et s'en sont servi. Ce qui fait que, quinze jours plus tard, au moment de mon retour, alors que je passais par des villes européennes, on m'a montré des journaux où évidemment c'était en première page avec des titres sur huit colonnes: *Interview de Krouchtchev. Il magane ou, enfin, il attaque de front la politique occidentale en s'engueulant avec Lester B. Pearson,* etc. On avait fait la première page des journaux partout. Mais pas sous mon nom, parce que, quand tu *pool*, les autres s'en servent et ce sont les agences de presse qui en deviennent les auteurs. Mais c'était mon matériel. Et quand je suis revenu au Canada, à Montréal, trois semaines après, on n'avait pas employé un seul mot, pas une seule ligne. Radio-Canada avait foiré là-dessus et ne l'avait pas employé, parce que ç'avait été envoyé via Ottawa qui avait dit: « Le ministre n'a pas l'air assez à son avantage. Nous considérons que ça ne doit pas être employé. » Je l'ai diffusé ici un mois après, mais c'était du réchauffé. À Carrefour, on a fait une petite série sur ce voyage, accompagnée d'images, mais ça avait servi dans tous les autres pays trois semaines auparavant. Ici, parce que l'image du ministre aurait pu en souffrir — c'est ça le désavantage de la valise diplomatique — ils ont dit: *On ne s'en sert pas.* »

Deux jours après cette sortie de Krouchtchev, le quotidien montréalais *Le Devoir* reproduit un communiqué de l'agence Reuters. « Deux journalistes canadiens, y lit-on, qui ont accompagné le ministre en Crimée, précisent que le président du Conseil des ministres d'URSS et le premier secrétaire du parti communiste soviétique ont rencontré M. Pearson dans une résidence d'été à quelque dix milles de Yalta. La présence des journalistes avait été autorisée pendant les 13 premières minutes de l'entretien qui aurait principalement porté sur l'alliance atlantique. » Selon Reuters, Krouchtchev aurait conseillé à Pearson de quitter l'OTAN, car ainsi « l'Occident se proposerait de semer encore une fois la destruction en Russie ». Et Pearson lui aurait répondu qu'il s'agissait là d'une alliance défensive. [1]

Après cette entrevue exclusive, les deux journalistes sont conduits dans une suite assez somptueuse au rez-de-chaussée de la Datcha. René Lévesque, avant le dîner, décide d'aller se baigner dans la mer Noire. Bon nageur, cela lui permettrait à son retour au Québec de taquiner ses amis et d'affirmer qu'il s'était baigné « au chalet d'été de Krouchtchev ». Mais il vient près d'y laisser sa peau. « Je suis allé me baigner, raconte-t-il, et j'ai failli me noyer, parce que je ne connaissais pas les courants de la mer Noire. Je me suis écorché en revenant, parce que c'est un promontoire et le courant m'emportait. C'est comme la Méditerranée, c'est de l'eau idéale. Et je me pensais bon. À un moment donné, j'ai bien failli ne pas revenir. J'ai été obligé de faire le tour du promontoire à la nage, parce que je n'étais plus capable de rentrer. Alors quand j'ai eu fini cet épuisant marathon à moi tout seul — tu sais, je voulais me baigner dans la mer Noire chez Krouchtchev, mais il ne faut quand même pas exagérer — je me suis ramassé dans la vodka et le champagne avec Needham, puis on a fini la soirée bien tranquilles. Mais, vers la fin de la soirée, on entendait vers minuit, une heure — et la tuyauterie russe n'est pas particulièrement la meilleure au monde; elle fait du bruit — on entendait des cabinets marcher à l'étage supérieur où Pearson, Crépault et Ignatieff avaient pris le souper avec Krouchtchev et son groupe et où, théoriquement, ils avaient discuté de politique. Après tout, ils s'étaient rencontrés pour ça. Puis les cabinets marchaient et ça faisait un bruit de tuyauterie du tonnerre pendant une heure, une heure et demie. Nous, qui avions bien bu et bien mangé, écoutions ça en se disant: « Qu'est-ce qui se passe en haut, pour l'amour

---

1. *Le Devoir*, 13 octobre 1955.

du bon Dieu? » Et le lendemain matin, quand est venu le moment de se retrouver pour partir, nos éminents personnages, Pearson en tête, sont descendus blancs comme des draps, maganés, littéralement écrasés par un gros party le lendemain de la veille. Ça fait qu'on a fini par savoir l'histoire; ils n'étaient pas brillants personne et ils n'en étaient pas fiers. C'est que Krouchtchev n'avait pas plus envie que ça de parler de politique. Il avait fait son interview et il les avait engueulés. Ils ont placoté un peu, mais ils ont surtout bu. Là, les Russes avaient vu Ignatieff et ils l'avaient repéré en se disant: « Ce Russe dégénéré, on va bien voir qui va rouler en dessous de la table. » Et Krouchtchev avait un côté habitant effrayant. Alors apparemment, comme ils font souvent en Russie, les trois quarts du repas étaient des toasts. Puis les Russes ont inventé tous les toasts possibles et imaginables, jusqu'à, probablement, les toasts à la santé de la reine Elizabeth. Toast à ci, toast à ça. Et, chaque fois, il faut que tu vides ton verre. Finalement ils les ont rendus malades comme il faut et nos trois Canadiens avaient l'air de trois cadavres le lendemain matin. Et Pearson n'a jamais trop trop voulu parler de cette soirée-là. » [1]

Lus dans cette perspective, les comptes rendus de l'agence Reuters deviennent amusants. « Mardi soir, M. Pearson a banqueté avec le premier ministre Boulganine et le chef du parti communiste, Nikita Krouchtchev, en Crimée. Un porte-parole de l'ambassade canadienne a dit qu'ils ont tenu *une discussion générale*. » [2] Quant à Pearson, il fera observer, le 13 octobre, à Karachi, que « les conversations avaient été très franches, d'un côté comme de l'autre, mais utiles ». Il s'est dit d'avis que « M. Krouchtchev avait vraiment exprimé le fond de sa pensée ». [3] Boulganine, pour sa part, « qui assistait à l'entretien, a très peu participé à la conversation, mais il a levé son verre à la santé de M. Saint-Laurent ».

À son retour de Russie, René Lévesque reçoit un grand nombre de demandes de clubs sociaux, d'étudiants ou de groupes féminins. On aimerait connaître ses impressions sur ce pays « combien galvaudé » dans la presse québécoise et canadienne. Beaucoup n'en sont restés qu'au procès du cardinal hongrois Mindszenty, condamné en février 49 à la prison à perpétuité. Lévesque accepte souvent les invitations et s'attache à détruire cette image d'une Russie étouffante.

---

1. Entrevue avec René Lévesque, 9 mai 1973.
2. *Le Devoir*, 12 octobre 1955.
3. *Ibid.*, 14 octobre 1955.

On lui demande: « La Russie, est-ce bien celle que la radio et les livres nous font imaginer? » Il répond: « Pas du tout. Du moins, en ce qui concerne la surveillance, les mauvais traitements, la nourriture. Dans les villes où nous sommes allés, tout nous était ouvert. Personne ne nous suivait. On peut photographier, causer russe si l'on parle russe ou anglais si on rencontre des Russes parlant anglais. Des gens malheureux, misérables? Pas plus qu'ailleurs. » [1]

Mais les réactions ne tardent pas. Les grenouilles de bénitiers s'émeuvent. « Pensez donc! commente Louis Mercure. Revenir de Russie et ne pas parler de la misère des habitants, des camps de concentration, de la persécution religieuse. M. Lévesque a affirmé que les Russes semblaient bien vêtus, bien nourris. Il prétend même être allé à la messe dans une église à Moscou, alors que tout le monde sait fort bien, etc., etc. » [2] Le vicaire de la paroisse Saint-Jean-de-la-Croix à Montréal, l'abbé Ouellette, va plus loin. Dans un bulletin « familial », il reproduit les demandes récentes de prières faites par différents paroissiens. Après un athée, une alcoolique, un couple communiste et « un entêté qui ne fait pas de religion depuis 25 ans », on y recommande « la conversion de Gérard Pelletier, René Lévesque et Jacques Hébert ». [3]

Mais Lévesque poursuit son boulot. C'est Carrefour tous les soirs avec les Jasmin, Ducharme et Languirand. Bientôt, Andréanne Lafond et Wilfrid Lemoyne les y rejoignent. En 1956, Guy Mollet, premier ministre français, vient au Québec. Après avoir accordé une entrevue à René Lévesque, l'homme d'État garde une forte impression du journaliste québécois. Il aurait affirmé avoir rencontré là « le journaliste le plus intelligent ». [4] Les reportages de Lévesque sont transmis tout aussi bien à la télévision qu'à la radio et les critiques lui sont favorables. « Les reportages radiophoniques de René Lévesque, écrit Roland Lorrain, sont remarquables de tact, de vigueur dans la pondération et d'accent humain constant. Celui de vendredi le 27, sur la visite à Montréal de l'abbé Pierre, était d'une réalisation habilement agencée, tirant une vie émouvante de l'alternance de la voix de l'abbé Pierre avec celle de René Lévesque qui faisait des

1. Renald Savoie, « Un espion du Canada en Russie », Vrai, 12 novembre 1955.
2. « Les grenouilles de bénitier contre René Lévesque », Vrai, 26 novembre 1955.
3. Vrai, 28 avril 1956.
4. M.N., « René Lévesque, un dynamo humain! », Nouvelles et Potins, 1er juin 1956.

commentaires personnels où s'esquissait une pensée prudente, mais assez courageuse. Cela est déjà remarquable en cette province du pieux bâillon. » [1]

Pour Jean Leduc, Lévesque est l'inventeur du reportage à Radio-Canada. « Puis, enfin, écrit-il, René Lévesque arriva. C'est trop peu dire qu'il n'avait jamais fait le métier d'annonceur; je ne le crois pas le moins du monde doué pour cette fonction. Mais son expérience au Service international de Radio-Canada, où il s'agissait de renseigner les pays étrangers sur l'actualité canadienne, lui avait permis d'apprendre un métier et de se créer un style, le métier de reporter et le style du reportage radiophonique. Il y eut donc les programmes spéciaux, les reportages d'abord occasionnels, puis réguliers, Carrefour à la radio, Carrefour à la télévision, l'U.R.S.S., etc. Non seulement le public mordit à la formule dès son apparition sur les ondes mais il ne s'en déprit jamais dans la suite. Et tout en travaillant, Lévesque créait un besoin nouveau: celui de programmes qui, non contents de servir la nouvelle, couvrît l'actualité, c'est-à-dire l'explorât en profondeur. » [2]

Renald Savoie est fort élogieux. « Il est un personnage indispensable, dit-il, dans une Société qui a une mission éducative; il est ce radiographe qui vous photographie clairement une idée, le bistouri qui met à nu cette idée et cette main habile qui recoud ensemble les parties sectionnées d'une idée. René Lévesque est un chirurgien de la pensée. Violent, habile et direct, il a peu d'égal pour vous circonscrire un problème et lui donner une solution. Je connais peu de sujets, peu de problèmes sur lesquels il ne peut donner une opinion juste, voire précise. Le sport, la philosophie, la gastronomie ou les questions sociales sont des sujets sur lesquels il peut causer avec facilité, esprit, humour et élégance. Tout semble simple à ce diable d'homme. Il n'est pas de reporters plus compétents, d'animateurs plus intéressants. Mal servi par une voix usée, il sait quand même s'attacher les auditeurs de tous les milieux et de tous les âges. Carrefour et Conférence de Presse nous ont fait goûter son esprit subtil; Les aventures de Max Fuch nous montrent son érudition. » [3]

---

1. Vrai, 11 juin 1956.
2. Vrai, 25 février 1956.
3. Ibid., 3 mars 1956.

Et vint Point de Mire . . .

Au cours de l'hiver, en 1956, la rumeur veut que René Lévesque donne sa démission à la direction de Radio-Canada. Le 18 février de la même année, l'hebdomadaire *Vrai* confirme ces bruits. « L'affaire mijotait depuis assez longtemps, y écrit-on, mais elle est aujourd'hui officielle. Il est maintenant connu de tous ou à peu près que René Lévesque, l'excellent radio-reporter de Radio-Canada, a remis sa démission à la direction de la radio d'État. Qu'est-ce à dire? On ne verrait donc plus M. Lévesque à la télévision? Pas nécessairement. Ceci ne veut aucunement signifier qu'une démission est une mise au ban. Jusqu'à la semaine dernière, René Lévesque était employé de Radio-Canada. C'est-à-dire qu'entre autres choses (!) il avait un salaire fixe et hebdomadaire. Depuis sa démission, il est devenu *Free Lance*, c'est-à-dire qu'il est libre de disposer de son talent pour le commanditaire qu'il voudra. Il n'est donc pas dit que Radio-Canada n'engagera pas le *Free Lance* Lévesque pour telle ou telle émission, Carrefour ou Conférence de Presse, par exemple. René Lévesque aura certes plus de latitude et il est possible que sa démission l'avantage beaucoup. Il est certain qu'au simple point de vue rétribution, on connaît les cas d'illustres incompétents qui réalisaient le double du salaire du reporter. On a beau dire que l'argent est un sujet fort oiseux, mais c'est là que trop souvent naît l'injustice. »

René Lévesque, pigiste. Pourquoi? Le besoin d'avoir les coudées franches? Un salaire plus élevé? Pourquoi? René Lévesque répond: « En fait, moi, j'étais vraiment marié avec mon métier. Tu sais, j'aimais ça beaucoup. Et puis ça me donnait une ouverture que je n'avais jamais eue. On avait fait le test de la télévision depuis 1952, à travers des petites émissions, ensuite Carrefour, ensuite des séries spéciales. Et puis, à mon humble avis, il y avait un manque. À la fin de la saison 54-55, avant qu'on prépare l'autre, j'ai commencé à discuter de ça, entre autres avec Roger Rolland qui était, je pense, un des hommes clés de la programmation à ce moment-là au réseau français, de la possibilité d'une émission spécialement orientée sur l'actualité. Et il s'agissait de la définir. C'est devenu Point de Mire. J'ai passé pas mal de semaines à essayer de mettre au point la formule avec Claude Sylvestre qui était le réalisateur. Finalement la formule a été acceptée. À ce moment-là, je me suis dit que si on concevait une émission, alors que le régime de *Free Lance* commençait à être accepté, ça me laisserait beaucoup plus libre non seulement pour faire autre chose, mais aussi pour faire ça. J'étais chef du service des reportages. Et le statut de pigiste me permettait de me libérer de ce poste et surtout de toute la partie administrative que cela signifiait. Ce nouveau statut me permettait d'administrer mon émission et de me laisser libre pour le reste. Je me suis aperçu, cependant, que je n'étais pas tellement libre, parce que nous faisions jusqu'à 80 heures par semaine pour la préparer le mieux possible. Alors je pense que c'est essentiellement pour des raisons de concentration exclusive sur quelque chose. En plus, bien forcément, c'était payant. Le fait est que c'était aussi payant que la politique, à son meilleur. Je dirais même plus. » [1]

Point de Mire. Le mot est lâché! Et le feu vert est donné. Pour beaucoup, il s'agira là de l'émission la plus « soignée » de Radio-Canada. Elle est assurément la plus célèbre émission d'affaires publiques. Pour René Lévesque, il s'agit d'« une émission d'information, mais centrée sur l'actualité la plus immédiate, sur un événement de la semaine ». [2] La « première » a lieu le dimanche soir, 4 novembre 1956. Dans leur publicité, l'équipe de Point de Mire et Radio-Canada sont prudents. On y affirme que « René Lévesque se propose de faire une étude approfondie de l'événement qui, pendant la semaine, se sera imposé à l'attention du monde sur le plan de la nouvelle internationale ».

La première émission, à 23h, fait pâlir d'envie le réalisateur du Téléjournal de 22h30. Malgré l'heure tardive, c'est le succès. Un critique écrit: « Pour sa première émission, René Lévesque a choisi de nous faire un résumé de la crise de Suez, résumé qui était une manière de chef-d'œuvre. Une manière de chef-d'œuvre parce que René Lévesque ne fait pas des chefs-d'œuvre à la façon de tout le monde. Des idées qui viennent à la course, de l'esprit à la dérobade, des mots désordonnés mais en apparence seulement, une façon d'aller au cœur du problème en l'éclaircissant tout le tour, voilà René Lévesque tout entier et tel il était dimanche soir. Cet homme, a dit quelqu'un, est toujours à son meilleur. » [3]

Au fil des semaines, l'émission se poursuit, toujours égale à la première. On s'attache bien à décrire la personnalité de l'animateur, « une voix blessée, un regard bleu qui scrute votre pensée, un geste vif qui scande un flot d'idées, des cheveux épars, une cigarette, vingt

1. Entrevue avec René Lévesque, 9 mai 1973.
2. Le Droit, 10 juillet 1957.
3. Jean-Marc Rigaud, Vrai, 10 novembre 1956.

Un journaliste bien informé. À l'époque de « Point de Mire » nombreux étaient ceux qui pensaient que René Lévesque se contentait d'improviser sur un thème. Ils ne soupçonnaient pas les sommes énormes de travail de documentation que cette émission comportait.

cigarettes », mais peu soulignent la somme de travail exigé de ceux qui font l'émission. Fernand Benoit, dans un long article, a décrit les « 80 heures de boulot » dont parlait René Lévesque.

Il y a d'abord les pré-requis. Lorsque le sujet est choisi, Lévesque déchiffre et interprète la carte géographique concernée: cadre physique, contraintes climatiques, frontières politiques. Il y ajoute les notions essentielles d'histoire et d'économie. Le lundi et le mardi, l'animateur lit les journaux et les revues avec une attention particulière. Il s'agit de discerner dans l'actualité les événements majeurs qui menacent de remettre en question le cours des choses. « Cette semaine-là, des élections importantes se préparaient au Nigeria et vingt bateaux s'apprêtaient à inaugurer la nouvelle Voie maritime du Saint-Laurent. Quel sujet choisir? À la cinémathèque de Radio-Canada, on monte sur deux bobines différentes tout le matériel filmé concernant l'Afrique noire et la canalisation du Saint-Laurent. » Mercredi après-midi, René Lévesque hésite entre les deux sujets. La canalisation est un phénomène économique important, mais, depuis cinq ans, tout le monde en parle, tandis que le Nigeria . . .

« Mais le temps presse! À son bureau de réalisateur, Claude Sylvestre attend le coup de fil décisif. Téléphone: ce sera la canalisation. Aussitôt, René Paré, dessinateur à la section des Graphiques, est prévenu. Il consulte les atlas sous l'œil d'un René Lévesque qui voit déjà dans sa tête les lieux précis des différentes écluses. » Puis, Lévesque retourne à la bibliothèque de Radio-Canada. De point de repère en point de repère, il remonte le temps, ce qui lui permet de retracer l'histoire de la canalisation du Saint-Laurent. Il accumule les dates, compare les déclarations officielles et établit des liens logiques entre les événements.

René Lévesque, dans ses reportages, a toujours procédé ainsi. Il reconstitue le casse-tête et les pièces choisies sont assez évidentes pour parler par elles-mêmes. Cela lui évite d'intervenir constamment pour porter des jugements et laisse l'auditeur poser le diagnostic. L'art de René Lévesque se trouve donc dans le choix des pièces, leur présentation et leur assemblage.

Le samedi, il faut visionner le matériel filmé. En compagnie de Claude Sylvestre, le réalisateur, Lévesque établit le choix des films susceptibles d'illustrer le mieux ses commentaires. Puis le réalisateur s'enferme dans une salle de montage pour le reste de la journée, alors que l'animateur retourne jeter un dernier coup d'œil à la préparation des cartes. Pour lui, non seulement les cartes doivent être

Décembre 1956. René Lévesque en train de préparer l'une des émissions de « Point de Mire » en compagnie de Claude Sylvestre et d'une assistante.

claires et précises, mais il devra les utiliser de la manière la plus vivante possible. « C'est ainsi, par exemple, que Lévesque inscrit lui-même sur la carte, durant l'émission, certains noms et certains chiffres. La raison en est simple: le téléspectateur est naturellement distrait. Le temps d'allumer une cigarette et il perd un chiffre ou une date importante pour la compréhension d'un événement. Or, si le téléspectateur est distrait, le moindre mouvement attire son attention. C'est pourquoi René Lévesque inscrit lui-même sur la carte les chiffres ou les noms importants: le téléspectateur a tendance à suivre le mouvement de sa main. »

À 11 heures du soir, Sylvestre quitte la salle de montage, car les films sont prêts, et Lévesque, la bibliothèque, l'air un brin pessimiste. Il a accumulé suffisamment de notes pour prononcer une conférence de trois heures. Le lendemain matin, à quelques heures de la diffusion, « c'est la compression du cerveau ». Il faut raturer, élaguer, simplifier, schématiser. Six heures plus tard, mission accomplie. « Répétition générale: le réalisateur indique les cues, c'est-à-dire les endroits où Lévesque devra cesser de parler pour laisser paraître les illustrations filmées. La script-assistante, Rita Martel, calcule, chronomètre en main. La répétition est terminée: elle a duré 42 minutes. Il faut encore couper dans les notes. Il faut encore sacrifier des faits importants, des parallèles significatifs. René Lévesque s'avoue vaincu: impossible de couper. Il y a trop de choses importantes à dire. Le réalisateur se résigne: une séquence filmée sautera! Tant pis ou tant mieux, l'émission se déroule sans anicroche. Sur un plan trop substantiel, René Lévesque improvise des phrases simples, claires, imagées. D'un amas d'informations, il parvient à dégager les lignes essentielles, à dresser un bilan, à établir une synthèse ... » [1]

En 1957, René Lévesque remporte le Prix du journalisme décerné par la Société Saint-Jean Baptiste. Point de Mire y est pour beaucoup. Il sonde l'opinion parisienne à l'aube de la Ve République et commente les incidents de Formose. Il interprète les statistiques fédérales sur le chômage et donne un compte rendu des élections présidentielles américaines. Il espère ainsi éduquer et informer. En décembre 56, on lui demande s'il existe des moyens de canaliser l'opinion publique canadienne et d'en faire un facteur efficace dans l'orientation de la politique gouvernementale et s'il entrevoit des moyens qui n'aient pas encore été employés pour faire de la volonté populaire un élément déterminant de la vie politique canadienne. Il répond: « Le mot *canaliser* m'horripile, autant vous le dire tout de suite; je m'y vois comme un gentil petit mouton qu'on mène, dans un flot d'autres moutons tous pareils et même pas bêlants, pour le tondre. Pour mon humble part, je crois que l'opinion publique

---

1. Fernand Benoit, « Point de Mire ou l'art de cerner l'actualité », *La semaine à Radio-Canada*, 23 mai 1959.

Décembre 1956. Une ultime vérification avant d'affronter les caméras, à l'émission « Point de Mire ».

avertie et toujours aux aguets est évidemment un phénomène collectif, mais qui ne peut jouer à fond et utilement que chez un peuple d'individualistes enragés: un plus un ... À condition que ces unités vivantes et raisonnantes arrivent tout de même, par quelque mystérieuse communion, à se trouver d'accord sur certaines choses fondamentales. Le plus pressant ne serait-il pas de prêcher sans cesse — et de pratiquer aussi — l'instruction toujours plus poussée et l'infor-

*Au temps
de « Point
de Mire ».
Un micro,
un crayon,
une brosse
pour le
tableau noir,
beaucoup
de cigarettes,
une voix voilée
mais prenante:
c'était le
« professeur »
de
« Point de Mire ».*

mation la plus honnête possible, car il faut d'abord savoir. Et puis l'emploi tout simple de cette intelligence dont le propre est de choisir une fois qu'elle sait ce dont il s'agit. Nous ne sommes pas du bétail, nous sommes des hommes libres. Du moins, on se tue à nous le dire. Si on faisait semblant de croire que c'est vrai. Juste pour voir. » [1]

Pour tous les critiques, Lévesque réussit à merveille son travail d'éducation et d'information. André Laurendeau dira de lui qu'il

1. *Vrai,* 15 décembre 1956.

Mars 1957. La Société Saint-Jean Baptiste remet à René Lévesque le Prix du journalisme 1957. De gauche à droite: Me Raymond Dupuis, président de la Chambre de commerce du Canada, M. Paul Guertin, nouveau président de la SSJB, M. Lévesque et M. F.-Eugène Therrien, président sortant de l'association nationaliste.

s'agit « incontestablement du meilleur *soliste* de la télévision ». Roger Brien croit qu'il est « un des plus brillants et des plus personnels commentateurs de la télévision ». [1] Pour Gilles Hénault, « ce petit homme à la voix éraillée, au geste à l'emporte-pièce, a quelque chose du professeur, du crieur à l'encan et du magicien. Pendant une demi-heure, il nous donne à voir suffisamment d'images, il ramasse et vulgarise une matière d'information tellement abondante que le téléspectateur le moins renseigné peut, au bout de ces trente minutes, se faire une opinion sur le sujet traité. » [2] Jean-Marc Rigaud affirme

1. *Revue de l'Institut Pie XI*, 17 novembre 1956.
2. *Le Journal des Vedettes*, 9 juin 1957.

que René Lévesque cherche, avant tout, « à nous rendre une chose familière, que cette chose soit une grève, un mouvement de troupe ou le bris d'une frontière stratégique. Et, ajoute-t-il, il y parvient presque toujours grâce à un métier qui n'a pas d'égal. » [1] Roger Brien est sidéré. Il sent le besoin d'y revenir. « Cette émission, écrit-il, passionne tous les téléspectateurs. René Lévesque a su se gagner l'attachement et l'admiration de tous par son intense vie, son intelligence. Il a bien mérité d'être reconnu comme *l'as des commentateurs à la radio et à la télé*. Avec quel esprit ouvert et indépendant aborde-t-il tous les problèmes internationaux comme nationaux. » [2] Une semaine plus tard, il insiste: « Il est devenu inutile de faire l'éloge de cette émission et de son commentateur . . . Chaque émission est égale à la précédente, et Lévesque se renouvelle constamment avec un sens de la vie, de l'adaptation que la plupart des artistes et des commentateurs pourraient lui envier. » [3] Brien est gagné. Une troisième fois en moins de deux mois, il commente Point de Mire: « Chaque émission est un bijou de finesse. Mais la dernière sur la France a été merveilleuse. Rarement avons-nous vu brosser pareil tableau des Français, avec le pour et le contre, oui, une parfaite objectivité où le grand attachement de Lévesque à la France est patent, ce qui ne l'empêche point de déceler les faiblesses de la France actuelle. » [4] Celle qui lui succède à la revue, Martine Lefebvre, ajoutera: « Point de Mire demeure une formule exceptionnelle. On peut ne pas être d'accord avec les opinions de René Lévesque, mais il faut en toute justice reconnaître son talent et admirer l'art avec lequel il sait, dans un temps record, expliquer les éléments d'un problème dense et compliqué et toujours de la façon la plus vivante. » [5]

Au sujet de Point de Mire, le moins que l'on puisse dire, c'est que les critiques tendent à une certaine unanimité. Gérard Bergeron résume ce que fut cette période dans la vie de René Lévesque. « C'est Point de Mire à la télévision qui lui permet d'accéder au vedettariat. Mais d'emblée: il est prêt certes, puisqu'il tiendra trois ans; mais aussi quelle veine! Le soir de la première, c'est le dernier dimanche d'octobre 1956, après cette semaine sanglante du déclen-

1. *Vrai*, 8 juin 1957.
2. *Revue de l'Institut Pie XI*, 5 octobre 1957.
3. *Ibid.*, 12 octobre 1957.
4. *Ibid.*, 30 novembre 1957.
5. *Ibid.*, 10 mai 1958.

chement des crises jumelles de Hongrie et de Suez. Un *rating* à 100%: Excellent reporter (don de la formule pour décrire les ambiances), piètre interviewer (questions trop longues et parfois insidieusement provocantes), il affirme maintenant des dons de génial vulgarisateur. Il est celui qui, de semaine en semaine, rend compréhensible à tous ce qui est malaisément intelligible aux spécialistes. Il sait expliquer. Expliquer avant que d'interpréter. Interpréter sans pouvoir conclure: rapport à la sacro-sainte *objectivité* de Radio-Canada. Mais les clés de la conclusion sont dans la position du problème — comme dans tout problème bien posé... Tout le monde y trouve son compte: intellectuels renseignés et spécialistes comme les *non-instruits* et les non-intéressés (jusque-là) de tous âges, de toutes classes. Phénomène assez inouï: sans préparation universitaire appropriée, rien qu'avec les services de la bibliothèque de McGill à côté, le *cerveau Lévesque* détecte et enregistre, à travers une masse d'informations incohérentes, les composantes essentielles, les paramètres et variables (sans, bien sûr, se servir de ce jargon dit *scientifique!*) de toutes espèces de crise. Il travaille en artisan, avec la farouche indépendance du *lone wolf* qu'il est et sera sans doute toujours d'instinct. Davantage, il est lui-même un défi intégral aux règles du genre: pas de voix, *pas d'allure*, des tics à la pelle, fumant comme une locomotive s'enrageant de ne pas partir, des *phrases longues comme ça* et tressées d'invraisemblables associations d'idées, et, avec tout cela, réhabilitant la valeur pédagogique du bon vieux tableau noir! Mais tout le monde a compris... Ça ne s'est jamais vu et ne se verra probablement jamais en aucune télévision au monde. C'est une nouvelle réussite *tribale*, mais avec un outil cent fois plus puissant et souple que celui dont Louis Francœur, que Lévesque admirait tant, disposait quelque vingt années auparavant. Disons-le en passant, ce que Lévesque fit dans ces conditions pendant trois ans tient du coup de force. » [1]

La guerre de Corée avait fait connaître René Lévesque; Point de Mire devait le consacrer vedette. Peut-être devra-t-on voir un jour dans le succès de cette émission les premiers éveils politiques d'une population sur le point de vivre une « révolution tranquille ». Voyons ce qu'il reste de cette expérience chez l'animateur de l'émission, 14 années plus tard. « Personnellement, nous confie René Lévesque, c'est un des emplois que j'ai trouvés le plus satisfaisants. Et

---

1. *Ne bougez plus! Portraits de 40 de nos politiciens*, Éd. du Jour, 1968, pp. 149-150.

j'étais loin d'en être tanné, mais ce fut bloqué brutalement par la grève, puis ensuite il a fallu changer le fusil d'épaule. Il y a une chose surtout qui me revient encore aujourd'hui — parfois je rencontre des gens qui me disent que c'était vrai — c'est que ça rejoignait... On travaillait fort, par exemple, parce qu'il s'agissait de simplifier, de résumer, d'illustrer, sans fausser quand même, un sujet qui était souvent très très vaste chaque semaine. Et une demi-heure, parfois une heure, ce n'est pas bien long pour faire ça. Et ça rejoignait, mais il faut croire qu'on avait réussi à trouver la *touch*. Des gens des milieux populaires disaient et disent encore parfois: « Ça nous a permis de suivre l'actualité internationale même. » Parce qu'on avait besoin d'ouvrir des fenêtres, car on était un peu isolé ici. Puis la télévision doit servir à ça aussi. Et j'ai l'impression qu'on a réussi, parce qu'on avait un maudit bon *rating*, comme on dit dans le jargon. Et c'est peut-être ça qui m'a le plus frappé, même qui me revient encore dans les remarques de gens qui se souviennent. » [1]

Mais Point de Mire comme toutes les autres émissions régulières devaient connaître un temps d'arrêt à compter du 29 décembre 1958.

L'intermède des réalisateurs

« Ce jour-là, à cinq heures moins quart de l'après-midi, dans le hall de l'ancien hôtel Ford, rue Dorchester, Fernand Quirion, le grand garçon placide et réfléchi qui dirige *Les belles histoires des pays d'En-Haut*, nous annonçait d'une voix blanche: « Ça y est, on est en grève. » Il y avait plus de trois semaines que se déroulaient des assemblées entre ses confrères (74 réalisateurs de la TV française de Montréal) et leurs patrons, en particulier messieurs André Ouimet, directeur du poste clef du réseau français, et Gérard Lamarche. Assemblées au cours desquelles n'avait fait que se confirmer et se durcir de jour en jour cette lourdeur paternaliste qui est l'un des caractères les plus frappants de la hiérarchie radio-canadienne, et que connaissent tous ceux qui l'ont approchée. » [2]

C'est René Lévesque qui parle et il n'est pas tendre à l'endroit de Radio-Canada. « C'est une structure, dit-il, à la fois rigide et flasque, qui permet aux indécis de pratiquer leur vie durant le petit

---

1. Entrevue avec René Lévesque, 9 mai 1973.
2. *Le Devoir*, 22 janvier 1959.

jeu que les Anglo-Saxons appellent *pass the buck* et aux ambitieux ou aux autoritaires d'élargir et de consolider aux dépens des autres de petits empires où leurs moindres caprices deviennent comme loi divine. » [1]

Donc, le 29 décembre 1958, les réalisateurs à l'emploi de la société d'État débrayent. Pourquoi? Essentiellement, semble-t-il, parce que la direction de Radio-Canada refuse de reconnaître ce syndicat de cadres, invoquant le fait que les réalisateurs avaient toujours été considérés comme faisant partie de la direction.

Au départ, les positions sont bien arrêtées. Les réalisateurs obtiennent le soir même l'appui de 2,000 autres syndiqués: machinistes, maquilleuses, costumiers, employés de bureau, artistes, exécutants et auteurs. La Direction affirme que les réalisateurs font partie de la direction et ne peuvent donc s'unir contre ce dont ils font partie. Mais on est confiant; la grève ne durera assurément que quelques jours.

Le lendemain, 30 décembre, les négociations reprennent. Mais les réalisateurs ne cèdent pas; ils exigent la reconnaissance de leur droit d'association et celle de leur groupement comme agent négociateur des réalisateurs auprès de Radio-Canada. De plus, ils demandent la promesse formelle de la Direction de la Société de ne pas user de représailles contre les participants au mouvement et à la grève des réalisateurs. Pendant ce temps, le président de l'Union des Artistes, Jean Duceppe, affirme que son groupement respecte et respectera les lignes de piquetage.

Cette grève a pour conséquence de chambarder passablement l'horaire de la télévision. Toutes les émissions en direct, par exemple, disparaissent. On offre des longs métrages ou des documentaires aux téléspectateurs. À la radio, on ne diffuse que quelques bulletins de nouvelles et de la musique.

Le quotidien montréalais *Le Devoir* se montre vite sympathique aux grévistes. Ainsi, le 31 décembre, André Laurendeau, après avoir dénoncé les conditions de travail des réalisateurs, écrit: « À moins que le travail ne change un peu de nature ou que le rythme de la production ne baisse, on imagine difficilement que dans une pareille atmosphère des employés puissent tout doucement vieillir sous le harnais. » Cet appui s'avérera très important pour les grévistes. Non

---

1. *Ibid.*

seulement sympathique, le quotidien ira même jusqu'à ouvrir abondamment ses colonnes aux employés de Radio-Canada.

Et le piquetage devant les studios de la rue Dorchester se poursuit. Parmi les réalisateurs, on reconnaît Fernand Quirion, Claude Sylvestre, Gilles Sénécal, Guy Beaulne, Guy Leduc, Jacques Blouin, Louis-Georges Carrier et plusieurs autres.

Le 5 janvier 1959, la Direction de Radio-Canada, lors d'un bulletin spécial sur les ondes de la télévision, ordonne à tous ses syndiqués, soit tous ceux qui appuient les réalisateurs, de retourner au travail. Mais ceux-ci ne se laissent pas intimider.

Le chroniqueur de la radio et de la télévision du *Devoir*, Jean Hamelin, écrit, le 6 janvier: « Par leur ténacité à défendre un principe juste, le droit d'association, les réalisateurs de Radio-Canada se sont acquis l'estime de tous ceux qui auraient pu, jusqu'ici, douter de l'importance de leur rôle. Par leur solidarité professionnelle, les artistes et les techniciens ont également fait preuve d'un bel esprit de corps. » Le lendemain, dans une lettre remise à la presse, 66 vedettes de la radio et de la télévision, comédiens, auteurs et animateurs, blâment la Direction de Radio-Canada et accordent sans conditions leur appui aux réalisateurs. Au nombre des signataires, on trouve René Lévesque.

C'est la première fois depuis le début de la grève des réalisateurs qu'on revoit le nom de René Lévesque dans les journaux. Loin de nous l'idée de faire graviter la grève autour du journaliste de Point de Mire. D'abord parce que la grève de Radio-Canada fut celle de tout un groupe de camarades qui découvrent une nouvelle solidarité; et ensuite parce que des réalisateurs comme Quirion, Fugère et Sylvestre, ou encore Jean Duceppe et Jean-Louis Roux, ce dernier président de la Société des Auteurs, feront la manchette des journaux aussi souvent que René Lévesque. Mais il s'agit de voir le rôle de René Lévesque lors de cette grève.

Le 8 janvier, les réalisateurs de Radio-Canada font appel pour la première fois au premier ministre canadien, John Diefenbaker, et à son ministre du Travail, Michael Starr. On leur demande d'intervenir dans le conflit, car les négociations sont au point mort. Les deux hommes politiques demeurent muets comme des carpes. Et *Le Devoir* écrit: « On ne se cachait pas pour dire, au ministère du Travail, que, l'Association des réalisateurs n'ayant pas d'existence légale, le ministre (du Travail) et ses subordonnés étaient incapables d'agir. » [1] Pour l'instant, bien peu interprètent ce refus d'intervenir comme étant le fruit de la mauvaise volonté.

Après 11 jours de grève, les 1,600 employés syndiqués de Radio-Canada tiennent une assemblée spéciale. Ils réitèrent leur appui aux réalisateurs et affirment qu'ils continueront de respecter les lignes de piquetage. Mais certains syndiqués s'essoufflent. « Bien que la réunion se soit déroulée à huis clos, rapporte *Le Devoir*, on croit savoir qu'un vif débat a précédé la mise aux voix de la résolution contre laquelle certains artistes connus s'étaient inscrits en faux. L'intervention de MM. Jean Duceppe, président, René Lévesque, Jean-Louis Roux et de Mme Denise Pelletier a vivement impressionné, semble-t-il, ceux des membres qui hésitaient à appuyer les grévistes. Mais ces derniers, a-t-on appris, ne constituaient qu'une petite fraction des personnes présentes. » [2]

Les syndiqués ne se contentent pas de réitérer leur appui. Ils décident de préparer un vaste spectacle pour aider les moins fortunés d'entre eux. Aussi, à compter du 12 janvier, et pour trois mois, « Difficultés temporaires » tient l'affiche de la Comédie canadienne. René Lévesque est parmi les 50 artistes chargés de la préparation et de la présentation de ce spectacle. Et, après la première représentation, Jean Hamelin du *Devoir* écrira: « Le triomphateur de cette soirée fut sans aucun doute René Lévesque qui reçut une ovation formidable à son entrée en scène et dont le *Point de Mire* très honnêtement et très vigoureusement exposé pendant près d'une demi-heure souleva une véritable tempête d'applaudissements et de bravos. Personnalité marquante de la télévision dans un domaine où rien n'est fait pour capter les flatteries du public, René Lévesque a pu constater, s'il ne le savait déjà, que sa présence à la télévision est suivie par un public beaucoup plus vaste qu'on serait porté à le croire. C'est une toute petite partie de ce public qu'il a éveillée à la discussion et à l'étude de problèmes auxquels ce même public était étranger, qui lui a dit son amitié et son admiration d'une manière non équivoque. » [3]

Le 16 janvier, il y a rupture complète des négociations. Le gouvernement de John Diefenbaker continue de faire la sourde oreille et refuse d'intervenir. Serait-ce qu'il s'agirait là d'un conflit impliquant des « parlants français » et laissant indifférents les anglopho-

---

1. 10 janvier 1959.
2. *Ibid.*
3. 14 janvier 1959.

nes? André Laurendeau écrit: « Il arrive en fin de compte que le Canada français vit un conflit qui sera nécessairement résolu en dehors de lui: par des autorités qui dépendent du gouvernement central, sinon par le gouvernement central lui-même. Donc par des hommes qui font partie d'un milieu que le conflit ne rejoint pas profondément et sur lequel il est très difficile d'exercer une action efficace. (...) La réalité c'est que les deux milieux canadiens mènent chacun leur existence propre, que la crise de l'un n'atteint pas beaucoup l'autre, même dans les secteurs immédiatement voisins, même quand la solidarité syndicale devrait jouer, et que c'est dans ce milieu indifférent sinon hostile que la crise sera peut-être dénouée — parce qu'il constitue la majorité. (...) Nous constatons qu'avec leurs alliés québécois, pour sauver des institutions surtout québécoises, ils (les réalisateurs) n'arrivent pas à se faire entendre efficacement en dehors du Québec, où pourtant ils seront jugés. Et par conséquent on débouche une fois de plus sur la tragédie du milieu canadien-français, qui n'est pas maître de ses propres institutions et qui ne trouve pas en dehors de lui, aux époques de crise, la solidarité sur laquelle l'unité du Canada devrait être fondée. Il serait malsain de maintenir longtemps le Québec dans cette atmosphère. » [1]

Le mercredi matin, 21 janvier, a lieu au théâtre Orphéum une réunion générale des syndiqués à l'emploi de Radio-Canada et des artistes. Tous les orateurs maintiennent leur appui aux réalisateurs. Jean Duceppe et Jean-Louis Roux se disent assurés que les membres de leur syndicat ne franchiront pas les lignes de piquetage. René Lévesque, pour sa part, affirme qu'il existe à Radio-Canada un *family compact* qui est responsable de la situation présente. « Selon lui, M. André Ouimet, directeur de la télévision dans le Québec, n'occupe son poste que grâce à l'intervention de son frère, M. Alphonse Ouimet, président de la Société. Il a ajouté que MM. A. Ouimet et Clive McKee (ce dernier occupe un poste supérieur à Radio-Canada) se sont déjà signalés par une activité antisyndicale, notamment en formant l'ARTEC sur la base d'un syndicat de boutique. [2] Il va falloir agir sur le Parlement, a-t-il dit, car les directeurs de Radio-Canada sont en voie de ruiner la propriété publique. Pour

---

1. *Le Devoir*, 19 janvier 1959.
2. Sur les divers syndicats en présence, le lecteur aurait intérêt à consulter un texte de Jean-Louis Roux, *Radio-Canada 1959*, dans l'ouvrage *En Grève ! L'histoire de la C.S.N. et des luttes menées par ses militants de 1937 à 1963*, Éditions du Jour, 1963.

ma part, a conclu René Lévesque, je ne remettrai pas les pieds à Radio-Canada tant que le conflit n'aura pas été réglé de façon satisfaisante. » [1]

Gérard Bergeron, citant Bergson, parle de ce supplément d'âme qui devrait, dans cette société, combler un manque extrêmement grave: l'absence d'impatience et la disparition facile de l'indignation. Puis il enchaîne en affirmant que, durant sa carrière de journaliste, René Lévesque aura réprimé sa faculté d'impatience et d'indignation jusqu'à la grève des réalisateurs de Radio-Canada. [2] Mais, depuis le 29 décembre 1958, toujours selon Gérard Bergeron, un nouvel homme naît; ou plutôt, un homme qui n'a pas encore surgi émerge de l'ancien, plus intégralement authentique. Cette première sortie de René Lévesque, non dénuée de violence verbale, montre bien sa capacité d'impatience et d'indignation.

Le soir du 21 janvier 1959, à la Comédie canadienne, René Lévesque présente André Laurendeau à la foule. Le rédacteur en chef du *Devoir* lira un éditorial intitulé « Ottawa va-t-il laisser Radio-Canada saborder son réseau français? » dans lequel il réclame une intervention du gouvernement central. « Qu'il s'agisse d'une médiation, d'un arbitrage, d'une loi spéciale, dit-il, tout vaudra mieux que de s'en laver les mains. Nous osons croire qu'un conflit paralysant tout le réseau français de Radio-Canada — touchant par conséquent près du tiers des Canadiens et la totalité de ceux qui, au Canada, parlent français et payent des taxes — nous osons croire qu'un pareil conflit mérite une heure d'attention d'Ottawa et un geste efficace de conciliation de la part de l'autorité suprême. » [3]

Non seulement cet appel demeure sans réponse, mais, le lendemain, coup de tonnerre, la Direction de Radio-Canada remet à la presse un communiqué très important. Elle ne reconnaît plus l'Association des réalisateurs et cesse de traiter avec celle-ci. Elle enjoint aux 1,200 employés syndiqués de se présenter au travail sous peine de perdre leur emploi. Et elle entend rétablir le « service régulier » de la télévision « en recrutant le personnel nécessaire » et en « recommençant à zéro » l'œuvre édifiée depuis six ans. Il s'agit, à n'en pas douter, d'une tentative d'intimidation des syndiqués.

En fin d'après-midi, la Direction de Radio-Canada convoque une conférence de presse pour répondre aux questions des journa-

---

1. *Le Devoir*, 22 janvier 1959.
2. *Op. cit.*, p. 148.
3. *Le Devoir*, 22 janvier 1959.

listes. Michel Roy décrit l'atmosphère qui règne à cette conférence. « C'était une bataille rangée. On aurait dit un scénario rigoureusement réglé par les réalisateurs chevronnés d'un audacieux télé-théâtre. Une quarantaine de journalistes. D'épais nuages de fumée et plusieurs éclairs de magnésium. Des questions et des interpellations qui jaillissent de partout. Quelques défis. Deux langues officielles. Deux représentants de la Société, les plus agréables sans doute qu'on a pu trouver: MM. Marcel Carter, contrôleur de la gestion, et Ron Fraser, le typique *P.R.O.*, directeur national du service d'information et de publicité de la Société, venu tout droit d'Ottawa. Derrière eux, debout et placide, Jean-Jules Trudeau, directeur du même service à Montréal. Ils remettent le communiqué aux *boys* et, souriant, assis sur des chaises droites dans un salon étroit, attendent les questions. Nos confrères de langue anglaise ouvrent le feu. »

— Messieurs, on accuse la Société d'antisyndicalisme. Qu'avez-vous à répondre?

— La Société n'est pas antisyndicale. Cette accusation est absurde. Les relations qu'elle entretient avec les syndicats sont excellentes. . .

— Mais avec qui comptez-vous rétablir votre service?

— Nous serions heureux de reprendre nos réalisateurs et, naturellement, les artistes. Nous préférons évidemment garder nos employés.

Ici commence le malaise qui, jusqu'à la fin, grandira. Tour à tour, Ernest Pallascio-Morin (CKAC), Gérald Dany (Le Petit Journal), André Roche (Vedettes), Marc Thibeault (La Presse), quelques confrères de langue anglaise qui, provisoirement, renoncent à la froide impartialité des ennuyeux *briefings* et, tout au fond, cette silhouette familière, immobile, toute colère rentrée, René Lévesque. . .

Étonnement général. MM. Carter et Fraser consultent du regard l'imperturbable Jean-Jules Trudeau qui, avisé, attaque:

— Monsieur Lévesque représente-t-il ici un journal? Lequel, puis-je demander. . . « Le Monde », peut-être?

— Je représente l'Association des réalisateurs et, aussi, peut-être un peu les contribuables qui financent la Société. . . Puis-je poser la question à laquelle personne ne veut répondre, la question que nous voulons tous poser ici, la question que tout le public se pose en ce moment: de quelle manière la Société Radio-Canada entend-elle — si seulement elle entend quelque chose — rétablir ce qu'on appelle absurdement le service régulier de la télévision?

On bredouille une réponse. Mais René Lévesque insiste:

— Soyons sérieux et dites-nous avec quels réalisateurs, avec quels artistes, avec quels techniciens, avec quels journalistes vous rétablirez votre service?

— Cette question est à l'étude et les décisions seront annoncées en temps opportun par la Direction de la Société. [1]

Finalement cette conférence de presse n'aura apporté que bien peu d'éclaircissements. Les réalisateurs et leurs sympathisants ne se laisseront cependant pas intimider. La journée même de cette prise de position de la Société, une bruyante manifestation se tient devant l'édifice central de Radio-Canada, rue Dorchester. Le moral est bon.

René Lévesque publie dans *Le Devoir* un texte qu'il intitule « Nous ne rentrerons pas à quatre pattes! » Après avoir résumé l'attitude des membres de la Direction de Radio-Canada « qui attendent froidement que leur mauvaise foi soit bien camouflée par une débandade des grévistes, par un retour au travail à quatre pattes, qui transformerait automatiquement leur lourde bêtise et leur arrogance inébranlable en bon droit et en indiscutable génie, car, écrit-il, notre société humaine, à ce point de vue, n'a pas beaucoup évolué depuis les Anciens: Malheur aux Faibles!... Les vaincus ont toujours tort... », René Lévesque, évoquant Murdochville, lance un appel au public lecteur. « Il y a aussi que cette grève ne doit pas, de toute façon, finir d'une manière déshonorante, qui serait de voir, après trois semaines, toujours convaincus de leur bon droit, rentrer à quatre pattes, humiliés, rapetissés, des gens que l'inquiétude et la faim et la panique familiale auraient cassés. C'est un sort que, pour ma part, j'ai vu infliger il n'y a pas si longtemps à des mineurs gaspésiens. Ils étaient loin, avant qu'on puisse vraiment entendre leurs cris, ils étaient écrasés. Et ils rentraient, ceux d'entre eux qui le pouvaient encore — rentraient comme des caricatures affreuses des hommes qu'ils avaient été: leur bon droit piétiné, bafoué, tout leur être révolté par l'indifférence générale. Ils ne croyaient plus à rien: ni aux moralistes, qui prêchent si bien le dimanche, mais sont trop occupés pour agir le lundi, ni aux sociologues, qui les avaient trouvés bien sympathiques et écriraient un bel article sur leur courage...

1. *Le Devoir*, 23 janvier 1959.

dans six mois. Ni surtout aux politiciens qui se gargarisent tous les quatre ans de justice sociale et de droits sacrés — mais qu'on cherche ensuite en vain chaque fois qu'il s'agit de prendre sur ces mêmes grands sujets la moindre attitude claire, utile et simplement sensée. Ici, c'est à Montréal. Au cœur de la plus grande ville française. (...) On n'a pas le droit de ne pas voir. De ne pas essayer de comprendre — avant qu'il ne soit trop tard. Et entretemps, nous vous prions instamment de venir au spectacle de l'Union des artistes, d'y inviter vos amis — pour empêcher à tout prix, en attendant que bougent les bien-pensants pas pressés et les politiciens prudents, que des gens soient vaincus par la faim, par l'inquiétude, par l'humiliation, et obligés de rentrer au travail (un travail qu'ils aiment et qui est leur vie) autrement que *debout.* » [1]

Devant le refus du gouvernement fédéral d'intervenir, les grévistes organisent une marche sur Ottawa. Le 27 janvier, 1,500 syndiqués feront le voyage pour manifester devant le parlement fédéral. Jean Marchand, secrétaire général de la C.T.C.C., Jean Duceppe et René Lévesque s'adresseront aux grévistes. Ce dernier déclarera que 25,000 signatures avaient été apposées aux pétitions des grévistes en quatre jours et cela dans la seule ville de Montréal. Il a souligné que l'ultimatum de Radio-Canada était « le comble de la suffisance et de la bêtise ». Il a également parlé de « la malhonnêteté foncière » des dirigeants montréalais de la Société Radio-Canada et il a une fois de plus dénoncé la lenteur avec laquelle ils négocient. Et cela, a-t-il précisé, uniquement « pour sauver leur face et les trois bouts de papier que représente leur structure ». [2]

Mais, pour René Lévesque, cette marche à Ottawa aura été plus qu'une occasion d'exprimer un mécontentement. Elle sera, comme on l'a appelée plus tard, son véritable Chemin de Damas. Voici comment René Lévesque narrait au journaliste Pierre de Bellefeuille la réception qui leur fut faite par le gouvernement fédéral: « On était allé à Ottawa et on était revenu gros gens comme devant, après avoir vu Michael Starr, qui était à ce moment-là le ministre conservateur responsable, et Starr ne comprenait même pas de quoi on parlait. Ce n'était pas de sa faute, pauvre diable, mais, enfin, ça ne les avait pas tellement bouleversés à Ottawa. C'était juste le réseau français de Radio-Canada qui était fermé et ça faisait déjà,

1. 23 janvier 1959.
2. *Le Devoir,* 28 janvier 1959.

quand on les avait vus, trois semaines, un mois. Et on s'était dit, en revenant avec rien, même pas de compréhension du problème, on s'était dit: « Si, à Toronto, le réseau anglais fermait, eh bien ça ne prendrait pas 24 heures que tout le Parlement serait mobilisé, le Gouvernement avec, puis l'armée au besoin, pour rétablir les choses. » Mais le réseau français peut rester mort ou, à toutes fins pratiques, défuntisé provisoirement, mais ça dure, et ça ne les dérange pas. En fait, ça ne leur foutait rien. Puis nos guenilles professionnelles à Ottawa, là, certaines sont venues nous trouver, des Québécois députés, pour nous dire gentiment dans des coins qu'ils étaient donc sympathiques, mais qu'ils ne pouvaient rien faire, pas même dire un mot, parce que la ligne du parti, etc. Alors on était revenu pas mal écœuré. » [1]

Et René Lévesque poursuit: « Laurendeau me disait, je me souviens, quelques soirs plus tard: « Vous ne le savez même pas; mais vous êtes en train, vous, de vous embarquer dans une sorte d'orientation politique qui peut vous mener loin. » Etc. Et Lévesque lui répondra: « Je ne sais pas. Peut-être. Je n'en sais absolument rien. » [2]

De toute façon, René Lévesque n'abandonne pas la lutte. Lui-même et Gérard Pelletier sont chargés d'assurer la coordination de l'action syndicale durant la grève. Ils travaillent en étroite collaboration avec Fernand Quirion, président de l'Association des réalisateurs, Jean Duceppe, président de l'Union des Artistes, Jean-Louis Roux, président de la Société des Auteurs, et Jean Marchand. L'animateur de Point de Mire utilise toutes les tribunes qui lui sont offertes pour exposer les grandes lignes du conflit et la thèse des réalisateurs. Ainsi il parle durant un quart d'heure à la télévision de Sherbrooke, le 30 janvier. Neuf jours plus tard, il prend la parole sur les ondes du poste privé de la télévision de Québec. Le coût de cette dernière émission est alors défrayé par un groupe de sympathisants de la Vieille Capitale.

Le 9 février, il y a réunion générale des syndiqués. René Lévesque y prend à nouveau la parole. Après avoir invité les grévistes à se montrer patients et « à tenir jusqu'au bout », il a annoncé que les

1. Extrait d'une série de 13 documentaires d'une heure sur « La Révolution Tranquille » animée par Pierre de Bellefeuille et Jean-Pierre Bergeron et diffusée sur les ondes de la radio de Radio-Canada. Deuxième documentaire, 17 juin 1972.
2. Pierre de Bellefeuille et Jean-Pierre Bergeron, *Ibid.*

spectacles de l'Union des Artistes avaient été bien accueillis en province. [1]

Deux jours plus tard, un premier député conservateur franco-phone prend la parole. « Le député conservateur de Berthier-Maski-nongé, M. Rémi Paul, a déclaré aux Communes hier que la grève des réalisateurs de Radio-Canada aura du moins eu pour avantage de reposer les Canadiens français « des jérémiades de Jean Marchand, de René Lévesque, d'André Laurendeau et de Gérard Filion ». Lorsque le bon sens prévaudra, ajouta-t-il, et que Radio-Canada se sera débarrassé d'André Laurendeau, de René Lévesque, de Michel Char-trand, de Jean Marchand, de tous ceux-là, la grève de Radio-Canada se réglera à la satisfaction de tous et chacun. » [2]

Les espoirs d'un règlement imminent sont, à certains moments, quotidiens. Mais tous avortent. Un des acteurs du drame, Jean-Louis Roux, écrit au sujet de la grève: « Déclenchée en fin d'après-midi, un lundi, déjà le vendredi matin suivant, on parlait de son règlement imminent. On en a ainsi parlé pendant soixante-huit jours; sinon tous les jours, du moins plusieurs fois par semaine. Et à chaque fois que le problème semblait sur le point d'être résolu, un rebondisse-ment imprévu arrivait, qui relançait toute l'affaire. Jamais l'intérêt d'une intrigue n'aura-t-il été maintenu avec autant d'art: les meillleurs romans, épicés des péripéties les plus invraisemblables, se déroulent dans la vie. » [3]

Le 2 mars, coup de théâtre! Après une assemblée générale des grévistes durant la matinée, plus de 1,000 manifestants se rassemblent à midi très précisément devant les édifices de Radio-Canada. Des centaines de policiers montréalais, dont plusieurs à cheval, sonnent la charge contre ces manifestants, « parce que, disent-ils, ils ont été provoqués ». Vingt-huit personnes sont appréhendées. Parmi les prévenus, l'on retrouve René Lévesque, Jean Marchand, Louis Mor-risset, vice-président de la Société des Auteurs dramatiques, Mia Riddez, Madeleine Langlois, Raymond Couture, le chef de la grève, André Roche, Pierre Duceppe, Roland Chenail, Jean-Guy Benjamin, Monique Bosco, Thérèse Arbic, François Lavigne, Monique Nadeau, Jean Lebel, Jean Poirier et Michel van Schendel.

Le directeur de la police de Montréal, Albert Langlois, avait confié le commandement des forces de l'ordre à l'inspecteur W.

---

1. *Le Devoir*, 10 février 1959.
2. *Le Devoir*, 12 février 1959.
3. Jean-Louis Roux, *Radio-Canada 1959*, op. cit., p. 181.

Minogue. Et il semble bien qu'on n'y soit pas allé de main morte. Le *Devoir* écrit: « Cette manifestation que les syndiqués se proposaient de tenir dans l'ordre, comme leurs manifestations précédentes d'ailleurs, a pris la tournure que l'on sait lorsque la police montréalaise, soucieuse de faire respecter à la lettre quelque règlement exigeant un permis écrit pour un tel défilé, a adopté une attitude de provocation à l'égard de la foule et s'est même livrée à des actes de brutalité digne de la Gestapo. » [1]

Les personnes appréhendées seront relâchées quatre heures plus tard. Le lendemain, le directeur Langlois va rendre compte du travail de ses hommes devant le Comité exécutif de la ville de Montréal. « Prié d'expliquer la conduite des policiers et des cavaliers qui ont violemment réprimé la manifestation syndicale des grévistes de Radio-Canada, le directeur Albert Langlois a soutenu — sérieusement — que ses services secrets de renseignements avaient eu vent d'un *complot*: les manifestants, a-t-il déclaré au Comité exécutif, voulaient « envahir l'édifice de Radio-Canada ». Il fallait donc les en empêcher. » [2]

Gérard Filion, le directeur du *Devoir*, refuse totalement cette justification. Dans un de ses éditoriaux typiques — on a dit souvent qu'il écrivait à la hache — Filion attaque très durement le directeur Langlois. Il écrit: « Qu'un homme à la direction d'un corps policier aussi important ajoute créance à une telle énormité, voilà qui le classe définitivement. Une cervelle d'oiseau comme celle-là ne possède pas assez de matière grise pour diriger la circulation dans le dernier rang de Saint-Frasquin. Ce n'est pas devant le Comité exécutif de la ville de Montréal que le directeur Langlois devrait comparaître: c'est à la clinique qu'il faudrait l'envoyer. » [3]

Et John Diefenbaker réaffirme que lui-même et son ministre du Travail, Michael Starr, n'interviendront point dans le conflit. Le 4 mars, une nouvelle manifestation, celle-ci dirigée par Roger Mathieu, le président de la C.T.C.C., se tient devant les édifices de la société d'État. Cette fois-ci, il semble bien qu'on n'attache plus foi aux rumeurs de complot, puisque les forces policières n'interviennent pas.

L'espoir d'un règlement prochain est de plus en plus ténu. Mais on sent une certaine lassitude dans les deux camps. De guerre lasse

---

1. 3 mars 1959.
2. *Le Devoir*, 4 mars 1959.
3. *Ibid.*

et, en même temps, stimulé par l'attitude hautaine du gouvernement fédéral dans toute cette affaire, René Lévesque rédige un texte en langue anglaise à l'intention de ceux qui n'ont pas pu ou n'ont pas voulu comprendre. Reproduit en page 2 du *Devoir*, le 7 mars 1959, ce texte s'intitule « Radio-Canada est une fiction! La réalité s'appelle *C.B.C.* » ... Nous avons cru nécessaire d'en reproduire de larges extraits, car il marque, chez René Lévesque, la formulation d'une prise de conscience qui explique un peu une partie de son cheminement futur.

Lisons d'abord la présentation qu'il en fait. « Il y a 68 jours que ça dure. Il y a aujourd'hui un mois, jour pour jour, que Radio-Canada paraphait une entente et s'engageait à la respecter. Il y aura une semaine demain que Radio-Canada refuse d'honorer sa parole, transformant ainsi à la face de tous une grève déjà très dure en un *lockout* qui fait de cette corporation de la Couronne un inqualifiable affameur public. Tout le long de ces 68 jours, cheminant sans bruit aux côtés de la mauvaise foi et des ultimatums fracassants, épaulant de son impalpable présence (et de l'argent des contribuables) l'irresponsabilité brutale de quelques grands et petits administrateurs. Il y a eu aussi quelque chose de plus ... Quelque chose de presque intangible et à la fois de monstrueux, qui refuse obstinément de montrer son vrai visage. C'est un visage d'ailleurs qui tâchera désespérément de grimacer un sourire, si d'aventure on parvient à le démasquer. Le texte suivant est écrit dans la langue que parle ce visage. Froidement, je crois, sans autre sentiment qu'une lassitude accumulée en deux mois de *retiens-toi* et de désillusion ... »

Formant les traits de ce visage, il y a d'abord un éditorial du *Montreal Star* du 3 mars intitulé « CBC Deadlock and Rowdyism ». À ce sujet, René Lévesque écrit: « One example is enough to put the Star, as far as we are concerned, among dishonest newspapers forever. « Frustration, it wrote, led to unruly conduct on the picket-line. The police moved in. » What had happened the day before was in fact that the strickers' frustration led to nothing more than a peaceful march and the singing of O Canada in front of the CBC. The facts are that the police moved in first, under orders, and that whatever unruly conduct broke out afterwards was the result of this stupid provocation. Such facts the Star's editorial writers had, or should have had, from their reporters. They choose to fabricate their own.

116

« That, unfortunately, is also nothing but the latest in a long series of slanted and biased presentations of facts by that paper. As for the Star's opinions, they naturally are those of its owners, whose basic attitude — well reflected throughout this strike — is fundamentally hostile to any attempt by French Canadians at anything but proverbial *pittoresque* and quaintness. »

René Lévesque n'est pas tendre pour le quotidien anglophone de l'après-midi. Il ne l'est pas davantage pour le quotidien *The Gazette*. Il ajoute: « This worthy sheet has tenets on this matter which are exactly the same as the Star's, only more so. »

Un autre trait de ce « quelque chose d'intangible et de monstrueux » vient de la Direction de Radio-Canada. « The CBC itself, quite predominently in its higher echelons, is English. During most of the conflict, its acting president has been Mr. Bushnell, whose knowledge of the French language is very doubtful quantity indeed. On return-to-work — which after three weeks of an incredible game of cat & mouse came to look exactly what it was: a spiteful straving out of French employees and artists — its chief negociators were gentlemen named Bruce Raymond and Clive McKee. Its PRO is a Mr. Ron Fraser, who, a certain day in January, became a slightly legendary figure in French Canada when he talked about « rebuilding the French network from scratch, » but was obviously and smilingly unable not only to say it in French, but even to appreciate the meaning of his own words. »

Mais il y a également cet autre trait du visage formé par le gouvernement fédéral lui-même. « In Ottawa, there is also a House of Commons controlled by a political party in which the overwhelming majority of MPs are English. *Honni soit qui mal y pense.* But they are the final authority over public radio and television. And three ministers, almost exclusively, have had to answer recent questions about the CBC. All those are English. One is the hon. Michael Starr of Labour, another smiling man. Consistently he has refused to intervene in the strike — thereby maintaining, with perseverance worthy of a better cause, the natural confusion in the public's mind between political intervention, and intervention under the Labour Law which is an implied duty of his.

« Another is the hon. George Nowlan of National Revenue. He is the man who answers for CBC in the Commons. One of his first offerings was that the producers' strike was illegal. That, by modest estimation, was enough by itself to delay any real negociations and embitter the conflict for at least an additional, useless and painful week. The hon. gentleman later admitted that such an opinion, which in the first place was none of his business to give, might have been slightly erroneous . . .

« The third honorable English spokesman is the Prime Minister himself. Three times in a row, on March 2, Mr. Diefenbaker gave negative answers to Mr. Lionel Chevrier's repeated requests for some kind of government action. Thereby equailing saint Peter's score on one of the least glorious days in his life. Obvious to a French mind, there was a quality of quiet desperation to Mr. Chevrier's appeals. But that, it is evident, is something that could not register on Mr. Diefenbaker's solidly unilingual grey matter. »

Et René Lévesque explique aux anglophones ce qu'est le réseau français de Radio-Canada. « It's about one of French Canada's most potent and rapidly-growing cultural outlets. The French network's Public Affairs programs are one of our main platforms of opinion. Its regular *télé-théâtre* is a TV stage the equivalent of which is nowhere to be found in English. Its Concert Hour is a trans-Canada feature. Its popular serials, unique while far from perfect, are both a part of folklore and bread-and-butter for such topflight writers as Roger Lemelin, Robert Choquette, Germaine Guèvremont, C.-H. Grignon, Marcel Dubé, etc. »

Mais l'animateur de Point de Mire en a marre. Il a atteint un point de non-retour. Et s'il lui restait quelqu'illusion sur ce grand Canada uni par la compréhension et l'amitié, il l'a perdue. « Many, many weeks back, some people said that a racial cry was being raised, when it was advanced that a prolonged strike could mean ruin or at least serious damage to a valuable public property of French Canada. So a lot of us stopped saying that truth as we saw it. Now most of the damage has been done. CBC's higher-ups have run the gamut from corporate irresponsibility to anonymous viciousness. Cabinet ministers have stood up in the House like knights in incredible armors of denseness, small-town vanity and brutal indifference. Some of us, maybe a lot of us, will come out of this permanently disgusted with a certain ideal called National Unity. Never before we have felt that apart from pleas every four years in painful *political French*. National Unity is something designed almost exclusively to keep negligible minorities nice and quiet.

« Never before we have felt that our affairs are bound to be either tragically or comically mismanaged, as long as they remain in the hands of men who have no understanding of them and make it quite clear that they don't consider such lack as any kind of a personal flaw. Some of us, and maybe many, come out of this with a tired and unworthy feeling that if such a strike had happened on English CBC, it would — as the hon. George Nowlan said, and on this occasion not erroneously — have lasted no more than half an hour. To this day, ours has lasted 66 days. Of such signal advantages is the privilege of being French made up in this country! »

Le jour même de la publication de ce texte dans le quotidien *Le Devoir*, le 7 mars 1959, à 17 heures, un porte-parole de Radio-Canada annonce aux correspondants de la tribune parlementaire à Ottawa que les représentants de la Société d'État viennent de signer une entente avec l'Association des réalisateurs. La grève est terminée et on reprendra le collier lundi matin, le 9 mars.

Le samedi soir précédant la rentrée au travail, les 1,500 employés de Radio-Canada se réunissent dans la salle de la Comédie canadienne pour fêter ce dénouement. Plusieurs orateurs défilent à la tribune. D'abord les réalisateurs Quirion, Fugère et Sylvestre. Puis Jean Philip, François Péladeau, l'abbé Ambroise Lafortune et Jean Marchand. Jean Duceppe et Jean-Louis Roux sont également de la partie. Un René Lévesque épuisé, comme les autres d'ailleurs, déclare: « Nous y avons tous perdu quelque chose, un peu d'argent, des nuits de sommeil, des bribes de santé; mais ce qui est le plus consolant devant tout cela, c'est que lundi matin, c'est nous qui allons rentrer à Radio-Canada avec notre réseau français sous le bras. N'oublions pas la lourde responsabilité que cela implique. À mesure que l'écran revivra de nos émissions, derrière chaque participant, chaque nom inscrit à la distribution, c'est notre bloc qu'on voudra voir, applaudir ou critiquer. Nous rentrons la tête haute, forts de la puissance que nous vaut notre merveilleuse amitié. Il faut que ça continue cette union sacrée, édifiée à grands coups de sacrifices et de privations. Aussi, demain, il faudra se méfier des distractions causées par la joie du retour. Il faudra voir à ce que les plus faibles soient les mieux protégés. » [1]

André Laurendeau et René Lévesque ont travaillé côte à côte durant toute la grève. Ils ont également beaucoup échangé d'idées sur le sens politique de cet événement. Après avoir laissé ses impressions sur le conflit se décanter, le rédacteur en chef du *Devoir* donne

---

1. *Le Devoir*, 9 mars 1959.

raison à l'animateur de Point de Mire. Il intitule son éditorial du 16 mars: « Oui, deux solitudes! » « On ne s'est pas mis soudain, écrit-il, à lancer *le cri de race*. On a eu peu à peu le sentiment d'être mis de côté par l'opinion anglo-canadienne, c'est-à-dire par la majorité, et on l'a dit. (...) À partir de là, la revendication nationaliste n'a rien à voir au chauvinisme ou au racisme: elle est une attitude de dignité blessée. C'est presque toujours ainsi que le nationalisme commence. L'homme que les faits désignent comme un citoyen de seconde classe, comme un colonial par rapport à une forte et inaccessible métropole, comme un nègre dont les souffrances n'éveillent aucun écho chez le maître tout-puissant: cet homme, ou bien s'écrase et consent à un esclavage moral, ou bien revendique sa dignité outragée. En tout cas, il se sent atteint. Nous sommes plusieurs à avoir senti quelque chose de cela. (...) C'était inscrit dans la situation même qu'ici deux milieux vivent côte à côte sans beaucoup se pénétrer l'un l'autre, qu'il y a dans les périodes de crise, oui, deux solitudes parallèles, l'une plus forte et qui conduit, l'autre plus faible et qui ne peut alors que se révolter. » [1]

L'observateur Gérard Bergeron a écrit: « Après la grève, qui ne fit que des perdants comme en toute guerre trop coûteuse en même temps qu'ambiguë, Point de Mire reprend l'affiche quelques mois pour la forme. À ce programme comme en d'autres, le cœur n'y est plus qui appauvrit l'esprit, désormais difficile à ranimer en un élan nouveau. » [2]

Lorsque nous lui faisons part de cette réflexion, René Lévesque répond: « Bergeron dit ça. Il a peut-être raison; il a peut-être tort. C'est subjectif. Moi, je ne me souviens pas que le cœur n'y était plus, sauf que nous étions passablement maganés par cette grève-là. Ça, c'est inévitable. Puis c'est dur de faire le pont après deux mois et demi, trois mois. Mais ce qu'il y avait surtout peut-être, c'est que je savais d'avance — parce que ce n'était pas un mystère — qu'à cause du rôle que j'avais joué dans la grève et des positions para-politiques que j'avais prises, ils avaient bien l'intention de mettre fin à la série à la fin de la saison. Ils ne voulaient pas avoir l'air trop couillons; ils étaient prêts à laisser le contrat finir. Mais c'était certain qu'ils ne le renouvelleraient pas. Alors, évidemment, ça, ça t'enlève un peu le goût. » [3]

---

1. *Le Devoir*, 16 mars 1959.
2. « Ne bougez plus ! » *Op. cit.*, pp. 150-151.
3. Entrevue avec René Lévesque, 9 mai 1973.

Chose certaine, immédiatement après la grève, toute l'équipe de Point de Mire reprend son bourdonnement. Terre-Neuve est un point chaud; on choisira donc Terre-Neuve pour cette première émission post-grève. « La grève des bûcherons se prolonge; une loi exceptionnelle décapite le syndicat auquel le premier ministre en substitue un nouveau, le sien; des actes de violence éclatent; un policier meurt; Ottawa refuse les renforts réclamés à grands cris par Saint-Jean; le commissaire de la Gendarmerie royale démissionne; les Communes réagissent vivement; les Libéraux sont divisés; le régime des subventions, découlant de l'*Acte d'union*, est remis en question; « c'est une trahison! » s'écrient les Terre-neuviens qui, littéralement, prennent le deuil et conspuent les *continentaux*. Pour finir voilà que le chef incontesté du territoire, Joseph Roberts Smallwood, offre de se retirer si seulement son départ peut contribuer à rétablir la paix. » [1] Voilà comment le journaliste Michel Roy décrit le problème terre-neuvien.

Des membres de Point de Mire, le réalisateur et l'animateur en tête, prennent l'avion pour aller saisir sur place toutes les dimensions de cette crise. Ils en rapportent une émission où rien ne prouve que le cœur n'y est plus, du moins si l'on s'en tient au chroniqueur Jean Hamelin. « Point de Mire, écrit-il, portait sur Terre-Neuve et la situation faite au Syndicat international des bûcherons par M. Smallwood, par suite de la grève qui sévit dans cette province depuis près de trois mois. René Lévesque n'a pas agi à la légère, en une matière aussi grave que celle-ci. Accompagné de son réalisateur, Claude Sylvestre, il est allé se renseigner sur place. Il a interrogé des chefs syndicaux de l'I.W.A., des bûcherons, des dirigeants du nouveau syndicat patronné par le premier ministre. Il a même poussé la complaisance jusqu'à nous montrer M. Smallwood dans son fief, dénonçant l'intrusion des étrangers dans les problèmes de Terre-Neuve. (...)

« Il ne m'appartient pas ici de discuter les prises de position établies au cours du programme, cela relève de l'éditorial et a déjà été fait d'ailleurs avec une compétence devant laquelle je m'incline. Qu'on me permette cependant de dire ceci. C'est que le *Point de Mire* de René Lévesque, lundi dernier, a revêtu un intérêt dramatique exceptionnel et que son animateur a justement réussi à nous faire partager cette *solidarité* dont je parlais plus haut. *Point de Mire*

---

1. Michel Roy, « Terre-Neuve... 10e province », *Le Devoir*, 30 mars 1959.

Juin 1959.
À l'antenne
de CKAC,
René Lévesque
commente
les nouvelles
les plus
importantes
de la journée
à l'émission
fort écoutée
« Ce qui se brasse... »

ne fut pas parfait pour autant, la traduction simultanée des propos
tenus en anglais, à divers moments du programme, jetant parfois un
peu de confusion dans les esprits. C'était un défaut presque inévitable, en l'occurrence, le reportage ayant été réalisé en vitesse et
comportant en outre des embûches quasi insurmontables. » [1]

1. *Le Devoir*, 28 mars 1959.

Septembre 1959. Séance de travail de l'émission « Premier Plan »,
à Radio-Canada: René Lévesque discute avec Claude Sylvestre.

Du 23 mars, date de cette première émission après la grève, à
la fin de mai, moment où l'horaire d'été vient définitivement balayer
les dernières émissions d' « hiver », l'équipe de Point de Mire prépa-
rera des reportages tout aussi intéressants les uns que les autres.
Mais, comme prévu, Point de Mire ne reviendra pas à l'automne.

Pour autant, René Lévesque ne rompt pas tous les ponts avec
Radio-Canada. Après quelques semaines de vacances et la saison

123

d'automne revenant, il continue de collaborer à certaines émissions d'affaires publiques. « J'ai travaillé, dit-il, encore pigiste, à des émissions qui s'appelaient *Premier Plan*, peut-être aussi *Conférence de Presse*. Autrement dit, ils ont eu des bouche-trous, parce qu'ils ont enlevé Point de Mire de la programmation et il leur fallait tout de même garder quelques émissions d'affaires publiques un peu marquantes. Alors ils ont développé, entre autres, Premier Plan qui était un peu l'idée, l'amorce de ce qui est aujourd'hui Format 60, une sorte de magazine de deux, trois, quatre sujets par semaine qui pouvaient être soit importés, soit faits par nous autres. Alors j'ai fait ça assez souvent. Gérard Pelletier, je pense, était là aussi. De même que Judith Jasmin. » [1]

En septembre 1959, Maurice Duplessis meurt à Schefferville. Paul Sauvé lui succède. Pour les adversaires politiques de l'Union nationale, il n'y a plus, avec Paul Sauvé, d'espoir de renverser ce parti. Georges-Émile Lapalme, chef parlementaire du Parti libéral à ce moment, en est convaincu. « Arrivant avec Sauvé, dit-il, Sauvé qui était un type très intelligent et qui savait faire travailler les autres (...), moi j'ai eu tout de suite la réaction que ce serait plus dur qu'avec Duplessis. Là j'ai dit: « Notre histoire est finie. » D'ailleurs il y a eu un sondage au mois de novembre-décembre d'après lequel il ne restait à peu près rien du Parti libéral, s'il y avait eu une élection à ce moment-là. » [2]

Pour la majorité des intellectuels québécois, Duplessis étant mort, l'heure n'est plus au pessimisme. Pour être méchant, on pourrait ajouter: « Au contraire. » Ceux que Duplessis qualifiait de « joueurs de piano » espèrent un changement notable dans la politique québécoise. L'Institut canadien des Affaires publiques, par exemple, se permet d'organiser en septembre 59 un congrès sur le thème de la liberté. Il est certain que l'arrivée de Sauvé, plus jeune et d'une formation différente de celle de l'ex-premier ministre, modifie la vie québécoise. Beaucoup d'observateurs, d'ailleurs, datent le début de la Révolution tranquille de son slogan « Désormais », devenu vite synonyme de changement.

En vertu de son statut de pigiste, René Lévesque peut collaborer non seulement à des émissions de Radio-Canada, mais également à certains journaux, dont *Le Devoir*. Il profite également des occasions qui lui sont offertes de prendre la parole sur certaines tribunes.

---

1. Entrevue avec René Lévesque, 9 mai 1973.
2. Pierre de Bellefeuille et Jean-Pierre Bergeron, *Ibid*.

Et toujours se montre-t-il commentateur et analyste politique. En novembre 59, par exemple, il prononce une conférence devant l'Association des hommes d'affaires du nord de Montréal. À cette occasion, il affirme que Paul Sauvé rompt avec la tradition de l'ancienne administration, lorsqu'il promet d'accorder des octrois aux universités et aux collèges classiques. Il déclare également que, s'il fallait étiqueter Paul Sauvé par rapport à son prédécesseur, on pourrait le qualifier de « gauchiste ».

Une telle conférence suscite la colère du journal de l'Union nationale, Le Temps. « L'expérience que vient d'avoir l'Association des hommes d'affaires du nord de Montréal, écrit-on, devrait profiter à ces autres sociétés à la recherche d'un conférencier: les propos de René Lévesque risquent fort de déplaire à la majorité des auditeurs. Il peut être remplacé avec avantage par des conférenciers au jugement meilleur et aux connaissances plus approfondies. »[1]

Quand René Lévesque qualifie Paul Sauvé de « gauchiste », c'est un peu pour se battre sur le même terrain que ceux qui dénoncent précisément les « gauchistes » au Canada français. Robert Rumilly, l'historien, est un de ceux-là. En 1956, il s'était fait le chantre du régime dans un livre intitulé « Quinze années de réalisations ». Il écrivait alors en conclusion: « La province de Québec est en tête, la province de Québec est en avance dans bien des domaines. Le désir de nuire au gouvernement conduit les membres de l'opposition à médire de leur province — écrivons-le carrément: à calomnier leur province. La province de Québec est en plein élan. Dans tous les domaines: intellectuel, artistique, économique, nous assistons et nous participons à un bouillonnement d'idées, de projets, d'entreprises. (...) La province de Québec est un des lieux de la terre où il est le plus passionnant de vivre, aujourd'hui. »[2]

Bien plus, Rumilly, dans des ouvrages dont les titres expriment bien le contenu: « L'infiltration gauchiste au Canada français », « La tactique des gauchistes démasquée » et « Les socialistes dominent le réseau gauchiste », se fait l'adversaire de tous ceux qui parlent et écrivent au Québec et qui ont osé, à une occasion ou à une autre, s'élever contre certaines politiques du régime Duplessis. Pour lui, il est indéniable qu'il existe au Québec « un réseau gauchiste, dont Jean-Louis Gagnon apparaît comme l'un des grands manitous. (...)

1. Le Temps, 12 novembre 1959.
2. Quinze années de réalisations, Montréal, 1956, p. 227.

Il ne faut pas s'y tromper, poursuit-il, les résultats sont considérables. D'abord, une poignée d'hommes, bénéficiant d'une énorme publicité, prennent de l'importance aux yeux du public. La *Revue de l'Institut Pie XI* constate (25 avril 1959) que la Société Radio-Canada fournit à René Lévesque une tribune grâce à laquelle il devient, avec ses informations « cependant orientées dans un sens déterminé », un des journalistes les plus écoutés du pays en matière d'affaires publiques. J'avais présenté la même observation au sujet de Pierre-Elliott Trudeau. Radio-Canada invite Jean-Louis Gagnon, René Lévesque et Pierre-Elliott Trudeau; les étudiants invitent Jean-Louis Gagnon, René Lévesque et Pierre-Elliott Trudeau; les syndicats ouvriers invitent Jean-Louis Gagnon, René Lévesque et Pierre-Elliott Trudeau. De tous côtés, le peuple canadien-français reçoit les directives de ces mages. » [1]

Après le journal officiel de l'Union nationale, Robert Rumilly relève la conférence de René Lévesque devant les hommes d'affaires du nord de Montréal. Selon lui, le journaliste « définit à sa manière la droite et la gauche, en attribuant, bien entendu, toutes les sottises à la droite et tous les attraits à la gauche ». « La gauche, poursuit-il, se réclame et s'inspire de la Révolution française. Elle récuse l'autorité. » Le 24 novembre, René Lévesque, invité au club Richelieu-Maisonneuve, répond à Robert Rumilly. Il nie complètement avoir voulu trancher « gauche » et « droite ». Le journaliste rappelle que le mot « gauche » dans notre vocabulaire signifie une certaine ouverture au changement. Mais, note-t-il... « un même esprit n'est pas également favorable à tous les changements. S'il s'agit d'un extrémiste, de droite ou de gauche, l'attitude vis-à-vis tel problème particulier sera commandée par un choix préalable. Mais pour celui qui consent à réviser constamment ses positions, qui n'a pas choisi d'avance, il peut fort bien arriver qu'il se situe à gauche sur tel point, à droite sur tel autre. » [2]

René Lévesque s'en prend également à la filiation que l'historien établit entre « gauche » et « Révolution française », en dénonçant « la volonté d'identifier l'homme de gauche au révolutionnaire de 1789, comme si, par exemple, le gauchiste devait être fatalement un anticlérical. Si le mot gauche est né avec la Révolution française,

---

1. *Les socialistes dominent le réseau gauchiste*, édité par l'Auteur, 1959, pp. 132-133.
2. *La Presse*, 25 novembre 1959.

Novembre 1959. À « *Premier Plan* », avec le célèbre journaliste français Pierre Lazareff.

la tendance de gauche, elle, est de tous les temps. » [1] Enfin il qualifie d' « idiote » l'affirmation à l'effet que la gauche récuse l'autorité. « Ce que la gauche croit, dit M. Lévesque, qui évoque ici l'enseignement reçu du père Georges-Henri Lévesque, c'est qu'avant l'autorité, il y a d'abord la liberté. Le libre arbitre est ce qui a été donné d'abord; la liberté a priorité et il faut peut-être le dire ici plus qu'ailleurs. » [2]

Les explications données, René Lévesque ne se laissera pas enfermer plus longtemps dans un tel débat de sémantique. Par la

1. *Ibid.*
2. *Ibid.*

suite, il tentera, du mieux qu'il le peut, d'ignorer un tel sujet et se montrera agacé lorsque des journalistes lui poseront des questions en ce sens. N'empêche qu'on lui fabriquait alors une image de « gauchiste » et que cette image fera long feu.

Le 18 décembre, il prend la parole lors d'un colloque public sur les périls de la radiation, à l'Auditorium de l'université de Montréal. Il doit traiter du problème politique des retombées radioactives, soit à l'échelle internationale, soit à l'échelle nationale. « Il est incroyable, dit-il, que la vie et la mort de la collectivité soient laissées à l'entreprise privée. L'État seul devrait s'occuper de la Défense, de la fabrication des armes. On aliène au profit de gros intérêts, qui par leur nature ne sont intéressés qu'à accumuler des profits, ce qui devrait appartenir à l'ensemble de la société. C'est peut-être une vue « gauchiste » de la question, mais le « gauchisme » ici correspond au bon sens et à l'instinct de conservation. » [1]

René Lévesque a ses vues sur la société idéale et n'hésite pas à poser des diagnostics sur les malaises de la société. Il a fait ses classes et, désormais, se confinera à dénoncer ces malaises, s'il ne se décide pas à mettre la main à la pâte, à faire le saut politique.

---

1. *La Presse*, 19 décembre 1959.

4

Le choix de la politique

Devant la puissance politique de Maurice Duplessis, le Parti libéral a été longtemps à se chercher. Trouver une pensée cohérente, un programme et un slogan n'était pas facile. Il y avait bien sûr des hommes comme Georges-Émile Lapalme et Jean-Marie Nadeau, mais ils étaient bien peu nombreux. Lapalme, entre autres, confiera: « En dehors de l'Opposition officielle ou des oppositions officielles, personne ou à peu près n'osait s'offrir comme cible. Je le sais, parce qu'en 1952 et en 1956 j'ai essayé d'entraîner dans la lutte contre Duplessis des gens qui ont refusé pour des raisons que je ne connais pas — on nous donnait des raisons — mais qui par la suite ont passé pour être des gens qui avaient fait finalement culbuter le régime. Ce qui est absolument faux. La seule opposition qu'il y avait, c'était le Parti libéral en face de Duplessis. C'était la seule dont les membres payaient pour être contre Duplessis. C'est ce que je veux dire. Être libéral à cette époque-là, c'était se couper tous les ponts. » [1]

En 1958, Jean Lesage devient chef du Parti libéral, chef non élu car il vient de passer de la politique fédérale à la politique québécoise. Déjà Georges-Émile Lapalme avait déclaré: « Être libéral, c'est être socialement juste. » Tout un programme qui deviendra la pensée directrice du renouveau du Parti libéral. Lesage, plein d'enthousiasme,

---

1. Pierre de Bellefeuille et Jean-Pierre Bergeron, op. cit.

tente de réussir là où Lapalme a échoué, c'est-à-dire de recruter des personnalités « valables ». En janvier 1959, il déclare: « Si nous ne voulons pas que notre société s'effondre par un pourrissement intérieur, il est grand temps que beaucoup de ses fils et parmi les meilleurs cessent de répéter que la politique est une chose sale et que s'occuper des affaires de l'État n'en vaut pas la peine. »[1] Il lance alors un « appel à tous les hommes de bonne volonté et d'esprit libéral, quelle que soit leur étiquette, les invitant à travailler, en collaboration avec le Parti libéral, à sauver la démocratie au Québec ». Le leader libéral avertit que « le parti de l'Union nationale fait tout ce qu'il faut pour la saper et instaurer un régime de ploutocratie et de privilèges ». À la même occasion, soit devant les étudiants de l'université McGill, il s'attache à définir sa conception de la démocratie. « Appliqué au domaine économique, dit-il, ce libéralisme se situe donc entre deux extrêmes, celui de la non-intervention de l'État et celui d'un contrôle rigide suivant la doctrine socialiste. Le Parti libéral est donc prêt à établir un contrôle de l'État quand ce sera dans l'intérêt public, en particulier sur les services d'utilités publiques. »

Cet appel aux « hommes de bonne volonté » de la part du nouveau chef n'est pas dépourvu d'intérêt. Il montre bien la conception que Jean Lesage se fait alors du Parti libéral: un rassemblement de démocrates « prêts à établir un contrôle de l'État quand ce sera dans l'intérêt public ». En janvier 1959, il n'est pas plus certain que cet appel portera des fruits que lors des appels précédents de Georges-Émile Lapalme.

À la même époque, il faut noter une déclaration de Jean Drapeau, président d'honneur de l'Action civique, qui s'est fait connaître par une enquête sur la moralité. Monsieur Drapeau n'a pas encore fait son choix politique, mais il réfléchit à voix haute. Il affirme qu'il serait vain de s'en prendre au régime, si l'on ne cherche pas à « briser le système » qui produit ces régimes. Et il enchaîne: « C'est le système qui est en cause, le système fondé sur le favoritisme, le patronage, la mainmise des grands intérêts, ce système qui fait, par exemple, que le même homme, qui, en 1933, souscrivait à un programme de libération économique et de réformes sociales, a fait depuis matraquer des ouvriers en grève et, tout récemment, a cédé une ressource importante, le gaz naturel, à des intérêts américains. (...) Pour ma part, en tous cas, le combat que je mène ne vise pas

---

1. *Le Devoir*, 13 janvier 1959.

seulement le renversement d'un homme et d'un régime, mais l'instauration dans le Québec d'une politique qui assure l'épanouissement spirituel et le bien-être matériel de la population dans un climat de confiance et de dignité. » [1] C'est ainsi que Jean Drapeau suscite de nouveaux espoirs. Saura-t-il éviter le cheminement de l' « homme de 1933 » ?

Maurice Duplessis meurt et Paul Sauvé lui succède. Pour les Libéraux en Chambre, on l'a dit, c'est le pessimisme le plus profond; mais, dans l'ensemble du Québec, c'est un espoir. « Il n'a passé que quelques semaines, Sauvé, confiera Georges-Émile Lapalme à Pierre de Bellefeuille, mais tout le climat a changé. Une révolution, ça ne prend qu'un climat la plupart du temps. Il y a eu quelques révolutions en France qui n'auraient pas eu lieu, si le matin il y avait eu 25 degrés sous zéro. Les gens ne seraient pas descendus sur la place publique. Alors il y a le climat physique et il y a l'autre. Là, à ce moment-là, il y a un climat; c'est général partout. On s'attend à des choses. Lesquelles? Personne ne le sait. » [2]

Le matin du 2 janvier 1960, Paul Sauvé meurt. Il aura occupé son poste pendant « cent jours ». Il n'en faut pas plus pour que, politiquement, les Libéraux jubilent. « Alors là, instantanément, le Parti libéral a vu sa chance de passer. Parce que, avec le troisième premier ministre qui arrivait là, en la personne de Barrette, nous étions convaincus que l'Union nationale ne ferait pas le poids. » [3] Lapalme écrira dans ses mémoires: « Paul Sauvé, premier ministre du Québec pendant cent jours, disparut dans une apothéose qui s'ouvrit sur la route de Jean Lesage; il n'y avait plus rien devant le chef libéral. Entre amis, nous ergotions sur ce phénomène qu'est la chance. Dans la politique, j'avais toujours été obligé de me dynamiter des voies: devant Jean Lesage, les obstacles disparaissaient d'eux-mêmes, sans l'aide d'un coup de pouce. » [4]

À l'automne de 1959, René Lévesque semble de plus en plus intéressé à la vie politique active. Beaucoup d'observateurs le « sentent venir ». En fait, il en discute à l'occasion avec Gérard Pelletier, Jean Marchand et Pierre-Elliott Trudeau. « J'avais été, nous confiera René Lévesque, une espèce de collaborateur bouche-trou assez occasionnel, très occasionnel même, à Cité Libre qui était encore

1. Le Devoir, 14 février 1959.
2. Pierre de Bellefeuille et Jean-Pierre Bergeron, op. cit.
3. Ibid.
4. Georges-Émile Lapalme, Le vent de l'oubli (mémoires, tome II), Leméac, 1970, pp. 281-282.

dans ses grosses années, je pense, qui était encore assez marquant. Et, comme ça, j'avais connu professionnellement Pelletier, puis Marchand que je connaissais depuis longtemps, du temps de l'université, puis Trudeau que j'avais rencontré comme ça, assez peu, mais quand même. Alors c'était un groupe occasionnel où nous discutions de ces choses-là à l'occasion. Nous avions des liens avec des universitaires, surtout de Québec. Marchand lui-même et des gens comme René Tremblay, Maurice Lamontagne et d'autres qui avaient travaillé au programme du Parti libéral. Bref l'équipe du Père Lévesque. Pour ce temps-là, 1960, tel qu'il se présentait en gros, le programme libéral était quand même une formidable avance sur ce que le Québec avait connu auparavant: des slogans, des promesses creuses et tout ça. Alors, pour une fois, il y avait un engagement écrit et très concret sur beaucoup de points. Ça nous intéressait et on regardait ça en groupe. En même temps, il y avait une sorte de discussion périodique sur l'utilité d'entrer en politique. Puis on se faisait dire ça par Marchand; puis on se faisait dire ça par d'autres. » [1]

Ces discussions sur le programme du Parti libéral durent de janvier à mars 1960. Mais il faudra opter. Les dernières élections québécoises avaient eu lieu en 1956. Et le gouvernement de Barrette n'ayant plus le « souffle » de celui de Paul Sauvé, il est certain que des élections générales auront lieu en 1960. Quand? Les Libéraux l'ignorent. Mais ce n'est plus qu'une question de semaines. Le Parti libéral accepte l'essentiel des recommandations de ce groupe d'intellectuels québécois. Il aimerait bien aussi recruter comme candidats quelques-uns de ceux qui ont participé à ces discussions. Car, sauf erreur, il s'agit là du noyau d'hommes le plus intéressé à l'action du parti.

« À un certain moment, raconte René Lévesque, Jean Lesage nous a donné signe de vie. Il a demandé, je ne me souviens pas par quel intermédiaire, peut-être Marchand lui-même ou peut-être Lamontagne, si certains d'entre nous, de ce groupe qui tournaillait autour de ce genre d'indécision, de Cité Libre et des syndicats, si un certain nombre d'entre nous étaient prêts à être candidats, parce que les élections s'en venaient. Ça, c'était au début du printemps. Puis on s'en est parlé; on s'est réuni quelques fois. » [2]

Mais la plupart branlent dans le manche. Ils ont tous un boulot assez stable qui fait qu'ils hésitent à faire le saut en politique. De plus, ils croient qu'ils sont aussi utiles là où ils sont, du moins pour

---

1. Entrevue avec René Lévesque, 9 mai 1973.
2. *Ibid.*

l'instant. Le temps presse. Voilà maintenant deux semaines que la campagne électorale est commencée. Jean Lesage ne peut attendre plus longtemps, car il doit compléter la liste des candidats. « Le dernier soir, nous dit René Lévesque, Lesage attendait à l'hôtel Windsor et nous dans la chambre de Jean Marchand à l'hôtel Mont-Royal. À deux pas donc. Puis, si j'ai bonne mémoire, il y avait Trudeau, Pelletier, Marchand et probablement deux ou trois autres. Il fallait prendre une décision, parce que Lesage avait dit: « Je voudrais bien le savoir ce soir. Il ne reste plus tellement de comtés à remplir. » À chaque élection, c'est toujours ainsi. Quand la campagne est déclenchée, tu ne peux pas attendre les retardataires. Alors Lesage dit: « Il ne reste pas beaucoup de comtés, surtout dans la région de Montréal, et j'aimerais bien savoir combien d'entre vous ont décidé de venir. Deux, trois, quatre? » Finalement, il n'est resté que moi. Ce qui fait qu'à minuit, une heure, j'ai appelé Lesage et je suis allé au Windsor. Je lui ai dit: « Bien, me voilà. Les autres ne sont pas mûrs. » » [1]

René Lévesque choisit la politique. Pourquoi? Il y a bien sûr le programme du Parti libéral qui lui plaît. Mais il y a plus. Il livre fort judicieusement au journaliste Jacques Guay ses réflexions à ce sujet. « C'est toute une combinaison de facteurs. À force de suivre la politique, tu deviens frustré. J'étais là-dedans jusqu'au cou, de conventions canadiennes en conventions américaines ou québécoises. En 1956, j'avais couvert la fin de la campagne de Pierre Laporte qui avait été battu comme candidat libéral. (...) Quelques mois plus tard, il y a eu la publication du livre des abbés Dion et O'Neil, *Le chrétien et les élections*, qui dénonçaient les mœurs électorales. Et puis il y a eu le Rassemblement des forces démocratiques, cette espèce de groupe politique parallèle que Trudeau a voulu mettre sur pied en 1958. C'était bien beau de gueuler contre Duplessis, mais il fallait faire quelque chose. En 1960, j'ai été frappé par le programme libéral et surtout par la personnalité de Lapalme. Lapalme était axé sur la justice sociale peut-être plus que bien des gars qui s'en gargarisent aujourd'hui. J'étais le seul du groupe Pelletier-Marchand-Trudeau qui pouvait embarquer. J'ai sauté dans le bateau. » [2]

Lorsque René Lévesque dit qu'il était déjà dans la politique jusqu'au cou, cela est certain. Radio-Canada l'avait maintes et maintes

1. Entrevue avec René Lévesque, 9 mai 1973.
2. Jacques Guay, « Comment René Lévesque est devenu indépendantiste », *op. cit.*

fois chargé de couvrir des congrès politiques ou des élections. « C'est ainsi qu'il se rendit aux États-Unis pour les congrès et élections de 1952, 1956 et 1958 et qu'il s'occupa des élections fédérales canadiennes de 1953, 1957 et 1958 ainsi que des élections provinciales de 1952, 1956 et 1958. Il connaissait bien les partis et les programmes politiques et, de tous ceux qu'il connaissait, c'est le programme proposé par le Parti libéral de Québec en 1960 qu'il aimait le mieux. « C'était un bon début », devait-il dire plus tard. » [1]

Un autre témoignage au sujet de son choix politique nous vient de trois journalistes qui lui posent la question « Votre engagement politique s'est-il fait d'une façon accidentelle ou par goût personnel? » « Je ne suis pas bien fort sur la psychanalyse de moi-même, répond-il. Avant de me lancer dans la vie politique, les dernières années, qui étaient aussi les dernières années du régime Duplessis, comme journaliste, j'étais très proche des questions politiques. À force de parler de ce que font ou ne font pas les autres, tu finis par avoir le goût de t'en occuper. Tu sais, il y a une sorte de déformation qui mène à ça dans ce métier que je faisais. Et puis, il y a aussi le fait que Duplessis est mort en 59; M. Sauvé, s'il avait vécu... on ne sait pas, mais il est mort. Puis il y a eu M. Barrette. Est-ce que c'était vraiment une fin... Ça pressait de les décoller après seize ans. Alors on était un groupe au début, mais j'ai été le seul de ce groupe à s'embarquer parce que les autres, pour des raisons valables, ne pouvaient pas. Alors on s'est dit en groupe: « Il n'est pas question de discuter la qualité de l'instrument, c'est un autre vieux parti, le Parti libéral. Mais, Seigneur, il faut débarquer l'Union nationale parce que, si on ne le fait pas, mieux vaut s'exiler, Bon Dieu! » Moi, à ce moment-là, j'avais trente-sept ans. » [2]

Donc les témoignages concordent. René Lévesque opte pour la politique d'abord parce qu'il en a pris goût, également parce qu'il ressent comme bien d'autres le besoin de mettre la main à la pâte pour amener la défaite de l'Union nationale et enfin parce que le programme du Parti libéral l'attire. Mais il y a aussi la présence de Georges-Émile Lapalme chez qui il admire le sens de la justice. Peut-être se remémore-t-il également cet entêtement du chef libéral, la plupart du temps désintéressé parce que sans grand espoir de

1. Ken Johnstone, « René Lévesque à la conquête de l'économie », *Le Maclean*, décembre 1961, p. 65.
2. André Gilbert, Pierre Larivière et Jacques Patenaude, « Vingt ans de journalisme, Mouvement-Souveraineté-Association, Espoir-Difficultés-Avenir », *Défi*, sans date (probablement publié entre janvier et avril 1968), p. 5.

succès, à lutter sans arrêt contre Duplessis et sa franchise « réaliste »? Lapalme lui-même écrira à ce sujet: « Ai-je, comme il l'a dit en public et en privé, contribué directement ou indirectement à sa venue dans nos rangs? (...) Était-ce ce programme? Était-ce ma présence parmi les candidats? Était-ce mon passé? René Lévesque évoqua mon nom pour expliquer son entrée dans le Parti libéral. J'en pris naturellement grand plaisir. »[1]

De toute façon, l'arrivée de René Lévesque réjouira énormément Jean Lesage et Georges-Émile Lapalme. « Le mûrissement de la campagne électorale, note l'ancien chef du Parti libéral, nous valut une corbeille de fruits fraîchement cueillis: de bons candidats, un homme prestigieux et un scandale fait sur mesure. Ce petit homme, devenu grand dans l'opinion publique, je n'ai pas à dire qu'il s'appelait René Lévesque. En dépit d'une voix cassée et d'un physique peu redoutable, il était la TÉLÉVISION. Son émission *Point de Mire*, dix fois supérieure à celle de Pierre Lazareff dans *Cinq colonnes à la une*, à Paris, d'une technique et d'une envergure jamais égalées depuis, en avait fait le dieu des ondes imagées. Dans sa recherche d'hommes forts, Jean Lesage, réfléchissant tout haut devant moi, s'était arrêté sur ce nom: « Qu'en penses-tu? » C'était formidable, mais était-ce possible? Oui, tout allait se lier. »[2]

René Lévesque sera candidat du Parti libéral dans le comté montréalais de Laurier. Cette décision est prise à l'hôtel Windsor, le soir où il fait part à Jean Lesage de son choix politique. « Je me souviens, nous raconte-t-il; il m'avait offert le choix entre deux comtés, à la condition de me faire accepter par les militants. L'un était Laurier et l'autre était dans l'ouest, quelque chose comme Saint-Laurent. J'ai choisi Laurier, parce que, dans mon travail pour la télévision, un des coins favoris pour l'interview dans la rue que, moi, j'ai toujours aimé beaucoup, la prise des témoignages, les réactions et tout ça, c'était la Plaza Saint-Hubert. Et la Plaza Saint-Hubert, c'est Saint-Hubert en plein cœur de ce qu'était le comté de Laurier. J'ai dit: « Merde, je connais ce coin-là. Puis il me semble que je peux m'entendre avec ce genre de climat. » Comme je ne connaissais rien en politique, j'ai dit: « Je vais essayer là. » C'est comme ça que ça s'est décidé. »[3]

---

1. Georges-Émile Lapalme, « Le vent de l'oubli », op. cit., pp. 286-287.
2. Georges-Émile Lapalme, *Ibid.*
3. Entrevue avec René Lévesque, 9 mai 1973.

Le 6 mai, René Lévesque annonce publiquement sa candidature dans ce comté Montréalais. Son adversaire, de l'Union nationale, M. Arsène Gagné, est député du comté à l'Assemblée législative depuis 1955. Devant le public et les journalistes, le nouveau candidat expose les motifs qui l'ont amené « à plonger dans cette campagne, dit-il, avec tout ce que je peux avoir de force et de métier ». Ces motifs, on les connaît maintenant. « Le programme du parti répond à mon humble avis, note-t-il, à nos problèmes les plus réels et les plus pressants et je trouve tout simplement que ça vaut la peine de payer de sa personne pour tâcher de le faire passer et travailler ensuite, si les électeurs sont d'accord, à le réaliser. Je suis convaincu, de même que la majorité des Québécois, du moins je le crois et je l'espère, que les cadres de l'Union nationale ne renferment plus que les restants d'un régime. Pour la santé et la dignité même de la province et de chacun de ses citoyens, il est plus que temps que ça change. Des hommes comme Lesage, Lapalme, Gérin-Lajoie, Hamel et les autres ont prouvé, en tenant le coup avec ténacité, en démocratisant les structures libérales et en faisant adopter le remarquable programme du parti, qu'ils sont l'équipe de remplacement dont nous avons un besoin immédiat si nous ne voulons pas tomber dans une humiliante paralysie politique. » [1]

Mais quel est donc ce programme auquel on fait si fréquemment allusion? Il comporte 54 articles; certains ne seraient que pur rattrapage, d'autres changeraient fondamentalement le visage du Québec. Globalement, il s'agit d'un effort sérieux pour mettre de l'ordre dans les affaires publiques québécoises. Dans le secteur de l'éducation, on prévoit, entre autres, la gratuité scolaire à tous les niveaux et la création d'une commission royale d'enquête sur l'éducation. Dans le domaine proprement économique, on promet de créer un conseil d'orientation économique qui serait « le grand planificateur de notre vie économique et industrielle ». On mettra également sur pied un ministère des Richesses naturelles qui verra à assurer à l'Hydro-Québec la propriété et l'exploitation de toute énergie hydroélectrique non concédée, à régulariser les taux d'électricité à travers le Québec et, au besoin, les abaisser là où ils sont trop élevés. Les mesures les plus importantes touchant le bien-être social seraient l'institution immédiate d'un système gouvernemental d'assurance-hospitalisation, la promulgation d'un code du travail et la création de tribunaux du travail. On promet enfin une enquête royale sur

---

1. *La Presse*, 7 mai 1960.

l'administration de la chose publique sous le régime de l'Union nationale, une réforme du fonctionnarisme, de même qu'une réforme électorale. Il est entendu qu'on établirait un contrôle sévère sur les finances publiques, qu'on assainirait ces mêmes finances par l'octroi des contrats de travaux publics après demande de soumissions publiques et qu'on abolirait le système des octrois discrétionnaires. [1]

Antonio Barrette a annoncé, le 27 avril, la tenue d'élections générales. Mais une campagne électorale, c'est un peu comme la locomotive à vapeur de notre enfance: elle démarre lentement avant d'atteindre un rythme de plus en plus intense et saccadé. Le 6 mai, au moment où René Lévesque annonce sa candidature, Jean Lesage rend public le programme du Parti libéral lors d'une conférence de presse au Reine-Elizabeth.

Durant la semaine qui suit, René Lévesque s'attache à planifier la campagne électorale dans son comté. Arsène Gagné, son adversaire, avait battu Pierre Laporte en 1956. Mais il y a peut-être encore dans ce comté une tradition contestataire, puisqu'on y avait élu en 1948 André Laurendeau, alors chef provincial du Bloc populaire. La lutte ne sera pas facile puisque, dès la première semaine, les adversaires de René Lévesque ont décidé de personnaliser le débat. Et pourtant on a peut-être jamais discuté plus qu'à cette époque de l'épuration des mœurs électorales. Le 13 mai, *Le Devoir* écrit: « Puisque l'on insiste sur le civisme et la moralité de la campagne électorale, voyons un peu les résultats. Dans la circonscription de Laurier, on le sait, MM. Arsène Gagné (UN) et René Lévesque (libéral) s'affrontent. « Une lutte propre est prévue dans... Laurier », déclare *Le Guide du Nord* de M. Jacques Francœur (fils de feu Louis) en page 2 de cet honorable journal de quartier qui doit bien vivre si l'on se donne la peine d'examiner les pages huit et neuf, occupées par des annonces de l'Union nationale, dont l'une pose la question suivante: «Qui est l'ami de cœur de René Lévesque?» Pour toute réponse: une photographie de Krouchtchev avec, en médaillon, celle de René Lévesque, et un article (non signé) de M. Gaston Houde où on reproche au commentateur une conférence qu'il a prononcée sur la Russie et M. Nikita Krouchtchev. Le tout constitue un placard publicitaire de l'Union nationale pour le compte de M. Gagné. Nous sommes le 13 mai. Les élections sont prévues pour le 22 juin. Ça commence bien! »

1. Voir Jean-Louis Roy, *Les programmes électoraux du Québec*, tome II, Leméac, pp. 378-388.

René Lévesque laisse porter l'attaque du « Guide du Nord ». L'heure est à la diffusion des idées du Parti libéral. Il prononce un de ses premiers discours comme homme politique au centre paroissial Saint-Marc de Shawinigan. C'est René Hamel, député libéral, qui représente le comté de Saint-Maurice à l'Assemblée législative. Les journalistes signalent que, dès l'arrivée de René Lévesque dans la salle, on lui fait une ovation du tonnerre. Il déclare qu'un gouvernement libéral, une fois au pouvoir, exigerait « des royautés négociables aux prix du vingtième siècle » en ce qui concerne l'exploitation des richesses naturelles et il affirme que les grandes compagnies, minières ou autres, devraient employer « des gars de la province de Québec, avant de confier les hauts postes aux Américains ». Il s'en prend également à la « politique de cataplasme de l'Union nationale ».

Maurice Duplessis avait tablé fréquemment sur le sentiment autonomiste des Québécois. En maintes occasions, il en avait fait un slogan électoral, conscient qu'il jouait alors sur du velours. Antonio Barrette, en 1960, voyant que les Libéraux présentent un programme axé sur le développement culturel et économique des Québécois, enfourche à nouveau le bon vieux cheval de l'autonomie provinciale. Il avait rapporté des dividendes aux cavaliers précédents; pourquoi n'en serait-il pas encore ainsi?

Comment attaquer cette position? Ce n'est pas facile, car les Libéraux s'y étaient cassé les dents en 1954, lors de la création de l'impôt provincial sur le revenu. À Shawinigan, René Lévesque met cartes sur table. Pour lui, il ne s'agit là que d'un écran de fumée, d'une sorte de mot-tambour qui n'a que la propriété de résonner. Il ajoute: « L'Union nationale se sert du mot autonomie comme d'un lapin mécanique qu'on place dans les courses de chiens pour les faire courir. Il y a quinze ans, dit-il, que l'Union nationale se sert de l'autonomie pour nous faire marcher. » [1]

L'accueil que lui réservent les citoyens de Shawinigan est encourageant; mais il n'est pas au bout de ses peines dans son propre comté. Le 20 mai, des organisateurs de l'Union nationale le contraignent à changer de local. « Le comité central de M. René Lévesque, candidat libéral dans la circonscription de Montréal-Laurier, écrit Le Devoir, n'est plus au 7060, rue Saint-Hubert. Le propriétaire de l'endroit, qui loue parfois cette salle pour des noces, des bals et des réceptions diverses et qui obtient alors un permis

---

1. La Presse, 16 mai 1960.

temporaire de la Commission des liqueurs du Québec, est venu dire à M. Lévesque, hier matin, de bien vouloir quitter les lieux. Il lui a fait comprendre que des hommes de M. Arsène Gagné, le candidat de l'Union nationale dans ce comté, l'avaient menacé de ne plus obtenir de permis temporaires, s'il continuait à louer sa salle à M. Lévesque pour la durée de la période électorale. Le comité central de M. Lévesque se trouve donc maintenant quelques portes plus loin, soit au 7175, rue Saint-Hubert. » [1]

Les attaques personnelles contre René Lévesque ne se limitent pas à son comté. Le *Montréal-Matin*, un quotidien qui est alors la propriété de l'Union nationale, entre dans la danse. Il relève la question de Louis-Joseph Pigeon, un député québécois aux Communes. « À la Chambre des communes, un député a tenté de savoir quelles étaient les sommes que Radio-Canada avait versées à M. René Lévesque, commentateur et aujourd'hui candidat libéral dans le comté Montréal-Laurier. Comme à l'accoutumée, il a été impossible d'obtenir le renseignement. Ce sont là des secrets que Radio-Canada ne veut pas dévoiler. Les contribuables sont obligés de payer et de laisser payer n'importe quoi à n'importe qui en échange de n'importe quoi, et ils ne peuvent en savoir davantage. Rappelons, toutefois, qu'il a été soutenu que d'avril 1958 à novembre 1958, soit un maximum de huit mois, il avait été versé à René Lévesque, par Radio-Canada, près de vingt-huit mille dollars. (...) Les revenus de M. Lévesque ailleurs ne nous intéressent pas. Cependant, le public a le droit de savoir ce qu'il paye et ce qu'il a payé pour faire de René Lévesque une vedette qui ne se cherchait qu'un tremplin pour se lancer dans la politique. M. Lesage lui a fourni ce tremplin et, le 22 juin prochain, tous deux se retrouveront au fond de l'eau, battus à plate couture, avec la plupart des autres candidats libéraux. » [2]

Au moment où le quotidien de l'Union nationale publie ces lignes, Gérard Filion, éditorialiste au *Devoir*, formule sa satisfaction au sujet de la qualité de la publicité électorale depuis le début de la campagne. « Le public, note-t-il, aura remarqué que la publicité des deux partis, depuis le début de la campagne électorale, est empreinte de dignité. À l'exception d'une saleté contre René Lévesque, affaire d'un sous-ordre, les placards publicitaires ne sont pas descendus au niveau du préjugé ou, ce qui est plus grave, de la calomnie. » [3]

1. *Le Devoir*, 21 mai 1960.
2. *Montréal-Matin*, 26 mai 1960.
3. *Le Devoir*, 27 mai 1960.

Globalement, la campagne électorale n'est assurément pas descendue au niveau du préjugé et l'éditorialiste a raison de se réjouir. Mais on sent que la présence de René Lévesque au sein des Libéraux agace l'Union nationale. On tente de plus en plus de l'identifier au « communisme ». Le Devoir rapporte: Nouvelles Illustrées, vous savez, ce journal courageux où il est constamment question de « caves » et des « braves », reproduit dans son édition du 28 mai la même page de propagande électorale que celle qui avait paru dans Le Guide du Nord. Cette sale publicité est sans doute « affaire de sous-ordre », conclut le quotidien montréalais. [1]

Au moment où cet hebdomadaire diffuse cette publicité, Jean Lesage emploie les mêmes arguments pour dénoncer un riche financier américain, Cyrus Eaton. Il somme le premier ministre Barrette de retirer à M. Eaton les concessions des mines de fer que l'Union nationale lui a faites dans l'Ungava, « parce que, dit-il, ce personnage est celui qui est allé donner l'accolade à M. Krouchtchev, l'insulteur du président des États-Unis et du monde libre ». André Laurendeau en a soupé de ces accusations. Il écrit: « Je comprends que M. Lesage ait été tenté de servir à l'Union nationale un plat qu'elle aime lancer à ses adversaires de choix. Mais, d'une certaine manière, c'est justifier une tactique scandaleuse. Les calomnies de l'Union nationale ne rendent pas légitimes les calomnies du parti libéral. » Et Laurendeau de relier cette accusation à celles proférées contre René Lévesque: « Mais si le chef libéral peut lancer une accusation aussi évidemment dépourvue de vérité, il justifie du même coup, d'une certaine manière, les insanités que des sous-ordres de l'Union nationale pratiquent à l'endroit de M. René Lévesque. Ami de Krouchtchev, Lévesque? Personne à l'état-major UN ne le croit une minute: c'est un argument électoral; on l'emploie, parce qu'il impressionne peut-être des naïfs ou des fanatiques; et comme, en politique, « tous les moyens sont bons », pourquoi pas se servir de celui-là? Que les partis fassent donc la trève, en matière de sottises. Cela nettoiera l'atmosphère et nous entendrons discuter les vrais problèmes. » [2]

René Lévesque, pas plus que pour Le Guide du Nord ou Montréal-Matin, ne répond à cette publicité de Nouvelles Illustrées. Il mène son boulot de candidat et son organisation a trouvé une nouvelle formule qui sera fort utilisée par la suite, les « assemblées

---

1. Le Devoir, 28 mai 1960.
2. Le Devoir, 31 mai 1960.

de cuisine ». C'est ce que, du moins, rapporte un quotidien montréalais. « Le candidat libéral dans Montréal-Laurier, M. René Lévesque, y écrit-on, mène une campagne assez exceptionnelle, faisant ce qu'on appelle du porte-en-porte. Chaque soir, en effet, et ce au rythme approximatif de trois résidences par soir, M. Lévesque réunit un petit groupe de personnes dans une maison donnée et vient causer familièrement avec ces gens. Le « truc », paraît-il, remporte beaucoup de succès. » [1]

Mais, depuis le début de la campagne, étant une des « vedettes » du Parti libéral, il doit s'absenter de son comté pour prendre la parole dans d'autres régions. Ainsi se rend-il à Thetford Mines appuyer le candidat Émilien Maheux. Dans chacun de ses discours, il traite de nombreux sujets. Il reprend, comme tous les autres orateurs libéraux, le « scandale du gaz naturel ». Pour lui, il s'agit là « du plus gros coup de bourse jamais réussi dans l'histoire ». « Les ministres, dit-il, ont accumulé des profits énormes en se servant de l'argent du peuple. Trois politiciens de l'Ontario, accusés d'avoir fait de l'argent en se servant de leur influence, ont été démis de leurs fonctions le lendemain. Au Québec, tous les ministres impliqués dans la transaction du gaz sont encore au pouvoir. » Mais pour René Lévesque, il y a plus. Le parti lui-même de l'Union nationale est une formation politique déphasée. « N'oublions pas, dit-il, que ses deux anciens chefs ne seront plus là pour administrer la province. Non, je vous le dis. Le gouvernement actuel ne peut plus faire face à ses obligations. Il est aujourd'hui dans un monde nouveau. Feu l'hon. Maurice Duplessis a lui-même dit qu'un gouvernement au pouvoir durant quelque quinze années consécutives est un gouvernement pourri. Vraiment, il n'a plus un programme tracé, plus d'idées. C'est un parti sans chef qui ne cherche qu'à protéger les intérêts de ses membres et de leurs amis. » [2]

Et les attaques de l'Union nationale contre l'ex-journaliste continuent. On croit avoir trouvé le filon qui lui vaudra une défaite électorale. Le 4 juin, le journaliste Jean-Paul Poitras signe, dans le journal de l'Union nationale, *Notre Temps*, un violent article contre Radio-Canada et René Lévesque. Ce journaliste se montre fort insulté de la présence récente du candidat de Laurier à une émission de la société d'État. Il écrit: « Lundi, 23 mai, la télévision d'État, qui avait cru bon, on ne sait pourquoi, de téléviser la remise des

---

1. *Ibid.*
2. *Le Soleil*, 31 mai 1960.

trophées lors du premier Congrès du spectacle, ménageait à René Lévesque une surprise qu'il faut bien considérer comme la participation de Radio-Canada à la campagne de son commentateur favori et sa souscription personnelle à sa caisse électorale. L'affaire était bien montée. L'occasion bien ordinaire en apparence et l'intention bien pure! On allait remettre des trophées. À celui-ci, à celui-là, pour en arriver à René Lévesque: prix pour annonceur-commentateur-animateur. On a tu le motif réel probablement: prix pour candidature libérale. La cabale a fonctionné. Claque à tout casser, ovation prolongée (diraient les bulletins de nouvelles russes en parlant des grognements de Krouchtchev), à croire que le monde des artistes venait de faire l'unanimité. (...) Sauf que les téléspectateurs n'ont pas été dupes. Ils ont découvert la manœuvre et ont compris qu'on avait supprimé de l'horaire les programmes réguliers ce soir-là pour faire discrètement à René Lévesque une belle publicité gratuite, c'est-à-dire aux frais des contribuables. »

Mais ce n'est pas tout. Pourquoi le gouvernement fédéral a-t-il refusé de dévoiler le salaire de René Lévesque à Radio-Canada, tel que l'avait demandé le député Pigeon? Le journaliste Poitras croit posséder la réponse. « La Société ne veut pas qu'on révèle le montant des cachets payés à son favori, M. René Lévesque. Elle sait qu'on pourrait utiliser contre ce pur le fait gênant qu'il a reçu, à même les deniers publics et pour trois années seulement, des cachets fabuleux. M. René Lévesque serait bien mal venu après cela de pérorer sur le prétendu scandale du gaz naturel et sur toutes les personnes qui émargent au budget provincial. Il est un gavé. Il est rumeur qu'il a reçu pour les seules années de 1956, 1957 et 1958 plus que le salaire d'un député fédéral pendant quinze ans et plus que le salaire d'un député provincial pendant vingt-cinq ans. » [1]

Jamais René Lévesque ne répondra à de telles attaques durant la campagne électorale. Au début de juin, il accélère le tempo. Désormais, du lundi au samedi, de 18h à 18h10, il présentera sur les ondes du poste radiophonique CKAC un « Point de Mire » politique, au cours duquel il discutera de la campagne. C'est du moins ce que signale la publicité payée par le Parti libéral. Son horaire est de plus en plus chargé. Dimanche, le 5 juin, par exemple, il quitte Montréal vers midi pour prendre la parole à Mont-Laurier à 14h. Durant la soirée, il s'adresse aux citoyens de La Tuque. Le lendemain matin, il revient dans son comté montréalais pour

---

1. *Notre Temps*, 4 juin 1960.

voir aux affaires courantes, avant de prendre la parole à Saint-Hyacinthe à midi. On le retrouvera à Québec durant la soirée.

À cette occasion, il est l'invité d'honneur du ralliement libéral au Palais Montcalm en faveur du candidat de Québec-Centre, Henri Beaupré. Après avoir développé les articles du programme du Parti libéral, René Lévesque tente de convaincre son auditoire que bien des choses ont maintenant changé au pays du Québec. « L'Union nationale, dit-il, va jusqu'à se vanter de ne pas avoir changé de programme depuis 1931 et trouve curieux que les Libéraux aient un programme neuf. Il faut être dénué de sens commun pour ne pas sentir que les choses ont évolué depuis 1931. La population seule du Québec a plus que doublé. Il y a eu l'industrialisation, il y a eu la guerre, les moyens de communication, il y a ce progrès rapide, ce développement foudroyant. Et l'Union nationale vient dire au peuple qu'elle n'a pas besoin de programme et qu'elle ne peut concevoir que les Libéraux sentent le besoin d'un programme. De telles déclarations montrent le non-sens de ces gens », ajoute le candidat libéral dans Laurier.

Puis il tente de sapper les fondations mêmes du parti de Duplessis. « L'Union nationale, affirme René Lévesque, n'a plus l'homme capable de maintenir l'ordre dans ce parti. Autrefois, le parti ne faisait qu'un. Personne n'a d'ailleurs entendu parler d'une seule discussion entre les membres de l'U.N., sauf dernièrement. L'assemblée des députés de l'Union nationale faisait croire à un groupe d'automates sans réflexes personnels. Le tout se décidait dans les hautes sphères. L'élection même de M. Barrette semble avoir été décidée par un petit groupe dans le secret d'une chambre, hors de la portée des députés. La raison de cette uniformité, dit M. Lévesque, c'est que, dans l'Union nationale, il n'y a pas d'idées. Tout le monde sait que les idées viennent en choc. Il n'y a que des intérêts. Tant qu'un homme savait distribuer la galette entre chacun des membres et imposer son ordre, il n'y a pas eu dissension. Mais maintenant que la lutte aux intérêts est ouverte... » [1]

Le 8 juin, c'est la fin des mises en candidature dans le Québec. Dans le comté de Montréal-Laurier, un candidat du nom de René Lévesque, et qui n'est pas René Lévesque, le « vrai », appose son nom sur les bulletins de vote. Est-ce là un nouveau geste de l'Union nationale pour confondre les électeurs et amener la défaite de Lévesque? Nul ne le sait. Chose certaine: René Lévesque, le

---

1. *L'Événement-Journal*, 7 juin 1960.

journaliste, devra affronter son homonyme que personne ne connaît et qui se présente sous l'étiquette d'« artiste ». La loi, alors, permet une telle confusion.

Il est intéressant de voir quelle image de René Lévesque diffuse l'organisation libérale de Laurier. Sur un placard publicitaire, on lit : « René Lévesque, le libéral de l'année, nous offre dans Montréal-Laurier une voix enrouée mais qui porte dans toute la province, une des voix les plus écoutées du Québec, qui s'acharne à parler de NOS problèmes, qui s'obstine à dire les faits et la vérité pour tous. » On l'oppose alors au candidat Gagné, « une voix, y lit-on, typiquement Union nationale qui se réveille quelques jours à chaque élection ... et se rendort ensuite pendant quatre ans ». On ajoute qu'il est dans l'intérêt des électeurs de Laurier de voter pour René Lévesque, car il s'agit là d'« un homme nouveau qui ne calomnie personne, ne cherche à salir personne et dit ce qu'il pense ». Suit alors l'appel pour un vote en faveur du «renouveau libéral » qui signifiera « du travail pour tous les bras valides, l'instruction assurée pour tous les talents, la sécurité pour les personnes âgées, les invalides, les aveugles, les veuves, et l'espoir et l'entraide au lieu de la peur et de la mesquinerie ».[1]

Le quotidien *Montréal-Matin* ne se laisse pas intimider par cette publicité, lui qui sent le besoin de parler de René Lévesque tous les jours. Il explique pourquoi : « Nous parlons de M. Lévesque assez souvent pour la bonne raison qu'il incarne une inclination plus gauchiste que jamais du Parti libéral, pour la bonne raison que lui, parfait inconnu des milieux libéraux, est soudain devenu un personnage que M. Lesage veut montrer partout. La défaite de M. Lévesque est assurée : il y laissera son dépôt. Ce qui nous intéresse, cependant, c'est de savoir jusqu'à quel point lui et le Parti libéral iront pour tenter de fausser l'opinion publique. »[2]

René Lévesque poursuit sa campagne. À Saint-Hyacinthe, il développe un nouveau thème : l'éducation pour tous. Il accuse l'Union nationale de mépriser systématiquement la première richesse du Québec — sa jeunesse — en permettant que « la moitié des jeunes soient gaspillés pour la vie pour n'avoir pas obtenu la chance d'aller jusqu'à la limite de leur talent, de poursuivre leurs études à cause de leur pauvreté ». « La gratuité de l'enseignement à tous les niveaux, dit-il, que proposent les Libéraux, est le seul moyen de

1. *Le Guide du Nord,* 9 juin 1960.
2. *Montréal-Matin,* 9 juin 1960.

mettre un terme de toute urgence à l'entreprise de déshumanisation qu'a systématisée le régime vieilli de l'Union nationale. Si j'ai accepté de faire de la politique, ajoute-t-il, c'est que je considère la situation grave. Si nous ne réagissons pas immédiatement, nous deviendrons comme eux et le sens démocratique se perdra dans les faveurs, les positions humiliantes, l'asservissement total de l'homme à une politique de désintégration nationale. Ce mauvais gouvernement est au-dessous du niveau intellectuel et moral de la race canadienne-française. Nous méritons mieux que ça. Gardiens et dépositaires de la culture française en Amérique, nous devons nous imposer par la qualité afin de conserver ce qui nous reste de profil français. » [1]

Le lendemain soir, 9 juin, se tient dans le comté de Mercier le ralliement libéral en faveur du candidat Jean-Baptiste Crépeau. Plusieurs orateurs s'y font entendre dont MM. Antonio Lamer, André Nadeau, Georges Lachance et Jacques Vadeboncœur. René Lévesque y va d'un verbe imagé. Après avoir mis en garde l'électorat contre « les fabricants d'élections », « la pluie des octrois » et « les chiffres tronqués », il dit déceler un courant à travers la province qui montre que « la population en a assez de l'Union nationale qui est dans le fromage depuis 16 ans et qui ne se rend pas compte que ça ne sent pas bon ». « Et ces 16 ans, dit-il, ont été 16 ans de *patchages*, de pavages et de ponts. » [2]

À l'assemblée de Roxton Falls, le 10 juin, René Lévesque attaque encore plus durement l'Union nationale. « Il y a trois sortes de ministres à Québec: ceux qui peuvent dire ou, si vous préférez, qui pouvaient dire: « Oui, M. le premier ministre », ceux qui disaient: « Oui, Maurice », et enfin Paul Sauvé. Après la mort de Paul Sauvé, personne n'avait la main assez ferme au sein de l'Union nationale pour conduire une telle sorte de gouvernement, avec le résultat que ce parti a aujourd'hui à sa tête un chef qui lui est imposé. (...) Les méthodes inavouables employées par l'Union nationale se cachent derrière les intérêts qu'ils veulent protéger, c'est-à-dire les leurs. On n'hésite pas à recourir à l'intimidation et au chantage pour s'assurer des votes et par suite le pouvoir. Derrière une absence de programme, d'idées, on camoufle son impotence en matière d'administration par une politique de rapiéçage, d'octrois discrétionnaires. Si le peuple du Québec conserve à sa tête de tels dirigeants, il finira par leur ressembler, à sa courte honte. Les problèmes négligés sont les

---

1. *La Presse*, 9 juin 1960.
2. *La Presse*, 10 juin 1960.

plus importants pour le peuple canadien-français. L'éducation en fut un exemple pendant de nombreuses années et l'assurance-hospitalisation en est un autre. Je n'en finirais pas de citer les bévues, l'incompétence de ces hommes, le manque d'esprit patriotique de ce ramassis de politiciens. Ils ont instauré chez nous le régime de l'abaissement de la personne humaine, à tel point que pour se mériter leurs faveurs, qui en fait sont la reconnaissance des droits de tout citoyen libre en démocratie, il faut se traîner à genoux, à leurs pieds. Ces gens vendent notre province à l'étranger, alors que nous n'en tirons rien à notre profit personnel et légitime. » [1]

On avait cru que René Lévesque ne relèverait jamais la publicité de l'Union nationale faisant de lui « l'ami de cœur » de Nikita Krouchtchev. Après l'assemblée de Roxton Falls, il se rend à l'hôtel de ville de Magog pour appuyer le candidat libéral Georges Vaillancourt. Pour René Lévesque, les organisateurs de l'Union nationale refusent d'employer « le vrai mot » dans ce placard publicitaire, « parce que, dit-il, ce sont des lâches ». Il ajoute: « Mais, moi, je vais vous le dire, le vrai mot: *communiste*. C'est bête, c'est pas risqué, mais ça peut frapper. Tout ça, parce que j'ai voulu m'informer, parce que j'ai voulu être curieux! Le jour où on commencera vraiment à être curieux et à vouloir connaître la chose publique, il n'existera jamais plus d'Union nationale dans la province. » Il s'en prend ensuite à la politique d'Antonio Barrette. « Comme ministre du Travail, M. Barrette, pas content de la politique de M. Duplessis, s'en est allé bouder chez lui comme un petit enfant, mais il n'a pas oublié d'emporter, avec son sac de bonbons, son portefeuille de ministre. Maintenant, le petit garçon qui a boudé chez lui pendant un certain temps est le troisième grand, et voilà qu'il se rappelle de son temps d'ouvrier. Je me souviens de la grève de Louiseville où l'hon. Barrette a servi d'intermédiaire comme ministre du Travail. Il a tenu sa promesse en disant qu'il règlerait cette grève. En effet, elle s'est réglée, mais à coups de revolvers et de matraques. L'hon. Barrette se présente devant l'électorat en disant: « Moi, je n'ai pas changé. » Certainement pas, puisqu'il est resté figé là depuis 35 ans. » [2]

Le 13 juin, signe des temps, la Shawinigan Water & Power Co. publie dans les journaux du Québec une pleine page de publicité titrée « Le Québec approvisionne le monde en amiante » (!). On

1. *La Voix de l'Est*, 11 juin 1960.
2. *La Tribune*, 11 juin 1960.

y conclut: « Voilà un autre domaine où l'énergie hydro-électrique joue un rôle de tout premier plan. » [1] Cette compagnie d'hydro-électricité sentirait-elle la soupe chaude? Pourtant René Lévesque n'a pas fait allusion une seule fois à une nationalisation possible.

Mardi soir, le 14 juin, se tient à Montréal le premier grand ralliement public de René Lévesque. L'homme est attendu. Plus de 1,500 personnes s'entassent dans le sous-sol de l'église Saint-Jean-de-la-Croix pour l'entendre pendant plus de deux heures, soit jusqu'à 23h35, pourfendre l'Union nationale. Ils ne retourneront pas à la maison déçus, puisque René Lévesque y déballe tout son coffre d'outils. Un journaliste témoin écrit: « Il a été tour à tour mordant, sarcastique, cruel, confondant l'adversaire par une boutade ou une argumentation serrée et expliquant à sa manière les problèmes politiques et sociaux les plus complexes en les rendant intelligibles à tous. » [2] Il reprend en gros les thèmes qu'il a développés ailleurs dans le Québec et tout son discours se résume en ces quelques mots: « Je suis candidat libéral pour trois raisons principales. Tout d'abord parce que l'Union nationale est un mauvais gouvernement, ensuite parce que le programme du Parti libéral correspond aux besoins de la population et enfin parce que les électeurs pourront faire respecter les promesses faites par les Libéraux. »

Pour plusieurs, il fait bon entendre, dans un Québec qui a vécu il n'y a pas si longtemps Asbestos, Louiseville et Murdochville, un candidat se faire le défenseur acharné du syndicalisme. « M. Lévesque, rapporte le journaliste présent, a traité de la question syndicale comme ne l'a jamais fait un homme politique. Il a expliqué ce que signifiait le droit d'association, il a parlé de la nécessité pour les travailleurs comme pour les employeurs d'avoir des organisations syndicales, en précisant que, dans le Québec, ce droit est violé. Il y a quelque cinq ans, dit-il, je suis allé à Schefferville. Pour entrer en contact avec les employés, un organisateur syndical a été obligé de sauter d'un avion pour entrer dans la région fermée. Le jour, il se tenait caché. Ce n'est que le soir, à la tombée de la nuit, qu'il sortait de sa cachette pour rencontrer, dans le noir, dans des coins obscurs des campements, les travailleurs afin de monter une organisation syndicale. » [3]

La campagne menée par René Lévesque semble porter fruit aux Libéraux. C'est du moins ce que conclut Le Devoir dans un

---

1. Le Devoir, 13 juin 1960.
2. Le Devoir, 16 juin 1960.
3. Ibid.

premier bilan à moins d'une semaine du scrutin. « Ceux qui ont suivi M. Barrette un peu partout dans la province, y lit-on, ceux qui, même par simple curiosité, examinent la publicité de l'Union nationale sont étonnés de l'acharnement avec lequel orateurs, publicistes, cabaleurs tentent de déprécier, de démolir René Lévesque, candidat du Parti libéral dans Laurier. À ceux-là qui s'étonnent d'entendre le premier ministre attaquer René Lévesque dans chacun de ses discours, à ceux-là qui peuvent lire dans les journaux à la solde de l'Union nationale les injures et les insultes quotidiennes que l'on lance à René Lévesque et qui se demandent pourquoi René Lévesque est devenu « le point de mire » de l'Union nationale, la réponse est facile à fournir: qu'ils aillent entendre un soir René Lévesque parler de politique provinciale, de l'Union nationale, du programme du Parti libéral, et ils comprendront que René Lévesque est un homme que l'Union nationale se doit d'abattre le plus tôt possible car lui, René Lévesque, à lui seul, va terrasser l'Union nationale. René Lévesque est connu. René Lévesque est influent. René Lévesque est intelligent. René Lévesque est orateur convaincu et convaincant. Le 22 juin, il vaudra au parti libéral, sans compter les voix qu'il récoltera dans son propre comté de Laurier, des dizaines de mille voix. C'est actuellement l'orateur peut-être le plus recherché du Parti libéral. Les foules s'entassent pour l'entendre; tantôt elles écoutent religieusement, tantôt elles applaudissent à tout rompre. Et selon l'expression d'un organisateur libéral, personne ne quitte l'assemblée sans être convaincu de voter libéral. C'est cela qui fait actuellement la force de René Lévesque et en même temps le désespoir de l'Union nationale. » [1]

La version de Georges-Émile Lapalme est identique. « Durant la campagne de 60, il ravagea le sous-sol et les étages de l'Union nationale. Jean Lesage faisait un bon combat et je me donnais avec la même ardeur que si j'avais été le chef du parti, mais celui qui devint la grande attraction des foules fut René Lévesque, dont les discours d'un style nouveau, pittoresque, pleins d'incidences et de trouvailles littéraires, captivaient pendant des heures des auditeurs venus voir une vedette et trouvant un homme politique. Un parti politique a-t-il jamais eu comme recrue de dernière heure une telle étoile? Il fut l'un des atouts majeurs de notre victoire. » [2]

---

1. *Le Devoir*, 16 juin 1960.
2. « Le vent de l'oubli », *op. cit.*, pp. 287-288.

La veille de ce grand ralliement qui devait tant emballer le journaliste du *Devoir*, c'était l'étonnement général dans le comté de Montmorency. Après 15 années d'enrouement, René Lévesque retrouvait sa voix normale. Les journaux rapportent l'incident. « Miracle ou mutation due à des causes physiques, René Lévesque a retrouvé la voix, une voix agréable, plaisante. » Lui-même raconte ainsi cette transformation: « Je me trouvais lundi soir dans le comté de Montmorency, près de Sainte-Anne-de-Beaupré. J'ai voyagé le soir, tête découverte, dans une automobile décapotable. Le matin (est-ce un miracle de la bonne sainte Anne qui veut que je poursuive cette campagne d'épuration?), mon timbre de voix était normal. » M. Barrette devra donc cesser de parler du « mince filet de voix de René Lévesque ». C'est une voix qui vaudra des milliers de voix au parti libéral. » [1]

Dix-huit et 19 juin, voilà le dernier *week-end* avant la tenue du scrutin. L'Union nationale et les journaux qui sont sous sa coupe se lancent à fond de train dans des attaques personnelles contre le candidat libéral de Montréal-Laurier. Pour *Nouvelles illustrées*, « René Lévesque manque de dignité et fait comme la grenouille qui se prend pour un bœuf ». *Notre Temps* va plus loin. L'ex-animateur de Point de Mire serait « un gauchiste avancé et militant, un socialiste débridé qui ne peut cacher son admiration sans borne pour Krouchtchev et tout ce qui se fait en Russie soviétique ». Mettant en parallèle une déclaration du cardinal Alfredo Ottaviani à l'effet que « les communisants ouvrent la voie à l'Antéchrist », le journal s'adresse à René Lévesque. « Non, René Lévesque, la population de chez nous n'a aucune admiration pour la Russie communiste, ni pour l'affreuse dictature des pays derrière le rideau de fer. Nous ne voulons à aucun prix de l'esclavage du peuple, des ouvriers aux hommes de science, sous la botte implacable d'une bureaucratie sans pitié, appuyée par une abominable Gestapo. Non, le *paradis* soviétique n'a aucun attrait pour nous et nous ne sommes jamais ébahis devant ses agissements calculés et son infâme propagande. Élevés dans de saines traditions chrétiennes, nous dédaignons aussi le gauchisme et le socialisme avancés. Nous sommes peut-être d'intelligence moyenne seulement, mais nous trouvons ridicule que de petits personnages prétentieux viennent affirmer faussement, stupidement, que *Jésus-Christ* était un *gauchiste*, le plus grand *révolutionnaire*, le

---

1. *Le Devoir*, 16 juin 1960.

plus grand gauchiste même de tous les temps. [1] Pourtant non, René, le Christ n'avait rien d'un révolutionnaire: il n'a eu à l'égard du monde que des paroles de vérité, de bonté, de paix et de charité.» [2]

Cette façon de s'en prendre à un adversaire réformateur s'insère bien dans la tradition de l'Union nationale. Qu'on pense à Maurice Duplessis qui, durant les années 30, avait fait voter la célèbre « loi du cadenas » interdisant à toute personne d'utiliser sa maison pour propager le bolchévisme ou le communisme. Et comme ce parti politique avait une définition assez extensible du terme « communiste », cela lui permettait d'identifier plus rapidement un adversaire à cette main velue qui, par suite d'une conspiration mondiale, cherchait à s'emparer du Québec. Ainsi Duplessis se présenta souvent comme le défenseur de la liberté et l'adversaire de cette « menace sournoise ».

Durant cette dernière fin de semaine de campagne électorale, Antonio Barrette s'en prend également à René Lévesque. Lors d'une assemblée à Saint-Jean d'Iberville en faveur du candidat Paul Beaulieu, il déclare que « si M. René Lévesque retourne à Radio-Canada, après avoir perdu son dépôt comme candidat libéral dans Laurier, la province de Québec va prendre les mesures nécessaires pour avoir sa radio d'État. (. . .) Nous n'endurerons pas, ajoute-t-il, qu'un personnage qui se prétend intellectuel passe son temps à dénigrer et calomnier les dirigeants. » [3] Touchant les journalistes justement, M. Barrette annonce qu'après le 22 juin « chaque fois qu'un journaliste portera une accusation contre les dirigeants publics, il devra prouver ses accusations. Il devra prouver et dire d'où proviennent ses renseignements. Il devra prouver ses accusations ou il devra s'excuser. »

Jean Lesage, pour sa part, termine sa campagne en province. Il visite trois régions du Québec: Chicoutimi, Saint-Hyacinthe et Shawinigan. Il tient alors une demi-douzaine d'assemblées et prononce de nombreux discours à la radio. À Saint-Hyacinthe, il dénonce durement la forme de publicité de l'Union nationale et s'en prend à Robert Rumilly. « Nous avons, dit-il, l'opération gauchisme. On a sorti l'importé Rumilly, qui me fait penser à une vipère venimeuse que nous avons trop longtemps gardée sur notre sein, qui se tourne aujourd'hui contre les Canadiens français pour les darder dans leurs

---

1. Allusion à la conférence de René Lévesque du 3 novembre 59 devant l'Association des hommes d'affaires du nord de Montréal.
2. *Notre Temps*, 18 juin 1960.
3. *Le Devoir*, 20 juin 1960.

opinions. Il laisse entendre que nous sommes des gens qui méprisons la religion catholique? M. Rumilly, retournez chez vous, nous n'avons pas de leçon à recevoir de vous. Vous prétendez que la gratuité scolaire est condamnée par l'Église? Menteur public, Rumilly. J'ai été membre du Cabinet Saint-Laurent. J'étais ministre du Nord canadien et c'est en cette qualité que j'ai établi des écoles dans le Nord, des écoles fédérales catholiques. J'avais charge d'un territoire où les catholiques étaient en minorité et j'étais ministre dans le gouvernement d'un pays où la majorité n'est pas catholique. Et l'on va prétendre que la religion serait en danger avec un gouvernement que je dirigerais? Bande de lâches! C'est l'*Opération salissage*. On tente de salir un homme respecté de toute la province, M. René Lévesque. On vous amènera Claude-Henri Grignon qui prétend rompre avec le Parti libéral. Il ne rompt pas, il ne l'a jamais été, libéral. Il a même voté bleu en 1930 pour le régime *tory* de Bennett. Le Parti libéral n'est ni à gauche ni à droite. Il est comme la proue d'un navire: il est au centre, et va vers le progrès de la province de Québec. Toutes ces opérations de dernières minutes sont dues à l'épouvante de l'Union nationale. La peur a changé de camp. La peur bleue, c'est eux qui l'ont. » [1]

À quelques heures du scrutin, René Lévesque transmet ses directives aux électeurs de Montréal-Laurier. « Il faut, dit-il, que chaque citoyen fasse sa part pour s'assurer que le vote populaire soit faussé le moins possible mercredi prochain. » [2] Il demande à tous les citoyens d'aller voter et de refuser toute somme d'argent qui pourrait leur être offerte pour acheter leur vote ou pour les induire en erreur. Quant aux manœuvres du genre de celles employées dans Laurier où l'on a mis en lice un homonyme, Lévesque conseille: « Il faut que les électeurs se renseignent sur les candidats en présence pour que ces manœuvres malhonnêtes soient déjouées. Dans Montréal-Laurier, par exemple, il faudra se rappeler pour ne pas faire le jeu méprisable de ceux qui ont employé cette manœuvre, il faudra se rappeler, si l'on veut voter pour le candidat libéral, que c'est pour René Lévesque, journaliste, qu'il faudra voter et non pas pour celui qui se dit *artiste*. » C'est le 19 juin, lors d'un ralliement au centre paroissial Notre-Dame-du-Rosaire à Montréal, qu'il conseille ainsi à ses électeurs de garder l'Union nationale à l'œil.

---

1. *Le Devoir*, 20 juin 1960.
2. *Ibid.*

151

L'Union nationale dans le comté de Laurier passe des paroles aux actes, ce qui semble donner raison à René Lévesque. En effet, *Le Devoir* écrit: « L'acharnement de l'Union nationale contre René Lévesque semble sans limite. Les déclarations, les documents publicitaires et tout le bazar ne suffisent pas; c'est maintenant au tour des fiers-à-bras d'entrer en scène. Aussi, au cours du week-end, l'automobile de M. Laurent Kochenburger, l'un des organisateurs du candidat libéral dans Montréal-Laurier, a-t-elle été endommagée en face du 7319, rue Boyer. De plus, on a mis le feu dans une boîte aux lettres sise à quelques pas du comité central de M. Lévesque, soit à l'angle des rues Jean-Talon et Saint-Hubert, dans ce qui semble avoir voulu être une tentative destinée à détruire la publicité électorale envoyée par la poste aux électeurs du comté. Mais ce n'est pas tout. Au cours du week-end, des inconnus ont téléphoné à M. Eugène Tanguay, président d'élections dans Montréal-Laurier, pour lui demander de leur *vendre* des bulletins de vote. Comme celui-ci leur répondait qu'il était un honnête homme et qu'il n'avait aucunement l'intention de se prêter à de telles manœuvres, les inconnus l'ont prévenu qu'ils se préparaient à faire un petit *raid* contre son domicile. « De cette façon, ont-ils déclaré, ta conscience sera tranquille... » Et, de fait, dimanche, des inconnus sont entrés par effraction chez M. Tanguay. Mais les voleurs ont raté leur coup grâce à l'intervention rapide de la police. M. Tanguay avait en effet pris soin d'alerter cette dernière à la suite du coup de téléphone qu'il avait reçu plus tôt. » [1]

Mais le Parti libéral a vraiment le vent dans les voiles. Depuis l'ouverture de la campagne de Jean Lesage à Louiseville, le 8 mai, l'Union nationale est sur la défensive. Le changement de climat dont parlait Georges-Émile Lapalme s'est opéré au profit des Libéraux et ceux-ci ont su obliger constamment le parti de Duplessis à se défendre. Le 20 juin, les trois « L », Lesage, Lapalme et Lévesque, les grands responsables de l'allure de la bataille, se retrouvent sur la même tribune à Montréal. « Le Palais du Commerce, écrit *Le Devoir*, était plein à craquer. Il y avait une mer de monde depuis l'estrade d'honneur jusqu'au fin fond de la salle, où la foule se perdait dans la fumée. À l'extérieur, c'était encore plus considérable. La police, à qui nous avons posé la question, a estimé le nombre d'auditeurs à environ 25,000. La rue Berri était complètement fermée à la circulation depuis la rue de Montigny jusqu'à la rue Ontario. Les trois principaux

---

1. *Le Devoir*, 21 juin 1960.

orateurs ont été l'objet de longues ovations. Il s'est écoulé une dizaine de minutes entre le moment où le chef libéral a été présenté à la foule et celui où il put commencer à parler. » [1]

La publicité oppose les trois « L » du Parti libéral aux trois « B » de l'Union nationale, Barrette, Bellemare et Bégin. Jean Lesage, dont les proches craignaient qu'il s'épuise et flanche avant la fin de la campagne, est en pleine forme. Ses envolées oratoires sont entrecoupées d'applaudissements. « Jamais un peuple, s'écrie-t-il, n'a été aussi déterminé à obtenir sa libération. La démonstration de ce soir est le signe avant-coureur de cette immense clameur de soulagement qui s'élèvera de toutes les bouches mercredi soir. Nous sommes prêts non seulement pour cette libération, mais aussi pour l'heure de la restauration qui commencera le 23 juin au matin. Pour cela, nous avons un programme complet de gouvernement, préparé par des hommes qui se sont penchés sur tous les problèmes de la juridiction provinciale et qui ont préparé un programme dynamique qui redonnera à la province le premier rang. Pour ce faire, voyez l'équipe merveilleuse qui m'entoure. Voyez leur expérience, leur compétence, leur dynamisme. Tous ensemble et avec votre aide, nous pouvons mettre la province sur le chemin de la justice, du bien-être et du progrès. »

René Lévesque fait l'éloge du Parti libéral et de ses dirigeants. « Si on était sûr de toujours avoir un auditoire comme ça, dit-il, on ne ferait plus de télévision et M. Barrette serait content! Je suis fier en particulier de suivre les deux hommes politiques les plus complets et les plus généreux que j'aie connus, M. Lesage et M. Lapalme. On doit à M. Godbout les deux plus grands projets du dernier quart de siècle: le vote des femmes et l'Hydro-Québec. Avec M. Lesage et M. Lapalme, on va connaître une autre génération de progrès. Avec le Parti libéral, on a le moyen de faire de la province de Québec une chose dont on a le contrôle. Avec la Fédération libérale, on peut chaque année faire le procès de ce qui s'est fait. Le Parti libéral nous traite comme des hommes et des femmes responsables. Nous avons maintenant un mauvais, un vieux gouvernement qui méprise les gens de la province de Québec. Il trompe le peuple à sa face. Il se prétend ouvrier et parle de la *boîte à lunch*, mais la vérité c'est qu'il a abandonné les ouvriers il y a 25 ans, il les a laissé matraquer par la police provinciale. » [2]

---

1. *Ibid.*
2. *Ibid.*

Le succès de ce grand ralliement impressionnera plus d'un observateur. Beaucoup oseront alors parier sur les chances des Libéraux. L'Union nationale, pour sa part, qui, une semaine plus tôt, rêvait d'obtenir 75 des 95 sièges, avance maintenant le chiffre de 56 députés en sa faveur.

Le lendemain, 21 juin, veille du scrutin, Gérard Filion, directeur du *Devoir*, se montre conforme à la tradition du journal. À chaque campagne électorale, ce quotidien montréalais tente de séparer le bon grain de l'ivraie et enjoint par la suite ses lecteurs à voter pour tel et tel homme et tel ou tel parti. Dans son éditorial intitulé « Faut-il que ça change? », Filion ne se montre pas très dur à l'égard de l'Union nationale. Il en conclut tout de même: « Le renforcement de l'Opposition doit-il aller jusqu'au renversement du gouvernement? Nous n'y voyons aucune objection. Seize ans de pouvoir, c'est assez. Dans le cas de l'Union nationale, c'est peut-être trop. Les Libéraux furent tout-puissants à Ottawa durant vingt-et-un ans. Ils étaient devenus autocrates et arrogants. Homme pour homme, le ministère Diefenbaker ne va pas à la cheville du ministère Saint-Laurent. Et pourtant le changement d'équipe eut de bons effets, principalement celui de convaincre les Libéraux qu'ils n'avaient pas une hypothèque à perpétuité sur le gouvernement du pays. Il serait temps que l'électorat québécois fasse subir la même rigueur à l'Union nationale. La démocratie parlementaire repose sur un délicat jeu d'équilibre entre le pouvoir et l'opposition, avec l'alternance des partis à l'une et à l'autre fonctions. Dans Québec, après seize ans d'un régime ininterrompu du même parti, c'est le temps que ça change. » [1] Filion donne ainsi raison aux Libéraux qui avaient adopté comme slogan électoral « c'est le temps que ça change ».

Robert Rumilly n'est pas de l'avis de Filion et, à quelques heures du scrutin, une feuille signée de sa main est distribuée parmi les ecclésiastiques québécois. C'est *Le Devoir* qui rapporte cet incident. « À la veille même du scrutin, la propagande électorale de l'Union nationale a de nouveau pris d'assaut le clergé de la province en faisant parvenir aux ecclésiastiques une feuille due à la plume de Robert Rumilly et intitulée: *Un brelan de gauchistes*. Dans cette feuille, où les caractères de typographie sont imprimés en bleu, le célèbre (!) historien de feu M. Duplessis s'en prend vivement à trois *inspirateur, publiciste* ou *candidat* du Parti libéral provincial, soit MM. Jacques Hébert, Jean-Louis Gagnon et René Lévesque. Il

---

1. *Le Devoir*, 21 juin 1960.

dénonce ce qu'il appelle les sympathies, quand ce n'est pas les liaisons, de ces trois hommes avec le communisme et la Russie soviétique. Cette feuille accompagnait une brochure de 30 pages portant sur le gauchisme et le Parti libéral. Est-il besoin de préciser que l'auteur de la brochure est M. Rumilly?...» [1] Décidément on n'aura pas hésité à se servir d'arguments semblables jusqu'à la fin.

Mais les jeux sont faits. Juin, le 22: les politiciens se taisent. Ils ont eu 55 jours pour transmettre leur message. Aux 2,500,000 électeurs du Québec, répartis dans 95 comtés, à prendre la parole. L'Union nationale avait fait une campagne à l'ancienne; oserait-elle « faire » une journée d'élections à l'ancienne, c'est-à-dire tenter « une vaste conspiration pour enchaîner la liberté et acheter le silence de la population » ? Jean et Marcel Hamelin nous décrivent ces méthodes électorales plus que centenaires qui permettent à un parti de se maintenir au pouvoir, lorsqu'elles sont largement uti-lisées. « Les pratiques conventionnelles, fiers-à-bras, tripotages des listes d'électeurs, télégraphes, faux bulletins, sont utilisées dans les comtés urbains et dans les comtés où la défaite d'un candidat aura un retentissement provincial. » [2] Retrouverons-nous ces pra-tiques le 22 juin 1960? Pas dans l'ensemble du Québec.

Cependant la journée est longue dans le comté de Montréal-Laurier, car il s'agit là justement d'un comté urbain où la défaite du candidat libéral aurait un énorme retentissement. Au début de la matinée, une vingtaine de bureaux de scrutin reçoivent la visite de cinq fiers-à-bras qui repoussent tous les préposés au vote et placent des bulletins de vote dans les boîtes. Les bandits élec-toraux avaient renfermé tous les officiers d'élection dans des pièces adjacentes pour mieux faire leur boulot. Durant la journée, des bandes de voyous patrouillent le comté pour intimider ceux qu'on soupçonne d'allégeance libérale. Vers 17h30, des représentants du faux René Lévesque visitent un grand nombre de bureaux. Ils se présentent avec des procurations pour remplacer, disent-ils, les re-présentants du candidat libéral officiel. Finalement on saisit dans le comté un grand nombre de bulletins de vote contrefaits, qui étaient d'avance marqués au nom du candidat de l'Union nationale. Cette dernière tactique est découverte dans plusieurs autres comtés montréalais. Le Devoir conclut que l'histoire de 1956 se répète et

---

1. Le Devoir, 22 juin 1960.
2. Jean et Marcel Hamelin, Les mœurs électorales dans le Québec, de 1791 à nos jours, Éd. du Jour, 1962, p. 116.

que le banditisme est à l'œuvre dans le comté de Laurier. Pour les historiens Hamelin, il s'agit là des scènes les plus dégoûtantes des années 1850 qui refont surface.

La situation de René Lévesque est donc précaire. Les bureaux de vote ferment à 18h30. Les premières projections laissent entrevoir une très chaude lutte. Dans le comté de Laurier, la majorité change de camp à chaque nouveau résultat. Paul Earl, Libéral de Montréal-Notre-Dame-de-Grâce, est le premier député élu. William Cottingham, ministre des Mines, réélu. Paul Beaulieu, ministre de l'Industrie et du Commerce, battu dans son comté de Saint-Jean. Antonio Barrette réélu. Wilfrid Labbé, unioniste, battu. Georges-Émile Lapalme réélu. Jean Lesage élu. Johnny Bourque, ministre des Finances, battu. Paul Dozois réélu. Antoine Rivard, en difficultés, de même que Joseph-Damase Bégin. Yves Prévost, Secrétaire de la province, réélu. Armand Maltais, réélu.

À 21h30, on confirme l'élection de René Lévesque, le « vrai », dans son comté de Laurier. Il dira lui-même par la suite qu'il a été élu « par la peau des dents ». En fait, il avait recueilli 14,015 votes, contre 13,878 voix pour son adversaire de l'Union nationale. Il est probable que, n'eût été de la présence du « faux » René Lévesque qui obtint 910 voix, la majorité de 137 voix de René Lévesque aurait été supérieure. De toute façon, là ne s'arrête pas sa véritable majorité, car il faut tenir compte des manœuvres frauduleuses employées contre le candidat. Le lendemain, on estimera à 5,000 le nombre de voix jetées illégalement dans les boîtes de scrutin en faveur du candidat de l'Union nationale.

Au moment où l'ex-animateur de Point de Mire est élu, la lutte est extrêmement chaude entre les deux partis politiques en présence. L'Union nationale compte 25 élus, les libéraux 24 et un indépendant a réussi à se glisser entre les deux. Il reste donc 45 sièges à pourvoir. Ils feront la différence. Gérard Filion écrit que, quel que soit le résultat de l'élection, il s'agit là de la fin d'une ère politique, l'ère Duplessis. « La politique provinciale ne sera plus la même au cours des prochaines années. C'est une ère nouvelle commencée avec l'arrivée de M. Sauvé qui se continuera et s'amplifiera. Les méthodes duplessistes, qui ont fait fortune durant une génération, sont totalement dévalorisées. Le peuple du Québec n'acceptera plus de se faire mener à coups de bâton comme il le fut à partir de 1944. M. Lesage sut admirablement profiter des circonstances et il démontra durant la dernière campagne une énergie remarquable et un sens aigu de la politique. Il ne commit aucune erreur de jugement, il ne prononça pas la moindre parole regrettable. Selon toute apparence, il sera, la semaine prochaine ou l'an prochain, le premier ministre de la province de Québec. » [1]

Jean Lesage ne sera pas premier ministre du Québec l'an prochain, mais bien le soir même du 22 juin. À 23h, l'élection du Parti libéral est confirmée. Les Libéraux remportent 51 sièges et les Unionistes, 43. « C'est peut-être l'un des scrutins les plus serrés des annales politiques du Québec: 61 candidats élus ont des majorités inférieures à 10% du vote, 34 n'ont pas 5%. Un aspect inédit et fort significatif du scrutin: un parti urbain prend le pouvoir. Les Libéraux n'ont triomphé que dans 28 des 58 circonscriptions rurales, mais remportent 23 des 37 circonscriptions urbaines. C'était la première fois qu'un parti recrutant le gros de sa clientèle dans les milieux urbains prenait le pouvoir à Québec, à l'exception peut-être de l'élection de 1939 où les Libéraux s'étaient aussi appuyés sur des majorités urbaines. » [2]

La télévision nous montre un soir d'apothéose pour le Parti libéral. Devant ses partisans réunis à Québec, Jean Lesage s'écrie: « Mesdames, messieurs, la machine infernale, avec sa figure hideuse, nous l'avons écrasée. » [3] René Lévesque, attendu une bonne partie de la soirée par de nombreux téléspectateurs, passe en coup de vent. Avec sa voix non éraillée, il déclare: « Je crois que malgré toutes les pressions, toutes les forces effrayantes du régime, il y avait chez nous assez d'honnêtes gens qui en avaient assez. La première chose qu'il faut changer tout de suite, c'est ce qu'on a vu aujourd'hui, cette espèce de pourrissement des pratiques électorales. J'ai vu des officiers de la Police provinciale dirigeant eux-mêmes des bandits qui entraient par six dans les polls. Je remercie mes électeurs et j'espère mériter l'honneur qu'ils m'ont fait. En terminant, laissez-moi ajouter que je suis heureux d'être ici, ce soir, pour faire un programme à Radio-Canada. »

René Lévesque est élu. Cela complète le tournant majeur qu'il avait pris avec la grève des réalisateurs de Radio-Canada. Pour Gérard Bergeron, Lévesque entre dans une catégorie unique à deux

---

1. *Le Devoir*, 23 juin 1960.
2. Jean Hamelin et André Garon, « L'élection de 1960 », in *Quatre élections provinciales au Québec*, études publiées sous la direction de Vincent Lemieux, Presses de l'Université Laval, 1969, p. 14.
3. Cité par Pierre de Bellefeuille et Jean-Pierre Bergeron, *op. cit.*

titres: « 1) Dans toute sa carrière de journaliste, ce rarissisme internationaliste dans notre milieu avait *fait* dans l'extérieur ou le cosmopolitisme; 2) il fut le seul, et donc le premier, de sa famille idéologique à faire le grand bond dans un *vieux parti*, fait d'autant plus marquant que son énergie à ce sujet n'était pas moins épaisse que celles d'autres qui *sauteront* plus tard, ou s'abstiendront de le faire jusqu'à aujourd'hui. » [1] Et l'on pourrait ajouter que son choix, s'étant porté sur un parti québécois plutôt que fédéral, était déjà significatif de l'importance qu'il accordait aux deux ordres de gouvernement.

Dès le lendemain de l'élection générale, la rumeur veut que René Lévesque soit nommé Secrétaire de la province et titulaire d'un nouveau ministère qui s'appellerait Affaires culturelles. Le 5 juillet, Jean Lesage rend publique la composition de son Cabinet. Son bras droit, Georges-Émile Lapalme, devient Procureur général. Contrairement à la rumeur, René Lévesque s'occupera des Ressources hydrauliques et des Travaux publics. On retrouve Paul Gérin-Lajoie à la Jeunesse, Bona Arsenault aux Terres et Forêts, Gérard-D. Lévesque aux Pêcheries et à la Chasse, Lionel Bertrand au Secrétariat de la province, Bernard Pinard à la Voirie, Paul Earl aux Mines, René Hamel au Travail et aux Affaires municipales, Alcide Courcy à l'Agriculture et à la Colonisation, Gérard Cournoyer aux Transports et Communications, Émilien Lafrance au Bien-être social, J.-Alphonse Couturier à la Santé et André Rousseau à l'Industrie et au Commerce. C.-A. Kirkland est nommé ministre d'État.

Le journaliste Jean O'Neil décrit la cérémonie d'assermentation. « Les belles madames mettent soudainement fin au concert de chuchotements et de froufrous. Jean Lesage paraît et aligne ses hommes. On en voit un petit se mettre au cinquième rang, après Lesage, Lapalme, Hamel, Gérin-Lajoie. Tous sont en grande tenue mais lui s'est contenté d'un complet marine très ordinaire, dont le pantalon un peu court laisse voir une paire de chaussettes bleu-enfant-de-Marie. Pour tout dire, René Lévesque détonnait un peu. Des fourmis dans les jambes, les mains nerveuses, il attendait. Ses collègues portaient la tête haute et saluaient d'un sourire qui, sa femme, qui, la femme d'un autre. Quand tous les ministres eurent prêté serment et quand tous les orateurs eurent bonimenté, ce fut un chassé-croisé de poignées de main et de félicitations. Lévesque disparaît dans le chahut, probablement avec autant de plaisir que

---

1. Gérard Bergeron, *Ne bougez plus !*, *op. cit.*, p. 151.

de facilité. On savait déjà que Lévesque serait, dans le Cabinet, comme la province dans la Confédération: pas comme les autres. »[1]

René Lévesque, Secrétaire de la province et ministre des Affaires culturelles: il n'en avait jamais été question. Tout s'était décidé, le 24 juin, à Saint-Jovite, au nord de Montréal. La veille, il avait reçu un appel téléphonique de Lapalme. « J'avais dit à Lesage au moment de devenir candidat, raconte René Lévesque, qu'une chose m'intéressait particulièrement: les richesses naturelles. Mais il n'était pas question de Cabinet à ce moment-là. Je lui avais dit que je n'aimais pas certaines choses dans le programme à ce sujet. Comme Gaspésien, j'avais conservé de tristes souvenirs et je trouvais justement le programme trop vague au sujet de l'électricité. J'ai fait remarquer à Lesage que je remettrais rapidement en question cette partie du programme. Et Lesage, toujours assez coulant dans ce temps-là — c'est normal à la veille d'une élection — me dit: « Bien, on en parlera. » Le 22 juin, j'ai été élu par la peau des dents. Après l'élection, j'ai reçu un coup de téléphone de Lapalme. Lesage l'avait mis en charge de la région de Montréal, pendant qu'il était allé réfléchir dans la région de Saint-Jovite. Lapalme m'appelle et me dit: « Lesage vous attend demain matin à Saint-Jovite. C'est un beau coin, etc. » Je lui dis: « Mais que veut-il? » « Il est en train, dit Lapalme, de penser à la formation du Cabinet. Et, apparemment, il voudrait que vous en fassiez partie. » C'était la première fois que j'entendais parler de cette possibilité. Il n'y avait, ni de près ni de loin, de conditions posées à ce sujet. J'ai répondu à Lapalme: « Bon, dans ce cas-là, je suis peut-être mieux d'y aller. » Il me dit: « Oui, vous serez mieux d'y aller, parce qu'il y en a beaucoup qui téléphonent pour y être et vous, Lesage demande que vous montiez. C'est peut-être que vous ne l'avez pas demandé. Dépêchez-vous. Montez. » J'y suis donc allé. C'est là que Lesage a accepté l'idée que je m'occupe des Ressources hydrauliques. Et il m'a demandé de prendre en main le ministère des Travaux publics. Mais ce ne devait être que transitoire, le temps de lui permettre de mettre l'administration en marche. »[2]

Ce second ministère est une marque de confiance du nouveau premier ministre québécois à l'égard de René Lévesque. Véritable nid de favoritisme sous l'ancien gouvernement, le ministère des

1. Jean O'Neil, « René Lévesque, un intérêt dévorant: le Canada français », *Le magazine de La Presse*, 7 juillet 1962, p. 4.
2. Entrevue avec René Lévesque, 9 mai 1973.

Travaux publics devra être nettoyé. Jean Lesage, premier ministre et ministre des Finances, est débordé de travail. Lévesque devra donc assurer l' « intendance » aux Travaux publics, alors que l'enquête Salvas, du nom du juge qui la préside, tirera au clair les faits et gestes de l'administration précédente. Quant aux Ressources hydrauliques, c'est l'Hydro-Québec qui, à l'intérieur de ce ministère, intéresse le plus le nouveau ministre. Et il ajoute: « C'est la seule chose vraiment à nous. » [1]

L'équipe libérale se met immédiatement au travail. Et quel travail! *Le Devoir* écrit, le 6 août: « Pour les journalistes... pour peu qu'on s'inquiète de leur sort! ce fut un mois exténuant. Non seulement le premier ministre, mais la plupart de ses ministres ont eu de nombreuses nouvelles à annoncer. Les conférences de presse ont été si fréquentes que parfois il y en avait deux à la même heure! » Et Georges-Émile Lapalme conclut: « Ce fut un déblocage radical et rapide. Dans la joie de la découverte, on entendit peu de protestations, sauf celles de ceux qui craignaient le grand air ou la lumière. Ou les étoiles éteintes de la politique. » [2] Alors que, sous l'ancienne administration, par exemple, seuls les entrepreneurs amis du régime obtenaient les contrats gouvernementaux et que le grand argentier de l'Union nationale distribuait à gauche et à droite des millions puisés à même les fonds publics, le gouvernement libéral demande en juillet 60, pour la première fois depuis 16 ans, des soumissions publiques pour l'exécution de travaux publics. Paul Gérin-Lajoie réclame des soumissions pour la construction de l'École normale des Trois-Rivières et René Lévesque, pour le pont de Shawinigan.

Les Libéraux doivent terminer l'année financière avec le budget précédemment défini par l'Union nationale. Mais on cherche à économiser. Ainsi les travaux commencés, alors que les contrats avaient été accordés avant les élections, sont arrêtés, lorsque cela est possible, et des soumissions sont demandées. René Lévesque insiste sur le fait que le gouvernement sauve énormément d'argent en donnant les contrats par soumissions. « Il a dit que, sous l'ancien régime, des contrats étaient donnés avant même que les plans ne soient complétés. La plupart des contrats étaient donnés *cost plus*; cette expression, ambiguë pour plusieurs, signifie tout simplement que plus cela coûte cher, plus c'est payant pour l'entrepreneur.

---

1. *L'Action catholique*, 6 juillet 1960.
2. *Le paradis du pouvoir* (mémoires, tome III), Leméac, 1973, p. 39.

On lui donne un pourcentage sur le coût total. Cette méthode n'encourage certainement pas l'économie. » [1]

Si la raison de René Lévesque est aux Travaux publics, le cœur est aux Ressources hydrauliques. Mais ce n'est pas là le ministère le plus important du gouvernement du Québec. « Les Ressources hydrauliques, raconte René Lévesque, étaient un tout petit ministère de rien du tout à ce moment-là, parce qu'il s'agissait essentiellement de faire un peu de drainage additionnel, de s'occuper un peu de cours d'eau et d'octrois. La tâche la plus importante du ministère était d'être le garant politique de l'Hydro-Québec. Alors je me suis trouvé les deux pieds dans l'Hydro. Puis là, un gars clé est arrivé au ministère — on n'avait pas d'économiste au ministère — Michel Bélanger. » L'arrivée d'hommes comme Bélanger est vitale pour le gouvernement du Québec. Selon René Lévesque, il faut « trouver des *hommes-moteurs* aux postes clés et les attirer à la fonction publique, car « on ne peut arrêter le gouvernement pour aller à l'école ». C'est un peu, dit-il, comme si un automobiliste apprenait à conduire une voiture qui file à 60 milles à l'heure et l'on sait que la bagnole politique est dans un piteux état ; il faut donc que les mécaniciens s'affairent pendant que la machine est en marche ! » [2]

Avec un peu de recul, Lévesque va plus loin. Il est certain que, sans la présence des premiers hauts fonctionnaires de l'État du Québec, le gouvernement Lesage n'aurait pu mener à terme nombre de ses projets. Lévesque avait dit en 1960: « Nous sommes des apprentis ministres. » Onze années plus tard, il affirme: « En 60, disons, ça faisait seize ans que l'Union nationale était au pouvoir. Alors la première chose qui était évidente, c'est qu'on n'avait pas l'expérience du gouvernement. Après seize ans, il ne reste plus beaucoup de gars qui ont de l'expérience. En fait, c'est assez curieux, mais, dans tout le Cabinet, le seul qui avait jamais eu un ministère à administrer, c'était Lesage lui-même à Ottawa. Comme c'était au fédéral, il fallait que lui-même s'adapte à un nouveau décor et à de nouvelles méthodes. Et tous les autres, il a fallu littéralement s'inventer, quoi! Il n'y avait personne qui avait de l'expérience. Alors on cherchait même la place pour accrocher nos chapeaux et trouver nos bureaux. Mais, peut-être la chose la plus fondamentale dans

---

1. *L'Action catholique,* 19 août 1960.
2. *La Presse,* 20 septembre 1960.

mon cas — chacun a sa façon de procéder — c'est que, étant journaliste, donc spécialisé dans rien — les journalistes, par métier, sont des touche-à-tout — alors tu as toujours une vague idée de toutes sortes de sujets, mais en réalité tu n'es spécialiste de rien. Alors la première chose que j'ai faite — c'est ce qui m'a sauvé la vie, en autant que j'aie pu fonctionner, c'est ce qui m'a donné une chance — c'est que je me rendais compte — j'étais aux Travaux publics à ce moment-là, pour un an, et puis surtout relié à l'Hydro par un autre ministère — je me rendais compte que je n'étais pas un économiste, que je n'étais pas un ingénieur ni un architecte, par conséquent que je n'étais pas équipé professionnellement pour les problèmes que j'aurais à traiter. Je me suis ramassé le plus vite possible la meilleure équipe que j'ai pu trouver, c'est-à-dire que j'ai volé une couple de gars à Ottawa, en particulier Michel Bélanger qui, par hasard, a été le premier économiste professionnel à entrer au gouvernement du Québec. Alors, en essayant de rebâtir une équipe le plus vite possible à l'Hydro où les circonstances l'ont permis, et de gars nouveaux qui étaient prêts à penser à des réformes ou à penser en tout cas à quelque chose de moderne, on a réussi à s'en tirer. Moi, c'est ça qui m'a sauvé: d'aller chercher le plus vite possible une équipe de gars compétents avec qui il y aurait moyen de travailler et qui connaissaient les problèmes. » [1]

L'équipe en place aux Ressources hydrauliques développe un programme, rendu public par le ministre, le 18 octobre 1960. « Rendre tous les citoyens québécois actionnaires dans l'exploitation des immenses richesses naturelles dont est doté le Québec sous ce rapport. » Pour réaliser ce programme, on prévoit la création d'un ministère des Richesses naturelles à la prochaine session, le développement de ces richesses, une aide gouvernementale pour l'établissement de nouvelles industries dans ce secteur, l'emploi de Québécois à tous les échelons administratifs et techniques, la fondation d'un institut des mines, la concession de tous les pouvoirs non encore exploités à l'Hydro-Québec et la remise à l'Hydro du réseau de gaz naturel vendu sous l'Union nationale à l'entreprise privée. « Ce n'est pas beaucoup, ce n'est qu'un début, dit le ministre; mais ce début permettra d'avoir les faits sur lesquels on peut baser une politique viable qui rendra réellement les Québécois propriétaires

---

1. Francine Vachon, *Entrevue avec M. René Lévesque*, Montréal, 5 octobre 1971 (Inédit).

de leur province et leur assurera leur part dans l'exploitation de ces richesses. » [1]

Dans cette même allocution au dîner de clôture de la 17e assemblée plénière des ministres provinciaux des Mines, le ministre des Ressources hydrauliques, avec son langage imagé, compare le Québec à un garçon de 10 ans « qui, dit-il, va en arriver à un véritable sentiment de frustration, si on continue de le refuser dans l'équipe de football du coin de la rue. Il a beau arriver au milieu de l'équipe armé d'un énorme casque protecteur, on le trouve trop fragile, semble-t-il, et, si on décide de le mettre sur les rangs des substituts, il ne joue quand même pas. » [2]

René Lévesque profite de toutes les tribunes qu'on lui offre. Il réfléchit à voix haute et renseigne la population sur ce qui se passe à Québec. Ce qui n'est pas sans agacer certains de ses confrères ministres ou députés. Georges-Émile Lapalme fait écho à ce sentiment. « Chez une vedette, même sans la jalousie, il y a toujours quelque chose de crispant. Au temps où j'en étais une (si j'en fus une) mon déplaisir trop apparent devant certaines choses voyantes ou certaines personnes trop publiques me valait des critiques acerbes. Chez René Lévesque, chaque démarche, même la plus courte, se faisait aux « sunlights » de la télévision ou aux bruits de la radio. Sous des dehors d'une modestie peut-être voulue, peut-être congénitale, il semblait se repaître de cette publicité quotidienne. Ce qui nous faisait croire à ce complexe, c'était l'acceptation de toutes les invitations qu'il recevait dès qu'il s'agissait pour lui de faire un discours ou de prononcer une conférence. L'un de nous disait en faisant rire les autres: « Il suffit que 40 plorines l'invitent dans la Beauce ou dans l'Abitibi pour qu'il quitte le parlement en pleine session! (Au Canada français, le mot plorine, né longtemps après ma prime jeunesse, a un sens très péjoratif quand il s'agit de femmes ayant un certain âge.) » [3]

Il est facile de comprendre une telle attitude, mais il est possible d'expliquer le comportement de René Lévesque. Et les raisons peuvent être diverses. Il a d'abord souvent plus de respect pour la « plorine » que pour le travailleur de parti. C'est peut-être également sa façon de tâter le pouls de l'électorat et d'aller chercher une cer-

---

1. *L'Action catholique*, 19 octobre 1960.
2. *Le Soleil*, 19 octobre 1960.
3. *Le paradis du pouvoir, op. cit.*, p. 51.

taine légitimité du pouvoir entre les élections. Et, bien sûr, il veut
« faire part ». Après les années du régime duplessiste, il est un de
ceux qui ont réhabilité la parole au Québec. À nommer une chose,
on l'exorcise. Enfin, il s'agit peut-être d'une déformation professionnelle chez celui qui, durant les quinze années précédentes, analysait
et commentait la politique nationale et internationale.

Avant même la parution de ce texte de Georges-Émile Lapalme,
nous avions noté cette façon de faire chez René Lévesque. Et nous
lui demandions: « Durant les années de pouvoir, on a l'impression
que vous êtes le seul à vous adresser au public aussi fréquemment
via la presse. Les journalistes rapportent que vous avez le plus haut
taux d'absence en Chambre. Et on s'aperçoit que, finalement, on
peut faire la biographie de René Lévesque uniquement par les journaux. Je ne dis pas qu'il n'y a pas de bonnes interventions en Chambre. Mais comment expliquer cette attitude? Ce désintérêt apparent
pour les travaux parlementaires et cet intérêt pour les divers média? »
René Lévesque répond: « Le plus haut taux d'absence en Chambre
pendant les années de gouvernement, je crois que c'est vrai. Mais,
en Chambre, lorsqu'il s'agissait de mes responsabilités, les crédits
ou les débats sur les lois qui me concernaient, il fallait forcément
que mon dossier soit prêt et que je sois là. Et j'y étais. Mais je crois
que le Parlement, qui est ligoté par la ligne de parti dans le système
britannique, devient — on dit souvent dévalué — mais plus que
ça, devient desséché. Les députés ont souvent l'impression que l'essentiel se passe ailleurs. La technocratie et le Cabinet prennent
l'essentiel des décisions et un gouvernement qui veut jouer comme
ça peut presque vider le Parlement de son contenu réel et sérieux,
parce qu'il contrôle sa *gang* de *back benchers*. Les ministres sont
suffisamment en Chambre pour dire à leurs gars: « Toé, tais toé! »
Et il n'y a rien de plus plat que d'être député *back bencher* d'une
équipe ministérielle. Tu es quasiment obligé de demander la per-
mission pour aller faire pipi. Alors ça vide le Parlement très rapidement de son climat de tension et de rendez-vous essentiel. Alors
c'est vrai que je n'étais pas particulièrement intéressé, sauf quand
j'y étais tenu, au *free for all* parlementaire. D'un autre côté, moi,
par déformation professionnelle en partie et aussi parce que je ne
me sentais vraiment pas à mon aise dans un milieu très fermé,
j'allais en quelque sorte me ressourcer en retrouvant les gens. Il y
avait parfois des journalistes présents qui en faisaient écho. Comme
j'étais journaliste moi-même, je savais peut-être plus que d'autres

jusqu'où aller trop loin avec les journalistes. Alors vous trouverez des échos de conférences ici ou de rencontres là, parce que, moi, j'aimais ça. C'est tout. Je trouvais que tu restais beaucoup plus en contact avec le travail de ton ministère en allant voir les gens et les réactions qu'ils pouvaient avoir qu'en restant toujours dans le circuit fermé de la *gang* professionnelle qui traîne au parlement. Mais ça, c'est par tempérament. » [1]

De toute façon, peu de temps après l'élection, Lévesque a besoin de l'appui de gens extérieurs au gouvernement, car des entrepreneurs libéraux « en pénitence depuis 16 ans » aimeraient bien renouer avec les faveurs du pouvoir. Le 2 novembre, il demande aux Libéraux de Québec-Est de supporter le gouvernement dans sa lutte contre le patronage. Peu d'autres ministres ou députés insistent, mais Lévesque affirme que, depuis le 22 juin, c'est un véritable « déchaînement » de la part de certains Libéraux. « Il va falloir, dit-il, que ceux-là retiennent leur appétit pour que notre régime n'en soit pas un de privilégiés, de favoris, de parasites, ne soit pas une nouvelle Union nationale. » Et il aborde un sujet sur lequel autant les Libéraux que les Unionistes sont chatouilleux: la caisse électorale. Selon lui, le système traditionnel met le gouvernement à la remorque de certains intérêts financiers louches qui ont empli sa caisse électorale. « Ce n'est pas alors le gouvernement qui mène, mais ce sont ces financiers. » Aussi propose-t-il que la caisse électorale soit assumée par l'État.

Bien que le Parti libéral soit au pouvoir, les forces du conservatisme demeurent grandes au Québec. Le ministre des Travaux publics peut en témoigner. Avec constance, il demande à la population d'appuyer le gouvernement. Devant 300 jeunes réunis à Drummondville, il lève un peu le voile sur ce conservatisme. « Plusieurs pressions, dit-il, dans le sens contraire d'une politique sont faites régulièrement sur les ministres. Ces pressions ont pour but un intérêt privé. Nous devons donc avoir également des pressions en faveur et c'est à vous de les faire. » [2] René Lévesque fait sans doute ici allusion à ce que Georges-Émile Lapalme explicitera plus tard. « Le pouvoir, confiera l'ancien chef du Parti libéral, a été pour moi la chose la plus décevante qui soit. À tous les points de vue. D'abord il y avait tellement longtemps que les Libéraux étaient dans l'oppo-

---

1. Entrevue avec René Lévesque, 9 mai 1973.
2. *La Tribune*, 29 novembre 1960.

sition. Alors ce fut une ruée incroyable. Pour la décrire, ça prendrait un volume. Des gens qui vous avaient dit quand vous étiez dans l'opposition qu'ils se battaient pour vous et avec vous au nom des principes et vous demandaient au lendemain de l'arrivée au pouvoir la moitié de la province de Québec. Moi, ça m'a proprement écœuré! » [1]

La première session voit René Lévesque intervenir constamment pour soutenir les politiques du gouvernement: l'assurance-hospitalisation, la modification de l'impôt sur le revenu, la marche de son ministère, etc. Son principal adversaire demeure Daniel Johnson. Le député unioniste de Bagot le harcèle constamment. Les échanges sont vifs. Johnson n'aime pas, par exemple, la Commission royale d'enquête sur l'administration de l'Union nationale, instituée le 5 octobre 1960. Lévesque lui énumère des cas patents de favoritisme. Johnson accuse le ministre des Travaux publics d'être le « fossoyeur de l'école confessionnelle ». Lévesque lui réplique qu'il est « le personnage le plus vomissant » qu'il a jamais connu dans la vie publique. Autant de propos qui n'ont pas été recueillis fidèlement, car le *Journal des débats* n'a pas encore vu le jour.

En janvier 61, le gouvernement libéral soumet aux parlementaires un projet de loi visant à créer un ministère des Richesses naturelles par la fusion de deux ministères, celui des Mines et celui des Ressources hydrauliques. Il s'agit du premier fruit de la cogitation de l'équipe mise sur pied aux Ressources hydrauliques. René Lévesque parraine le projet de loi. C'est pour lui l'occasion d'afficher une pensée politique franchement québécoise. Sans remettre en question le cadre confédératif, il croit que le Québec doit aller au bout des possibilités de ce régime. Et les Québécois, selon lui, ne disposent que d'un seul outil qui leur appartienne vraiment, l'État. Reprochant à l'Union nationale d'avoir fait de l'État « une sorte d'épouvantail pour faire trembler les gens devant leur ombre », il déclare: « l'État doit être pour nous, Canadiens français, une des notions les plus précieuses, parce que nous sommes une nation minoritaire. Il faut, dit-il, que les Canadiens français se servent de leur État pour se tirer de leur situation d'asservissement. » Rappelant les mots du député de Maisonneuve, Lucien Tremblay, à l'effet que les Américains n'étaient tout de même pas pour démolir leurs usines sidérur-

---

1. Entrevue de Fernand Séguin avec Georges-Émile Lapalme, *Le Sel de la Semaine*, Radio-Canada (télévision), 18 novembre 1968.

giques de Pittsburgh pour venir les reconstruire au Québec, René Lévesque enchaîne: « Vous avez là l'image du petit pain qui est le lot de notre peuple et dont il ne peut sortir, si on en croit l'Union nationale. Pourquoi ne pas penser à s'emparer de notre propre marché pour commencer. La province de Québec achète des millions de tonnes de fer chaque année. Pourquoi faut-il que ce matériau nous vienne éternellement de l'étranger? C'est leur façon à eux de réduire au plus simple l'un des problèmes les plus angoissants qui confronte les Canadiens français. »

Le ministre libéral se montre très dur pour Maurice Duplessis. Rappelant que le député unioniste de Mercier, Gérard Thibault, avait dit précédemment que deux ministères étaient trop pour un seul homme, il lui a demandé s'il a oublié qu'un jour un seul homme, qui de l'avis de l'Union nationale était le plus grand de notre histoire, a tout mené dans la province à sa guise, pendant des années, alors que pas un de ceux qui font son éloge aujourd'hui n'osait lui résister ni discuter ses ordres. « En attendant le jugement définitif de l'histoire, ajoute René Lévesque, sur ce génie historique, nous pouvons toujours nous permettre d'élaborer un jugement provisoire, non pas sur un homme, mais sur la façon dont il a traité seul nos affaires à tous, sans discussion possible avec qui que ce soit, même dans l'Union nationale. (...) La province de Québec a été pendant trop longtemps entre les mains d'un petit avocat formé en 1890 avec qui personne n'osait discuter, aux ordres duquel personne n'osait résister. » Et reprenant les arguments des députés Tremblay et Thibault, il réplique: « Vous avez là un exemple de la façon dont tous les gens de l'Union nationale ont été marqués par cette période où la province était dirigée par le plus grand dictateur qu'elle ait connu. » Il termine sa plaidoirie en citant le mot du général de Gaulle en avril 60 à Montréal: « Il est temps que les Canadiens français deviennent des citoyens à part entière. » [1] Le 22 février, la loi créant le ministère des Richesses naturelles du Québec reçoit la sanction royale.

Après la restructuration des Richesses naturelles, le gouvernement libéral crée, le 24 mars, le ministère des Affaires fédérales-provinciales qui a le mandat de favoriser le plein épanouissement de l'autonomie provinciale et la collaboration intergouvernementale. Le même jour, le ministère des Affaires culturelles voit le jour. Du

---

1. *Le Soleil*, 1er février 1961.

même coup, on met sur pied l'Office de la langue française et le Conseil des Arts. Le 3 mars, René Lévesque est amené à prendre la parole en Chambre pour appuyer le projet des Affaires culturelles et il profite de la circonstance pour annoncer aux députés qu'à l'avenir tous les contrats de son ministère seront rédigés en langue française. Le premier budget des Affaires culturelles est minime. Lévesque l'admet et le qualifie même de « budget symbolique ». Mais il ajoute: « Avant de voter un budget, il faut qu'un ordre de priorité soit établi et que les hommes responsables du ministère aient mûri et mis en branle leurs moyens d'action. » [1] Déjà, lors du débat sur les Richesses naturelles, René Lévesque avait affirmé qu'il fallait aller jusqu'au bout des possibilités du régime confédératif. Un mois plus tard, au cours du débat sur les Affaires culturelles, il reformule la même idée. « Le meilleur moyen, dit-il, de faire de l'autonomie positive, c'est d'occuper les champs qui sont dévolus à la province de Québec par la constitution du Canada. »

Au fil des jours, René Lévesque ne livre pas que des observations partisanes. Il prend du recul et commente la politique à la façon d'un analyste, ce qui est nouveau chez les hommes politiques québécois. Ainsi, le 5 mars, au cours d'une conférence de presse télévisée à laquelle prennent part quatre étudiants, il souligne que nos partis politiques traditionnels ne sont pas des groupes idéologiques comme en Europe, mais plutôt des rassemblements au sein desquels diverses tendances peuvent se manifester. Il réaffirme une autre idée qui lui est chère: l'information la plus complète possible pour tous les citoyens. « Un gouvernement, dit-il, se doit de renseigner l'opinion publique, de lui expliquer clairement les raisons qui motivent ses décisions. Un gouvernement n'a pas à imposer de force une politique. »

Le budget d'avril 61, le premier véritable budget préparé par le gouvernement libéral, prévoit une hausse des impôts. Jean Lesage, ministre des Finances, a pour tâche de la défendre. Mais, conséquent avec lui-même, René Lévesque veut expliquer le pourquoi de cette hausse. « Demander plus d'argent aux contribuables, dit-il, n'est pas suivre la voie la plus facile conduisant à la popularité. » D'autant plus que, durant de nombreuses années, l'Union nationale accumula de nombreux excédents de revenus. « Mais, ajoute le nouveau minis-

---

1. *Ibid.*, 3 mars 1961.

tre des Richesses naturelles, nous sommes élus pour accomplir les tâches qui s'imposent aujourd'hui. Nous avons un héritage incroyable. Il doit se payer. Pour cela, il faut que les citoyens du Québec se donnent la main. Car il importe que la note se solde de la façon la moins rigoureuse. Les robots de l'Union nationale ont réduit la dette, en suivant une philosophie paysanne de l'économie, comme au Moyen Âge. Le résultat du budget réduit sous l'U.N. a été de garder la province mal équipée à tous les points de vue. J'aime mieux l'atmosphère actuelle de débat du Parti libéral. Il y a évolution avec le temps. Le développement du budget en est une preuve. Quant à l'argent dépensé pour l'éducation, nous n'avons pas le choix, parce qu'on va crever comme peuple si on reste à la queue de la Confédération au point de vue instruction. » [1]

L'instruction! Combien de fois reviendra-t-il sur ce sujet? Durant l'année 61, il continue d'afficher une personnalité politique originale. Ainsi, lors d'un ciné-forum populaire organisé par la Ligue des citoyens de Saint-Jean, on lui demande si le politicien peut demeurer honnête. Il croit cela possible à huit conditions. Le politicien doit, en tout premier lieu, éviter d'accepter de l'argent autre que son traitement et son compte de dépenses. Il doit éviter d'avoir un intérêt direct ou indirect dans quelque entreprise que ce soit, faisant affaire avec le gouvernement. En revanche, l'homme politique doit travailler à obtenir une rémunération adéquate afin « d'être à l'abri des tentations ». M. Lévesque recommande également au politicien de surveiller son entourage et de se méfier des rumeurs et des qu'en-dira-t-on. S'il a la preuve qu'une personne de son entourage est malhonnête, il doit procéder à l'intervention chirurgicale, avant que le mal ne se propage. L'homme politique doit être convaincu que le public a le droit absolu de savoir comment son pays est administré. Ce même homme doit tenir compte de toutes les critiques, même les plus dures, et s'interroger sur ce qui est vrai et sur ce qui ne l'est pas. Il lui faut encourager les mouvements d'idées, y compris ceux qui ne lui plaisent pas. « Car, dit René Lévesque, il n'y a que la matière inerte qui est figée. Là où il y a de la vie, il y a du mouvement. Et l'homme public qui ignore les courants d'idées et d'opinions paralyse la vie et trahit sa mission. » Enfin, l'homme poli-

1. *L'Action catholique*, 20 avril 1961.

tique ne doit pas avoir peur de diriger. « Il n'est pas élu pour ballotter comme un bouchon, ajoute René Lévesque. » [1]

René Lévesque va plus loin. Il devient iconoclaste. Il fracasse la fixité. Le jour de la Saint-Jean-Baptiste, il déclare: « Un peuple n'a que faire des robots et des moutons qui suivent avec une conformité zélée tout ce qui s'est fait dans le passé. Un peuple a besoin de ses étrangers, de ses violents, de ses mécontents, de ses visionnaires et parfois de ses rebelles. Il y a des gens qui sont effrayés lorsqu'ils voient ce bateau où nous devons tous nous embarquer. Il y a des gens qui, par tempérament, ont toujours peur du changement, des gens qui ont peur de ce mal de mer qui accompagne l'évolution, parce que pendant un certain temps le sol se dérobe sous leurs pas et ils ne sont pas trop certains de leur destination. » [2] À l'heure de la conquête spatiale et des débuts de la contestation estudiantine, ces paroles ne peuvent qu'être accueillies favorablement chez les jeunes Québécois qui ne gardent aucun souvenir de Maurice Duplessis, sinon celui du bon papa qui distribuait des « dix cents » aux enfants. Désormais, ils suivront avec attention et sympathie l'évolution de ce nouvel homme politique québécois.

Durant le reste de l'année, ces interventions publiques seront de deux ordres, politiques et économiques. Sur le plan politique, il conclut que les Québécois vivent sous un joug colonial. Il faut donc aller au plus pressant: « la conquête de notre destinée non plus par la revanche des berceaux, mais par l'intelligence et la compétence. » Et le Québec manque d'hommes clés. Aussi, selon lui, l'opposition à l'éducation pour tous ne peut venir que de l'homme riche qui se demande s'il restera quelqu'un pour tondre le gazon. [3] Et l'éducation permettra peut-être de liquider le pire ennemi de ce bond en avant: la peur. « Il faut, dit René Lévesque, faire disparaître la crainte de penser, de parler et de dire ce que l'on pense. Nous devons émerger et créer ce que nous pouvons. » [4]

Alors que l'éducation peut permettre à l'individu de se libérer de ce joug, l'État peut permettre à la collectivité de faire de même. Et, pour René Lévesque, le Parti libéral ne peut plus reculer. Il s'est engagé, par son programme, à mettre en marche cette libéra-

---

1. *L'Action catholique* et *Le Devoir*, 19 juin 1961.
2. *Le Devoir*, 27 juin 1961.
3. *L'Action catholique*, 9 juin 1961.
4. *La Tribune*, 22 septembre 1961.

tion. « N'oublions pas, dit-il, que nous sommes partie du monde occidental, engagé dans un vaste conflit idéologique, politique, économique et social, dont l'enjeu global est la domination du monde et notre propre survie en tant que civilisation. Moins que jamais c'est le moment pour nous de nous abandonner à la torpeur, en nous berçant d'illusions. » [1] Il est donc rapidement « inconcevable que dans le Québec 95% de la population ne contrôle que 10% de l'économie ». [2] En octobre 61, René Lévesque annonce aux étudiants de l'université de Montréal que le gouvernement présentera au cours de la prochaine session un projet de loi visant à créer une Banque ou une Société générale de financement à laquelle viendra se greffer très rapidement un complexe sidérurgique québécois. Puis il déclare que l'avenir de la production de l'électricité se trouve du côté du secteur public. D'autant plus que, sur le plan des richesses naturelles, « le Québec est millionnaire, mais n'en retire qu'une participation de gueux ». [3] La situation ne peut plus durer, prétend René Lévesque, car, « économiquement, cela veut dire une deuxième classe de citoyens, ce qui est tout simplement insupportable ».

Le ministre des Richesses naturelles explique que, dans le domaine de l'électricité, « le réseau de distribution de l'Hydro-Québec est concentré dans la région de Montréal. Dans les autres régions de la province, la distribution est assurée par des entreprises privées auxquelles a été concédée la mise en valeur de certaines chutes d'eau. Dans la province, il n'y a plus de chutes d'eau à concéder. Or, la consommation augmentant du double à toutes les 15 années, les compagnies privées sont obligées de s'approvisionner à l'Hydro-Québec. La conséquence, c'est que l'entreprise privée achète de l'Hydro à peu près au prix de revient l'électricité dont elle a besoin et la revend avec profit à ses clients qui n'ont pas d'autre choix que de payer. De la sorte, dit-il, les compagnies privées de distribution de l'électricité réalisent des profits en revendant l'électricité produite avec l'argent des contribuables. Ne serait-il pas mieux de faire profiter toute la population du bas prix de revient de l'électricité en assurant sa distribution par l'Hydro-Québec. À l'heure actuelle, nous avons une forme de socialisme dont profite l'entreprise privée. Dans ce cas, elle ne se plaint pas, parce que ce socialisme lui permet de

---

1. *La Presse*, 13 mai 1961.
2. *La Réforme*, 2 décembre 1961.
3. *Le Nordet*, 6 décembre 1961.

réaliser des profits. » [1] Comme cette situation ne peut plus durer, jusqu'où faut-il aller? À la fin de novembre, le ministre déclare que la décision n'est pas encore arrêtée à ce sujet. Mais il promet au représentant du *Nouveau Journal* l'annonce prochaine des grandes lignes d'un vaste plan de développement et de distribution. « Ce n'est pas parce que l'Hydro-Québec a été paralysée pendant quinze ans qu'elle doit nécessairement demeurer inefficace », ajoute-t-il. [2]

Si l'éducation et l'action de l'État peuvent permettre aux Québécois de se libérer de ce « joug colonial », il est certain que les Québécois ne toléreront pas que le régime politique dans lequel vit le Québec soit à sa façon un frein à cet affranchissement. René Lévesque est prêt à ne pas remettre en question ce régime. Mais, à compter de septembre 61, il prévient les intéressés que les Québécois iront au bout de la Confédération. Le 26 octobre, il prend la parole à la Conférence internationale sur « Les ressources et notre avenir » à Montréal, qui groupe des représentants des 11 gouvernements canadiens et quelques-uns de l'étranger. Il affirme d'abord vouloir être aussi franc en langue anglaise qu'en langue française et déclare qu'il serait artificiel de confier au gouvernement central l'élaboration des plans d'action et des programmes dans le domaine des ressources. « Ce serait artificiel, dit-il, parce que ce serait exactement le cas d'une maison qu'on construirait en mettant le toit d'abord, avant d'établir les fondations, puis les murs; parce qu'à notre avis les fondations doivent être — nous du Québec, ça nous paraît vital — elles doivent être, dans ces domaines-là comme dans bien d'autres, chez nous, au niveau provincial. C'est là que la Constitution les place; c'est là que, pour les Canadiens français, c'est d'un intérêt vital au point de vue national qu'elles se trouvent aussi, que l'opération, l'opération quotidienne des choses économiques comme les plans, les programmes, quels qu'ils soient, soient placés chez nous. Il faut savoir tous les faits avant d'élaborer une politique et il faut la développer. Et ça, il y a seulement nous qui pouvons faire ça dans Québec, nous, les Québécois, en visant à l'emploi et à la promotion économique des Québécois, en n'oubliant jamais que 85% des Québécois sont des Canadiens français. Sans ça, on ne s'en tire pas. Sans une conception comme celle-là, tout autre plan qui voudrait se fabriquer avant nous paraîtrait trop fragile pour

1. *Le Devoir*, 31 octobre 1961.
2. *Le Nouveau Journal*, 28 novembre 1961.

être même considéré. Maintenant, puisque le devoir nous paraît être prioritaire au point de vue de l'action, ça implique que nos besoins sont prioritaires au point de vue de l'argent qu'il faut pour se développer et que, par conséquent, nous croyons qu'un réaménagement des sources de revenus de la Confédération est quelque chose d'absolument essentiel pour la bonne santé de cette même Confédération. Sans cela, on va se cogner le nez sur des problèmes de plus en plus difficiles, à mesure que les années vont passer. Et finalement, à partir de là, eh bien, il est évident qu'on demande juste à coopérer, puis à continuer des échanges comme ceux-ci et même à les accentuer. »[1]

Il n'y a pas de hargne. Le langage est posé. René Lévesque a choisi de jouer la Confédération à plein. Il donne la chance au coureur. Mais il faudra éviter de se perdre dans les discours et les discussions au sujet de la Constitution canadienne, « qui ne sont trop souvent qu'un déluge de mots et un désert de solutions ». C'est ce qu'il déclare au Congrès des affaires canadiennes à l'université Laval, le 17 novembre. Lévesque est impatient; il affirme que le Québec, pas plus que lui d'ailleurs, ne pourra se perdre indéfiniment dans la « constitutionnite ». « Tout ce verbiage, dit-il, n'apporte aucune solution, alors que le temps presse de repenser en action le problème que pose l'état actuel de la Confédération en face des priorités et des besoins véritables auxquels elle se heurte. » Pour lui, cette Confédération n'a été qu' « une expérience compromise par l'accumulation d'une série de bêtises qui se répètent de façon automatique depuis des décennies. Si les ajustements nécessaires ne sont pas apportés, dit-il, l'expérience ratera purement et simplement. »

Ce jugement est d'autant plus sévère que l'auteur ajoute pour les anglophones: « Nous n'avons pas vitalement besoin de vous comme groupe. Le grand danger que court la Confédération, c'est que moi, par exemple, c'est sans passion et uniquement par devoir que je m'y intéresse; et vous pouvez croire qu'une attitude semblable se retrouve chez bon nombre de Canadiens français. » Suivent l'exclamation « So what? », devant l'annonce par le ministre fédéral Fulton du rapatriement prochain de la Constitution, et l'accusation contre le gouvernement fédéral qui, à la faveur des deux guerres et de la crise économique, se serait mis à faire « de la

1. René Lévesque. Texte de son allocution du 26 octobre 1961, pp. 15-16.

graisse, de la mauvaise graisse », transformant ainsi la fédération en union législative. [1]

L'attaque est de taille. Elle a l'effet d'un véritable électrochoc au Canada anglais. On se demande quelle mouche a piqué le ministre québécois des Richesses naturelles. D'autant plus que deux jours plus tard, dans un discours prononcé à l'occasion du déjeuner offert par le gouvernement du Québec aux participants du Congrès des affaires canadiennes, le premier ministre lui-même, Jean Lesage, affirme: « Le Canada n'est ni une expérience ratée, ni non plus une expérience réussie. En d'autres termes, les données dont nous disposons ne sont pas concluantes à cause de l'utilisation qu'on a faite, ou qu'on n'a pas faite, d'un de ses éléments de base: le régime confédératif. Je ne crois pas du tout que ce soit nécessaire de refaire l'acte confédératif, car nous avons en main tout ce dont nous avons besoin, comme citoyens canadiens ou comme citoyens de l'une ou l'autre des dix provinces, pour faire un succès véritable de la grande entreprise commencée il y a à peine cent ans. » [2] Mais René Lévesque récidivera. Le 2 décembre, sans s'en prendre au régime confédératif et tout en insistant sur la promotion économique des Québécois, il reprend le mot d'Errol Bouchette et s'écrie: « Soyons maîtres chez nous! » [3]

À l'occasion de la campagne électorale de 1960, les Libéraux avaient pris un engagement en publiant leur programme. 1961, la première année complète du gouvernement libéral se termine. On a amorcé la gratuité scolaire. On a chambardé la loi des Liqueurs. L'assurance-hospitalisation est en vigueur, de même que la responsabilité-automobile. On a assaini les finances publiques. La demande publique de soumissions est devenue une règle d'or pour l'octroi des contrats gouvernementaux. On a entrepris le nettoyage du Service civil. Mais il reste beaucoup à faire. Devant l'Association des femmes libérales du comté de Lévis, René Lévesque énumère ces « urgences ». la mise en valeur des ressources humaines par l'éducation, celle des richesses naturelles, une réforme électorale complète, la réorganisation de la fonction publique. Il ajoute: « On a les plus belles chances au monde de devenir, avec nos 5 ou 6 millions d'habitants, une sorte de paradis terrestre. » [4]

---

1. *Le Devoir, Le Nouveau Journal, Le Soleil* et *La Presse*, 18 novembre 1961.
2. *Montréal-Matin*, 10 novembre 1961.
3. *Le Devoir*, 4 décembre 1961.
4. *L'Action catholique*, 13 décembre 1961.

Et l'on entend en écho ce professeur de l'université de Montréal, Pierre-Elliott Trudeau, déclarer: « Et pensez jusqu'à quel point cette révolution — parce que c'est une révolution — se serait accomplie plus rapidement encore s'il y avait plus de gens comme Lévesque au pouvoir, si toutes les forces de la démocratie étaient représentées dans le gouvernement actuel. » [1]

Le pari de l'électricité

On se souvient qu'en novembre 61, René Lévesque avait promis à un journaliste l'annonce prochaine des grandes lignes d'un vaste plan de développement et de distribution d'hydro-électricité. Cette déclaration ne signifiait pas qu'on n'avait rien fait depuis juin 1960 dans ce domaine. Au contraire, pour reprendre l'expression du ministre des Richesses naturelles, « l'Hydro-Québec est vite devenue une espèce de pionnier de l'évolution sociale dans le Québec, car elle appartenait à l'ensemble de la population ». On a permis, par exemple, la syndicalisation presque immédiate de ses employés et on a évincé de la centrale de Carillon les entrepreneurs ontariens et américains venus contrôler le travail de l'Hydro-Québec. Pendant ce temps, l'équipe mise sur pied au ministère, dirigée par Michel Bélanger, travaillait à ce vaste plan de développement et de distribution. En janvier 1962, le volumineux Livre bleu est terminé.

À la mi-janvier, c'est l'ouverture de la session à Québec. Le 16 janvier, Daniel Johnson, nouveau chef de l'Union nationale, prononce l'adresse en réponse au discours du Trône. Il reproche aux Libéraux de favoriser une plus grande emprise de l'État sur la vie québécoise. Le ministre des Richesses naturelles, bien documenté grâce à son Livre bleu, trouve une belle occasion de répondre au député de Bagot. Il déplore d'abord le fait que, sous l'Union nationale, l'Hydro-Québec a dû investir d'importants capitaux pour produire de l'électricité qui, en grande partie, était vendue à des compagnies privées. Si l'État était alors intervenu pour continuer le geste posé en 1944, du fait de l'étatisation de la Montreal Light & Power et de la Beauharnois, cela aurait amené l'Hydro à étendre

---

1. Cité par Peter Gzowski, « Un capitaliste socialisant: Pierre-Elliott Trudeau », Le Maclean, mars 1962, p. 55.

son réseau de distribution par l'acquisition ordonnée de compagnies privées. « Une telle intervention de l'État aurait permis de diminuer les coûts de l'électricité au bénéfice des consommateurs qui auraient vu leur revenu réel s'accroître d'autant. » Le lendemain, 18 janvier, *Le Devoir* titre « M. Lévesque laisse entrevoir l'étatisation prochaine des ressources hydro-électriques ». Les compagnies privées d'électricité s'émeuvent et, désormais, elles garderont Lévesque à l'œil.

Le 11 février, le ministre des Richesses naturelles, parlant devant 700 Libéraux du comté de Bagot, revient sur le sujet. « L'État provincial, dit-il, qui est en somme le peuple du Québec, doit prendre des initiatives courageuses dans certains domaines où il peut exercer une action positive, comme l'exploitation de nos richesses hydro-électriques et la création d'une aciérie. » [1] Le lendemain, il prononce, devant les membres de l'industrie de l'électricité de la région de Montréal réunis au Reine-Elizabeth à l'occasion de la semaine de l'électricité, un discours intitulé « L'électricité au Québec ». Ce discours, jugé par tous les observateurs comme étant celui qui lançait la campagne de la nationalisation de l'électricité, est en ce sens très important. Nous devons nous y attarder.

Dans un premier temps, il explique à ses auditeurs ce que sont l'Hydro-Québec, la Régie de l'électricité et du gaz et l'Office de l'électrification rurale. Il constate, en passant, un sous-développement électrique dans plusieurs régions rurales, régions non payantes que les compagnies privées d'électricité ont refusé d'électrifier. Puis il livre une foule de chiffres touchant la capacité de production, soit un peu plus de 13 millions de chevaux-vapeur. Suit alors le chapitre des revenus touchés par le Québec sous formes de loyers, redevances, taxes ou impôts.

Enfin vient la distribution. En 1960, le Québec comprenait 1,420,296 clients qui étaient desservis par quatre types d'entreprises: l'Hydro-Québec (38.6%), les coopératives (4.2%), les municipalités (6.2%) et 46 compagnies (48.3%) soumises à la Régie de l'électricité et du gaz. De ces derniers 686,000 abonnés, 98% étaient desservis par cinq distributeurs principaux: le groupe Shawinigan (Shawinigan, Southern et Quebec Power) qui avait 492,164 clients, soit 71.7%; la Gatineau, 101,832 clients, ou 14.8%; la Northern Quebec, 15,903 clients, ou 2.3%; la Compagnie de Pouvoir du Bas-Saint-Laurent, 33,280 clients, soit 4.8%; et la Compagnie électrique du Saguenay

---

1. *La Presse*, 12 février 1962.

(Aluminum Co.), 36,812, ou 5.3%. Les 41 autres compagnies desservaient ensemble 5,209 clients, soit 1.4%. Quant à l'Hydro-Québec, elle ne distribue au détail que dans l'île de Montréal et quelques municipalités avoisinantes. « Il s'ensuit, comme diverses régions n'ont pas une production suffisante pour leurs propres besoins, des dédoublements parallèles de lignes de transport, de sorte que le coût de transport le plus bas possible est loin d'être toujours atteint. De plus, du côté des compagnies, comme la Régie doit permettre des taux capables d'attirer du capital, il en résulte nécessairement des disparités flagrantes. Dans l'ensemble, les taux de l'Hydro sont les plus bas. Dans certaines régions, la facture peut aller jusqu'au double de celle du client montréalais pour une consommation identique. »

Il ne reste donc plus qu'à conclure et le ministre des Richesses naturelles, fort de cette documentation, conclut. « Un tel fouillis invraisemblable et coûteux, dit-il, ne peut continuer, si l'on veut agir sérieusement dans le sens d'un aménagement rationnel de notre économie (et ne pas se contenter d'en parler). L'organisation actuelle de l'énergie de l'électricité présente au moins 5 désavantages majeurs: 1) absence de coordination des investissements et, en conséquence, augmentation des coûts d'exploitation; 2) impossibilité, à partir des investissements existants, de faire un usage optimum des eaux, donc de produire au meilleur coût; 3) multiplication des coûts fixes du fait que chacun des distributeurs doit entretenir une administration distincte; (...) 5) subsides directs des consommateurs de notre province à ceux des autres provinces où existent des réseaux étatisés, par suite du paiement d'impôts fédéraux. Des réformes s'imposent. Elles doivent partir de cette vérité d'évidence: l'électricité est fondamentale dans le Québec et elle doit, pour donner son rendement optimum, constituer un tout bien intégré. L'unification progressive du réseau, seule, peut permettre l'uniformisation des tarifs sur une base avantageuse pour les consommateurs et pour le développement industriel, ainsi que la fin des subsides massifs que nous payons aux non-résidents de la province. Cette unification progressive doit être réalisée par l'Hydro-Québec, dans le secteur public. (...) Un secteur québécois où c'est singulièrement le rôle de l'État d'être la locomotive de tête, dans l'intérêt de l'économie québécoise tout entière aussi bien que des citoyens individuels, c'est celui de l'électricité. En me basant sur la connaissance des faits, d'après une étude qui dure depuis un an et demi, je ne puis honnêtement en arriver à une autre conclusion et me considérer digne du ministère qu'on m'a chargé de diriger. » [1]

Nationalisation donc. Depuis maintenant un an, on en parle à mots couverts, sans mentionner le terme. D'ailleurs, même à l'occasion de ce discours, le ministre des Richesses naturelles se garde de l'employer. A-t-on peur du mot ou est-ce que cette politique n'a pas encore été approuvée totalement par le Cabinet? « Non, de répondre René Lévesque. Je n'étais pas un grand stratège, mais on n'avait pas fini nos études. Il y a eu un an et plus d'études. Ça s'est appelé notre Livre bleu, une énorme brique qui était le projet. Et tant que le projet n'était pas mûr et qu'on n'avait pas fait le tour suffisamment pour être sûr de notre affaire, commencer à dire ça prématurément, on se serait fait crucifier immédiatement. Et on n'aurait pas été capable de se défendre convenablement. Je l'ai lâché en public à la tribune symbolique de la semaine de l'électricité. Le Cabinet était loin d'être d'accord. Même là, j'avais fait des allusions, essayé d'ouvrir le sujet. Mais on n'était pas prêt. » [2]

Le lendemain, les présidents Fuller, Mainguy, Béique et Rattee, des compagnies Shawinigan Water & Power, Quebec Power et Southern Canada Power, convoquent en vitesse une conférence de presse. Ils affirment ne pas pouvoir admettre la véracité des déclarations du ministre québécois. Selon eux, il n'a pas fait la preuve que l'entreprise d'État pouvait être aussi efficace que l'entreprise privée. Ils terminent par une mise en garde: « Les erreurs d'un monopole d'État ne sont les erreurs de personne et c'est le payeur de taxes qui en fait les frais. » [3]

René Lévesque jubile. Il n'avait identifié personne en particulier et voilà que le groupe de la Shawinigan est piqué au vif et réagit vivement. Le ministre des Richesses naturelles est d'autant plus heureux que l'appui des principaux quotidiens québécois, dont Le Devoir et La Presse, lui est assuré. Le journaliste Vincent Prince écrit: « Je n'ai pas l'intention d'entrer à fond dans le débat, mais, en dépit de la réponse des compagnies, je persiste à croire que le ministre a raison sur le fond du problème. (...) M. Lévesque a le

---

1. Schéma du discours de René Lévesque à l'ouverture de la semaine de l'électricité, 12 février 1962, p. 5.
2. Entrevue avec René Lévesque, 9 mai 1973.
3. La Tribune, 14 février 1962.

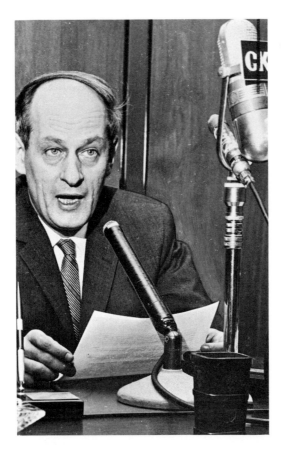

Octobre 1962
à CKAC.
René Lévesque
commence à ruer
dans les brancards...
« Il faut être
pas mal aveugle
ou assez malhonnête
pour refuser
de voir les faits
tels qu'ils sont... »

gros bout du bâton. La population espère qu'il ne le lâchera pas. » [1]
Le 15 février, le ministre des Richesses naturelles contre-attaque.
« Les administrateurs du groupe Shawinigan se sont donné mission
de répondre à l'exposé que j'avais fait lundi sur la situation de
l'électricité dans la province. Je n'avais pourtant imputé aucune
responsabilité particulière à aucun groupe spécifique pour le présent
état de fait. J'éprouve quelque surprise, par conséquent, que ces
messieurs de la Shawinigan se soient sentis particulièrement et instantanément visés! (...) Rien de plus normal que des hommes défen-
dant leurs intérêts. Pour ma part, tout en respectant ces intérêts
à leur valeur, j'ai le devoir strict de continuer à penser d'abord à
l'intérêt général de la province, même quand il risque de heurter

---

1. *La Presse*, 14 février 1962.

des positions particulières, si éminentes soient-elles. » Cela dit, suit une réfutation au moyen de chiffres et de documents des principaux arguments employés par les compagnies privées pour détruire la thèse du ministre. Et il termine en disant: « De toute façon, nous entrons ici dans le domaine de la décision politique. S'il appartient d'abord au ministre des Richesses naturelles de proposer les éléments d'une telle décision, c'est au gouvernement tout ensemble, et à lui seul, qu'il appartient de la prendre. (...) Je fais cette déclaration uniquement pour bien remettre les faits à leur place et selon leur valeur réelle. Je crois que sur l'électricité, richesse vitale du Québec, les Québécois ont le droit strict d'être renseignés d'une façon qui leur permette d'avoir l'opinion la plus avertie possible. » [1]

Le ministre des Richesses naturelles a lancé l'idée de la nationalisation. Il appartient désormais au gouvernement de prendre la décision. Mais le gouvernement libéral est fort mécontent de l'attitude de René Lévesque. Ses attaques contre le patronage et la caisse électorale, passe toujours! Encore qu'il ne faudrait pas qu'il y accole des noms. Mais, cette fois-ci, c'en est trop! Georges-Émile Lapalme écrit: « Le matin d'un lendemain a été mis à part dans ma mémoire: les journaux nous apportaient une politique de l'électricité dessinée par le seul René Lévesque. Jean Lesage était furieux; nous aussi. Il y avait de quoi! La solidarité ministérielle venait de recevoir une grenade dans son principe même. À compter de cet instant, le pouvoir libéral changea de visage car les dissidences créées par Lévesque firent bouillonner beaucoup de rancœurs au conseil des ministres, surtout quand le ministre des Ressources n'y était pas, ce qui arrivait assez souvent. On sommait Jean Lesage de le ramener à l'ordre. Le Premier Ministre ne parvenait même pas à rentrer ses colères devant nous et chacun de nous croyait à un affrontement décisif. » [2] Lapalme ne va pas plus loin. Mais c'est déjà beaucoup révéler.

De la mi-février à la mi-avril, René Lévesque évite de prendre la parole en public. Il faut supposer que la dissension est grande entre le Cabinet et le ministre et que ce dernier dut être appelé à s'expliquer devant ses collègues. De plus, les pressions des compagnies privées auprès du gouvernement libéral doivent être fortes.

1. *L'électricité dans le Québec*, texte de la déclaration de René Lévesque remise à la presse le 15 février 1962, p. 8.
2. *Le paradis du pouvoir*, op. cit., p. 165.

Mais Lévesque avait déjà déclaré: « Nous sommes 16 dans le Cabinet; nous devons décider à 16. Je ne peux donc pas dire tout ce que je pense en public. Mais je ne dirai jamais le contraire, sinon je démissionnerais. » [1] Le 9 avril, René Lévesque prend la parole devant les membres du Canadian Club à Montréal. Voici un texte très important, car il surgit après deux mois de silence. Tout au long, on sent que les événements des dernières semaines l'ont forcé à préciser sa pensée.

« Je veux, dit-il, qu'une chose soit claire; en ce qui concerne les objectifs généraux, nous du Québec sommes tous de la même pensée. Le programme du Parti libéral qui nous a portés au pouvoir était assez explicite et une partie substantielle de celui-ci a été mise en œuvre surtout dans le domaine social et celui de l'éducation. Cependant, il y a encore beaucoup à faire et, en ce qui concerne les richesses naturelles, j'ai fait connaître quelques-unes des politiques qui, à mon avis, sont en accord avec l'esprit de notre programme libéral et en harmonie avec le but général indispensable à toute politique économique moderne: croissance, croissance continue et aussi avec cet objectif social d'importance vitale qui doit être le nôtre au Québec: la croissance et la promotion de la nation cana-dienne-française en particulier. (...)

« Ce que nous avons l'intention d'avoir à partir de maintenant, et nous sommes, je pense, en train de faire un effort substantiel dans cette direction et la population, je suis assuré, ne supporterait un retour aux anciennes façons, ce que nous voulons et ce que nous allons avoir de plus en plus, est un gouvernement responsable, qui assume toutes ses responsabilités et utilise tous les moyens et pouvoirs à sa disposition, incluant les moyens et les pouvoirs écono-miques, pour augmenter activement et sans relâche la prospérité de ses citoyens. Ceci est assez normal et simple à mon avis et je ne peux considérer cette position comme extrémiste. (...) Certains individus sont scandalisés quand le mot est utilisé, ou du moins font de grands efforts pour paraître scandalisés, et que la révolution est à nos portes! Ils agissent comme cela, soit pour éveiller l'opinion publique en leur faveur, ou tout simplement parce qu'ils ne com-prennent absolument pas et qu'ils n'ont jamais compris le vrai sens et le vrai but de nos traditionnelles institutions démocratiques. Je n'ai pas, je n'ai jamais eu, et je n'aurai jamais l'intention de

---

1. *La Presse*, 19 octobre 1960.

proposer quoi que ce soit qui ressemble à la notion totalitaire de l'État. Mais nous avons été habitués depuis si longtemps à une notion si insignifiante de l'État, que toute tentative de lui attribuer sa force normale est assez pour provoquer chez beaucoup d'âmes timides ainsi que chez les quelques surprivilégiés une panique véritable ou bien simulée. (...)

« Le problème essentiel dans le monde entier aujourd'hui en est un de croissance. (...) Considérons pour un instant les principes élémentaires de croissance tels qu'ils s'appliquent chez nous, ici et maintenant. Notre province doit croître et elle doit croître à l'avantage de la majorité de la population. Ceci veut dire, et soyons très clairs et francs sur ce point, à l'avantage toujours grandissant de cette nation appelée canadienne-française, qui n'a et n'aura jamais qu'une base physique qu'elle pourra appeler la sienne: la Province de Québec. Notre tâche est de voir que cette majorité obtienne la part qui lui revient, qu'elle n'a jamais eue dans le passé (en partie à cause de sa propre faute), et que l'avenir soit une meilleure époque pour cette majorité et ses enfants. Notre tâche est de faire exactement ceci en utilisant les institutions existantes dans notre société économique, et en faisant les ajustements nécessaires. Nous avons l'intention (nous devons avoir l'intention) de planifier notre croissance dans cette direction parce que personne d'autre ne le fera pour nous, évidemment. (...) De l'avis de certaines personnes, je suis un gauchiste dont le rêve est de détruire la liberté et l'initiative individuelle. Ceci est complètement ridicule. Il n'y a rien de plus important que la liberté dans notre genre de société; mais jamais la liberté ne doit être utilisée, comme elle l'a été trop souvent, comme camouflage pour la négligence bien organisée de la majorité pour le seul et unique avantage excessif de quelques-uns. Très simplement, nous voici les représentants élus de la majorité, avec la tâche de voir à ce que le gouvernement et la société ne deviennent jamais encore l'outil et le gâteau de quelques-uns. En fait, je sais très bien que, si nous devions tolérer un tel retour en arrière, ce que nous récolterions surtout des quelques-uns qui auraient profité par notre faiblesse et notre corruption serait leur *mépris* bien caché et bien mérité. Et de la majorité, je l'espère, leur révolte rapide. »

Vu dans cette perspective, René Lévesque en est venu à « la conclusion tranquille et inébranlable, après avoir étudié toute la question pour presque deux ans avec les meilleurs esprits disponibles, que dans la situation actuelle l'énergie électrique n'est pas utilisée à l'avantage de toute la population de la province telle qu'elle devrait l'être ». Il ajoute: « Une chose devrait être clairement comprise: la nationalisation n'est pas un but en soi mais simplement (1) la seule solution possible dans l'intérêt public au problème immédiat de l'opération et du développement rationnel de nos ressources hydrauliques et de la discrimination dans le coût de l'énergie électrique et (2) un des outils les plus importants pour une planification réelle de notre croissance économique. » Il termine sur cette note touchant les relations entre les deux groupes ethniques: « Québec devient quelque peu impatient à ce moment. Il est fatigué de tous ces éléments qui font l'image traditionnelle du *bon vieux Québec*. Il en a soupé du babillage social et politique et de la résignation facile à ses propres insuffisances. Et il ne tolérera définitivement plus l'arrogance irraisonnée et facile de gens qui ne se soucient même pas de comprendre ses sentiments. Je crois que cette sorte d'impatience va être quelque chose de permanent. Et comme Québécois et Canadien français, je l'espère sincèrement. » [1]

C'est là la conception que se fait René Lévesque du gouvernement du Québec et du boulot qu'il doit accomplir. Avec le recul, il est facile de voir que cette conception est difficilement partagée par plusieurs de ses confrères du Cabinet. Bien plus, il faut se demander si, au départ, en 1960, il n'y a pas eu mésintelligence de ce rôle. Sinon, certains n'ont pas tardé à prendre peur et la volonté leur a fait défaut. Touchant la nationalisation, des membres du Cabinet ne sont qu'insultés du « viol de la responsabilité ministérielle » et ne demandent qu'à se laisser convaincre du bien-fondé de cette mesure économique. Mais, chez d'autres, l'opposition est beaucoup plus fondamentale. Jean Lesage, malgré ce discours de Lévesque au Canadian Club, n'en démord pas. C'est Lapalme qui nous dit que le premier ministre demeura « un adversaire acharné de la nationalisation jusqu'à la dernière minute ». Peut-être même, s'il faut en croire le journaliste Jean-V. Dufresne, avait-il promis au président Fuller de la Shawinigan que la nationalisation n'aurait jamais lieu. [2] Chose certaine, le premier ministre garde un mutisme complet à ce sujet.

---

1. Conférence de René Lévesque devant les membres du Canadian Club de Montréal, 9 avril 1962, p. 8.
2. « La bataille de l'électricité », *Le Maclean*, novembre 1962, p. 84.

Curieusement, les journalistes Dominique Clift et Richard Daignault affirment au même moment que René Lévesque, contrairement à Jean Lesage, Paul Gérin-Lajoie et la plupart des autres ministres du Cabinet, demeure insaisissable. « Où va-t-il? À quoi vise-t-il? Quelles sont ses ambitions? Personne ne le sait au juste si ce n'est lui-même. » [1] Le 3 mai, le ministre des Richesses naturelles réaffirme que les ressources du Québec doivent être la propriété des Québécois, pourvu que les actionnaires bénéficient d'un traitement juste. Une majorité de ministres demandent à Jean Lesage de le faire taire. « Au Conseil des ministres, écrit Lapalme, en l'absence de Lévesque, éperonné par ses collègues, Lesage promettait de mettre fin à la campagne de la *diva* libérale; au même Conseil, quand Lévesque y entrait à midi alors que nous siégions depuis neuf heures du matin, l'arrivée du député de Laurier faisait taire les propos belliqueux de celui qui s'était chargé de le pourfendre. Il y eut à l'époque toutes sortes de rumeurs. Est-il vrai qu'un soir, une sorte d'empoignade verbale côtoyant le colletage fit scandale devant une douzaine de témoins dans une suite du Château? Je n'étais pas là mais le lendemain tout Québec en parlait: Lesage et Lévesque s'étaient, paraît-il, supérieurement engueulés. » [2]

Le 2 juin, au congrès de la Fédération des Sociétés Saint-Jean-Baptiste aux Trois-Rivières, et le 17 juin, au banquet d'inauguration de la deuxième semaine française à Cornwall, René Lévesque affirme à nouveau qu'il serait imbécile de laisser les empires privés d'électricité s'implanter davantage au Québec. Et la rumeur publique de la démission prochaine du ministre des Richesses naturelles commence à courir. On le voit former un nouveau parti politique à caractère nationaliste avec trois « progressistes » québécois, Jean Marchand, Jean Drapeau et Jean-Jacques Bertrand.

Lévesque réussit à convaincre un homme politique de taille: Georges-Émile Lapalme. « Ma conversion définitive, écrit l'ancien chef du Parti libéral, se fit non pas derrière un pylône, à la Claudel, mais dans l'avion gouvernemental, par un matin de soleil, alors que la visibilité s'étendait à 100 milles, de Granby au mont Tremblant. René Lévesque parlait. C'est vrai qu'il parle toujours et partout mais ce matin-là, loin des passions populaires et des applaudissements, il réussit, sans s'en douter, à me convaincre de la solidité de son

1. *La Presse*, 17 avril 1962.
2. *Le Paradis du pouvoir, op. cit.*, pp. 166-167.

Juillet 1962. Au barrage de Carillon, sur l'Outaouais.

raisonnement et de ses chiffres. » [1] Jean Lesage, la majorité des ministres et le bureau de direction de la Fédération libérale sont
irréductibles. La nationalisation ne « passera » pas. C'est le cul-de-sac.
On devra vider l'abcès. « Qui donc, dit Lapalme, eut alors cette idée
d'une retraite fermée de l'équipe gouvernementale et des chefs de
la Fédération libérale? Ce ne fut pas Jean Lesage, ce ne fut pas moi:
il doit y avoir eu là un Soldat inconnu. Toujours est-il qu'un jour,
au Conseil des ministres, l'un de nous proposa une opération de
regrattage sur le fond et la forme de notre politique et sur *l'aventure*

---

1. *Le Soleil*, 19 octobre 1960, p. 169.

où nous entraînait René Lévesque. » [1] Donc, les 3 et 4 septembre, des membres du Parti libéral, ministres et directeurs de la Fédération, se réunissent au Lac-à-l'Épaule, dans le parc des Laurentides.

On a beaucoup dit et on a beaucoup écrit sur le Lac-à-l'Épaule, à un point tel que le nom géographique est devenu nom commun, synonyme de retraite ou de « brassage de linge sale en famille ». Cette réunion a longtemps conservé un cachet mystérieux, à cause, surtout, du secret auquel sont tenus ceux qui y ont assisté. Néanmoins, au fil des ans, on a divulgué certaines bribes qui permettent maintenant de reconstituer ces quelques heures passées en pleine forêt.

Georges-Émile Lapalme raconte que c'est seulement durant l'après-midi de la deuxième journée que la nationalisation de l'électricité est venue sur le tapis. René Lévesque est d'accord. « C'est vrai, dit-il, jusqu'à un certain point. C'est-à-dire qu'on est entré dans le cœur du sujet uniquement l'après-midi de la deuxième journée. Mais le sujet était là. Il y avait des petits groupes. Le Cabinet était là, de même que deux ou trois représentants de la Fédération libérale, le président et une couple d'autres. Le Lac-à-l'Épaule avait évidemment été convoqué pour régler cette question. Et cela avait créé une tension qui était devenue pas mal intolérable depuis des mois; il fallait donc approcher cette question prudemment. Alors, le premier jour, qui fut en fait une soirée, servit à l'évaluation des forces. On se sondait; on s'en parlait dans les coins. On regardait dans quel état on était. Et ça finit toujours par se concrétiser par des hommes. Essentiellement c'était représenté par Marler qui était contre et moi qui étais pour. Puis le reste du Cabinet qui disait: « Mais où va-t-on avec cette affaire-là? » Et Lesage qui, forcément, présidait. C'est vrai que c'est la deuxième journée, je dirais « à la fin de la matinée, au début de l'après-midi », que là tout a débloqué. Et ce fut assez long, assez serré. Une sorte d'affrontement entre deux thèses. Le va-et-vient des hommes durant l'après-midi a été quelque chose d'assez sidérant; il y en a que ça bouleversait; d'autres qui étaient . . ., en tout cas. »

René Lévesque en conserve-t-il un souvenir pénible? « Au point de vue du climat de la journée, un peu, oui. Mais au point de vue du résultat, non. Enfin, le climat j'aime mieux ne pas entrer dedans. » René Lévesque a déjà parlé publiquement de ce climat avec les

---

1. *Le Soleil*, *ibid.*, p. 170.

journalistes Pierre de Bellefeuille et Jean-Pierre Bergeron. « Le différend au sujet de la nationalisation avait concrétisé peut-être pas mal de choses qui secouaient l'équipe durant les deux premières années, parce qu'il y a toujours ces ailes, appelez-ça gauche ou droite, faute de mieux, dans n'importe quel gouvernement, même dans les vieux partis. Ce qui fait que deux ans de tiraillement sur divers sujets — même dès le début sur l'application du programme — avaient créé une sorte de classement, de classement avec des nuances, mais de classement d'ailes à l'intérieur du Cabinet. Et l'histoire de l'électricité, à cause des mois de discussions publiques qui ont précédé la décision du Cabinet, avait envenimé ces oppositions ou ces différends, à un point qui était devenu, vu qu'à un moment donné c'était la vie même du gouvernement qui se jouait, qui était devenu pas mal déchirant. Je me souviens qu'avant que la décision soit prise au Lac-à-l'Épaule, il y a eu au moins, dans deux ou trois cas de ministres, des décisions, puis des démissions, puis des grandes sorties dramatiques, puis des retours, puis des négociations, puis des conciliabules. Une vraie maison de fous pendant deux jours! » [1]

Vient l'heure du dénouement. On demande à René Lévesque d'exposer les pourquoi et comment d'une nationalisation de l'électricité. Puis ses collègues du Cabinet l'interrogent. Lapalme écrit: « il régnait un climat de surchauffe, de malaise, d'incertitude malheureuse. La claustration depuis deux jours, le déjeuner trop lourd, précédé d'alcool et accompagné de vin, les problèmes qui rôdaient autour des faux problèmes soulevés, les précautions que l'un et l'autre prenaient en vue d'une éruption possible du premier ministre, la sensation de la vérité frôlant le sort du gouvernement et des destinées individuelles des ministres, tout cet ensemble disparate se conjuguait pour alourdir cette minute qui tout à l'heure se transformerait en la minute de vérité. » [2]

Un Cabinet à l'image du Québec, engagé sur la voie des réformes et vite devenu conservateur, tout à la fois audacieux et craintif, cherchant à faire la partie belle à l'entreprise privée et à augmenter les pouvoirs de l'État.

Après la période de questions, le premier ministre demande au Procureur général: « Georges, es-tu toujours en faveur de la thèse de René? Si oui, que dirais-tu d'une élection immédiate sur ce sujet,

1. Pierre de Bellefeuille et Jean-Pierre Bergeron, op. cit., 1er juillet 1972.
2. Le paradis du pouvoir, op. cit., pp. 173-174.

si tout le monde est d'accord? » Lapalme opte pour la nationalisation et les élections précipitées. Son témoignage fait toute la différence. « C'est monsieur Lapalme lui-même, raconte René Lévesque, qui a eu l'idée de combiner ça avec une élection. Et tout le monde s'est rapidement rallié là-dessus. C'est venu de but en blanc. C'est arrivé, pour la plupart d'entre nous, comme un coup de tonnerre. Puis, très rapidement, d'instinct, on s'est dit: « Oui, ça a du sens. » Moi, mon sentiment était: « Ça va être une maudite belle occasion de faire une campagne économique. On n'a jamais eu ça dans le Québec. » D'autres avaient peut-être l'idée que ça apporterait un nouvel élan au parti. Ça, je l'ignore. C'est possible. Je pense bien que ça devait flotter dans certains esprits, parce que c'était un sujet éminemment populaire en même temps. » [1]

La décision des élections prise, les péripéties entre cette réunion et le début de la campagne électorale ne sont que modalités. Les élections se tiendront le 14 novembre sous le thème « Maintenant ou jamais! Maîtres chez nous. » Le programme du Parti libéral invite les Québécois à voter en faveur de la nationalisation de l'électricité pour les raisons les plus diverses. Mais on présente surtout cette mesure comme « la clé de notre libération économique ». L'on pousse plus loin. « La nationalisation de l'électricité, dit le Parti libéral, c'est l'étape décisive; c'est la fin du régime colonial, le vrai commencement de l'indépendance économique! »

Le 30 septembre, à l'occasion d'un banquet de la Fédération libérale, Georges-Émile Lapalme et René Lévesque louent le courage de Jean Lesage d'avoir mis en jeu l'existence même du gouvernement sur cette question. Et le ministre des Richesses naturelles ajoute: « La solution libérale n'est pas du camouflage. C'est un exemple rare de courage raisonné et raisonnable dans notre histoire. L'un des avantages de cette nationalisation ne sera pas seulement de remettre entre les mains du peuple du Québec son destin économique, mais aussi de libérer un peu l'élément amer de l'impatience grandissante du Canadien français. »

Bien que Jean Lesage, le premier ministre, ait été jusqu'à la dernière minute un opposant farouche à la nationalisation de l'électricité, il entreprend la campagne avec cœur. René Lévesque dira de lui: « Jean Lesage avait un côté extraordinairement souple et ce côté avait quelque chose de valable. C'est qu'une fois que c'était

---

1. Entrevue avec René Lévesque, 9 mai 1973.

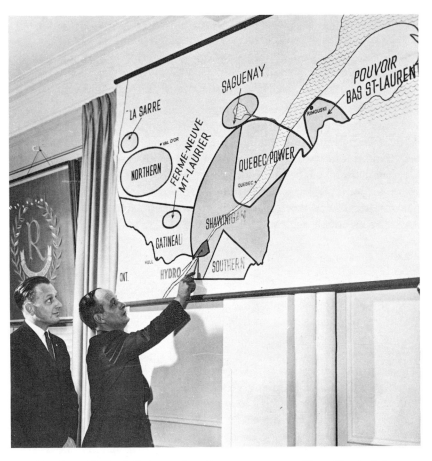

Octobre 1962. Ministre des Ressources naturelles, René Lévesque, pour un soir, est redevenu journaliste afin d'expliquer à la population pourquoi il faut nationaliser les compagnies d'électricité. À sa gauche, M. Robert Baillargeon, président du Richelieu-Montréal.

vendu et décidé, comme dans le cas de l'électricité, il prenait la pôle peut-être plus que n'importe qui. Dans ce cas-ci, il a fait une campagne sensationnelle. Ça, c'est sûr. » Et les journalistes qui suivent le premier ministre notent qu'il emploie de plus en plus l'expression « État du Québec ».

Daniel Johnson, chef de l'Opposition, est perplexe. Il ne sait trop quelle attitude adopter. Faut-il nationaliser ou non? Il promet,

189

si son parti est élu, de lancer une campagne d'information auprès de la population et de tenir par la suite un référendum sur la nationalisation. Quant au coût de cette mesure, il met en doute les chiffres avancés par le ministre des Richesses naturelles: 600 millions de dollars. Pour le député de Bagot, il est probable que ce coût dépasse le milliard.

René Lévesque est affairé. Un film, tourné avec l'aide de Maurice Leroux et tiré à quelque cent exemplaires, le montre avec baguette, tableau noir et carte géographique, tentant de prouver à la population le bien-fondé de la nationalisation. Un journaliste a vu ce film. « Il parle, dit-il. On le combat intérieurement; on veut ne pas être d'accord. Mais il gagne. Le système actuel est « un système de broche à foin, un système de fou » lance-t-il à quelques occasions. Ces expressions, qui sonneraient drôlement vulgaires dans la bouche d'un politicien de carrière, paraissent étrangement justes dans la bouche d'un *René-Lévesque-qui-parle-étatisation.* » [1] Devant les membres du Cercle Richelieu-Montréal, le ministre des Richesses naturelles déclare: « Même s'il fallait consentir à de légers sacrifices dans l'immédiat, la nationalisation demeurerait une mesure rentable à longue échéance. » À la *Gazette* qui répand la rumeur que le gouvernement Lesage nationaliserait éventuellement le papier et les mines, il répond que le Parti libéral ne se lancera pas dans une politique générale de nationalisation. À Shawinigan, il affirme que la nationalisation se paiera par elle-même et laissera assez de revenus additionnels pour corriger les tarifs trop élevés dès la première année, sans chercher à imposer des taxes indirectes. Et, à Saint-Félicien, il promet de quitter la politique « si, après la nationalisation de l'électricité, le prix du courant ne baisse pas aux endroits où il est trop élevé, sans pour cela qu'il en résulte de hausses dans d'autres régions ». À Beauport, il confie que la nationalisation ouvrira la porte à une industrie lourde et notamment à la sidérurgie.

La nationalisation ne réglera pas tout. René Lévesque affirme qu'il serait malhonnête d'y aller d'une déclaration contraire. « Mais, ajoute-t-il, elle sera le premier pas de notre libération. » Devant les étudiants de l'université anglophone Sir George Williams, il déborde le cadre de la nationalisation. « Les Canadiens français, dit-il, ont été le peuple le plus patient de la terre. Ils ne doivent pas s'excuser de vouloir maintenant occuper leur place. »

1. Réal Pelletier, *Le Devoir*, 23 octobre 1962.

Les auditoires sont généralement très attentifs aux propos de René Lévesque. En Gaspésie, c'est plutôt la fête. Le journaliste Pierre O'Neil l'a suivi dans son pays natal. « « L'homme qui se tient deboutte », comme on l'appelle ici aussi bien qu'à Québec, est un véritable héros pour les Gaspésiens. Ils viennent de partout pour l'entendre. J'ai moi-même voyagé avec un père de famille de 7 enfants qui faisait de l'auto-stop; il se rendait à 45 milles plus loin pour assister au « parlement » de René Lévesque. Le ministre des Richesses naturelles est chez lui en Gaspésie; partout où il passe, on l'accueille par d'amicales « claques » dans le dos. À Chandler, c'est dans un véritable tonnerre que l'assemblée a reçu le ministre. » [1]

Le ministre des Richesses naturelles ne reçoit pas que des éloges. Le vice-président de la Lincoln National Life Insurance de Fort Wayne, Indiana, un certain McDiarmid, livre l'image qu'il se fait de René Lévesque: « Vous avez ici un politicien qui parle comme si son nom était Robespierre et qui se conduit comme si les aristocrates devaient bientôt passer à la guillotine. » [2] J.M. Bourbonnais, de l'hebdomadaire montréalais *La Presqu'île*, compare Lévesque à Castro. « Les Cubains, écrit-il, croyaient devenir maîtres chez eux en se débarrassant (sic) des capitaux américains, mais au lieu de se libérer, ils ont perdu leur liberté, ils connaissent la misère et vivent dans la crainte d'une invasion, d'une nouvelle révolution ou du poteau d'exécution de Fidel Castro. La dialectique de René Lévesque n'est pas étrangère à celle du barbu de Cuba (...). [3] Il eut été étonnant de ne pas voir Robert Rumilly entrer dans la bataille. *Nouvelles illustrées* lui demande son avis sur les élections québécoises et il le livre le 3 novembre. Avant de recommander à ses lecteurs d'écarter résolument « le gouvernement Lesage, mené par René Lévesque », parce que « trop susceptible de nous conduire au socialisme », l'historien tente d'illustrer les méfaits du socialisme à travers le monde. « Je n'ai pas besoin, écrit-il, de faire observer que le socialisme ou communisme a partout abouti à des régimes policiers, à des désastres économiques et à l'écrasement de la personne humaine. En Chine, on est allé jusqu'à l'expérience des « communes » : tout est mis en commun, y compris la terre et les

---

1. *La Presse*, 8 novembre 1962.
2. Cité par Richard Daignault et Dominique Clift, *La Presse*, 12 novembre 1962.
3. 11 octobre 1962.

instruments aratoires; les enfants même sont enlevés à leur famille pour être confiés à l'État. Le résultat a été la plus terrible
famine et la plus effroyable misère de l'histoire de ce pays. Les
Chinois, par milliers, fuient cet enfer pour passer à Hong-Kong
ou à Formose, comme les Allemands de l'Est risquent leur vie
pour passer à Berlin-Ouest. La Roumanie, naguère grenier de l'Europe, qui vendait du blé aux autres pays, est aujourd'hui, sous
régime socialiste, obligée d'en importer: elle vient d'en faire un
gros achat en France. »

Une campagne électorale québécoise pour une vedette politique signifie des milliers de milles parcourus et des dizaines d'assemblées. Georges-Émile Lapalme en sait quelque chose. « Ayant
connu et vécu ce phénomène humain, écrit-il, dans une étendue
qui embrasse l'espace et le temps, le nombre et l'importance, je
rêve au paradis quand je lis dans l'*Express* les sauts de grenouille
des hommes politiques français au cours d'une élection générale. »[1]
Durant toute la campagne, René Lévesque, vedette, est contraint
de parcourir le Québec en tous sens. Mais il doit aussi s'occuper
de son élection dans le comté de Montréal-Laurier. Aussi, tous les
samedis, comme pendant les deux dernières années, il rencontre ses
électeurs. À quelques jours du scrutin, on lui prévoit une élection
plus facile qu'en 1960. Ses opposants, Mario Beaulieu, de l'Union
nationale, et l'indépendant Hertel Larocque sont de parfaits inconnus. Et la « police des liqueurs » n'existe plus.

Le 11 novembre, Jean Lesage porte le grand coup. Un débat
télévisé, l'opposant à Daniel Johnson, nous le montre confiant et
fort de l'équipe qui l'entoure. Le chef de l'Union nationale, moins
« télégénique », ne passe pas la rampe. La campagne se termine
le lendemain sur cette note de triomphe pour les Libéraux. René
Lévesque est satisfait de ces six semaines passées auprès de la population québécoise. « Moi, ce qui m'est resté, nous confiera Lévesque — parce qu'il a fallu que je prenne forcément une bonne
partie de la campagne — c'est que, tableau noir compris et télévision, on a passé quelque chose comme six semaines, sans arrêt,
à expliquer un grand programme économique et ce n'était jamais
arrivé auparavant. À l'élection, j'étais vraiment pris par un itinéraire
écrasant, parce qu'il fallait que je défende le dossier. Et mon travail a été justement de départisaner le projet de l'électricité,
c'est-à-dire de l'expliquer, de répondre à des Chambres de Com-

---

1. *Le paradis du pouvoir*, op. cit., p. 185.

merce, à des assemblées, avec chiffres à l'appui, voici comment ça va se faire, voici pourquoi, etc. Et j'ai trouvé ça extraordinaire. Je pense qu'on devrait, chaque fois qu'il y a un grand projet économique, que ce soit à une élection ou que ce soit au moment de l'expliquer, on devrait l'ouvrir au public, parce que ça aide les gens à maturer et on en a besoin en maudit! » [1]

Le 14 novembre, les Québécois disent oui à la nationalisation de l'électricité. Le Parti libéral remporte la victoire dans 62 comtés, soit 11 comtés de plus qu'en 1960. L'Union nationale devra se contenter de 32 députés. Pour René Lévesque, la décision du Lac-à-l'Épaule, couronnée de ce succès électoral, constitue une des plus grandes joies de sa carrière politique. « La décision du Lac-à-l'Épaule et le résultat de l'élection, qui était quand même une ratification de ça, m'ont donné un sentiment d'achèvement, de satisfaction, tu sais, quelque chose de fait. C'est sûrement une des choses les plus intéressantes pour la période gouvernementale que j'ai vécue. » [2]

Longtemps seul ministre convaincu de l'utilité et de la nécessité de nationaliser les entreprises privées d'électricité au Québec, René Lévesque avait par la suite réussi, au risque de diviser à jamais le Parti libéral, à convaincre une majorité de ministres du bien-fondé de ce changement économique. Il aurait même « probablement » démissionné, si cette nationalisation n'avait pas été acceptée. C'est du moins ce qu'il confiera à Pierre Berton, le 30 mai 1963. [3] Puis est venue l'étape de l'élection. Lévesque jouait sa tête et avait contraint le Parti libéral à jouer la sienne. Dans le cas d'une défaite libérale, il apparaît certain que le ministre des Richesses naturelles aurait été forcé de quitter cette formation politique. Mais, c'est la victoire. Le 1er mai 1963, l'Hydro-Québec prendra possession des sociétés d'électricité visées par la nationalisation pour la somme de 604 millions de dollars.

Fort de ce deuxième succès électoral en deux ans, le Parti libéral semble voguer allègrement vers des horizons sans limites. Les apparences sont peut-être trompeuses. Cette formation n'est depuis 1960 qu'une amalgamation des tendances les plus diverses au Québec. Les partisans d'une intervention plus marquée de l'État coudoient les apologistes de l'entreprise privée laissée complètement à elle-même. Avant la campagne personnelle de René Léves-

1. Entrevue avec René Lévesque, 9 mai 1973.
2. *Ibid.*
3. *La Presse*, 31 mai 1963.

que sur la nationalisation de l'électricité, ses sorties contre le patronage et la caisse électorale illustraient déjà ce tiraillement. L'idée de nationalisation a radicalisé les options au sein du parti. Et il n'est pas du tout certain que le succès électoral du 14 novembre accélérera la cicatrisation de ces écorchés vifs du Lac-à-l'Épaule. On était peut-être allé trop loin en septembre. L' « équipe du tonnerre » n'a peut-être jamais été une réalité. Et c'est un peu comme si Georges-Émile Lapalme en rêvait toujours lorsqu'il écrivait ses mémoires. En juillet 1963, le Procureur général et ministre des Affaires culturelles dresse un premier bilan. « Depuis trois ans, le plus grand mérite de Jean Lesage avait été de tenir ensemble les éléments disparates qui formaient le cabinet Lesage. Toutefois, s'il y avait unité il n'y avait pas union, cette union qui nous réunissait chaque midi et chaque soir quand je dirigeais le petit groupe de l'Opposition. Chaque ministre menait sa vie séparément, qui dans une maison achetée ou louée, qui dans un appartement. (. . .) Dans la salle à manger des ministres, le soir, j'étais souvent seul. Nous ne nous voyions vraiment qu'au Conseil des ministres, une fois par semaine; l'intimité n'y régnait naturellement pas. Après 62, on sentait craquer la cohésion. On aurait dit que chacun y allait pour soi, ce qui était probablement vrai. Paul Gérin-Lajoie, sans s'occuper des autres, commençait à bâtir son empire dont les structures aujourd'hui ébranlées coûtaient un prix de fou. René Lévesque, dans une parfaite indiscipline, accablait les autres par sa popularité sans cesse cultivée à la radio et à la télévision, les Affaires culturelles disparaissaient derrière des mots quand elles n'étaient pas tout simplement renvoyées chez elles à cause d'un bout de route ou d'un ponceau qu'il fallait payer avec « de la belle argent » qu'on ne prenait jamais au ministère de l'Éducation. » [1]

Ces réflexions sur Gérin-Lajoie et Lévesque demanderaient très certainement à être nuancées. Mais elles sont significatives, car elles viennent d'un des piliers du Parti libéral qui déjà, en juillet 63, en a marre du pouvoir. René Lévesque n'a pas perdu son enthousiasme. « He retained the same engaging impetuosity, the same rumpled clothes and the same air of occasional schoolboyish naiveté that had made him such an engaging television personality. » [2] Même si, après l'élection de novembre 62, les frictions ne sont pas moins grandes au sein du Cabinet libéral, René Lévesque loue le travail de

1. *Le paradis du pouvoir*, *op. cit.*, p. 226.
2. Robert McKenzie, *The Gazette*, 11 janvier 1963.

Jean Lesage. Bien plus, il semble que, sans le doigté du premier ministre libéral, le gouvernement de la « révolution tranquille » se serait déjà perdu dans des dissensions. Le premier ministre n'a peut-être que retardé l'échéance; mais entre temps le gouvernement libéral fait progresser le Québec à pas de géant. Voyons cet éloge du premier ministre par le ministre des Richesses naturelles. « Il faut être juste dans le cas de Jean Lesage. Il y a deux ou trois qualités qui ont fait quand même que Lesage, à mon humble avis, était dans le contexte provincial un grand premier ministre. D'abord, c'est un des gars les plus travailleurs que j'aie vus. Je n'ai jamais vu un gars fouiller autant ses dossiers, sans arrêt, systématiquement et se tenir ainsi, presque toujours, au courant des travaux de tous les ministères. Et ça, c'est important pour un gars qui devait présider une « gang » assez remuante. Deuxièmement, c'est un gars qui comprenait rapidement. C'est peut-être justement parce qu'il était ainsi qu'à un moment donné, le défaut de sa qualité, il est devenu trop sûr de lui. Mais c'était un gars « vite ». Enfin, il avait une force qui était en même temps une faiblesse. C'est-à-dire que, foncièrement, c'était un nationaliste. Il était même très fier de rappeler que, dans le temps de Chubby Power à Ottawa quand il était jeune député, il était dans ce qui s'appelait le petit Chicago, c'est-à-dire la « gang » de contestataires du Québec. Et c'était authentique. Il avait quand même une fibre québécoise. D'un autre côté, quand il s'agissait de l'administration de la politique — je ne parle pas de l'administration des fonds publics — l'administration de la politique, les mesures politiques, les lois à passer, etc., c'était un gars qui n'avait pas foncièrement de convictions très arrêtées. Ce qui fait qu'il était changeant au besoin. Alors, avec ces qualités et ce que j'appellerais cette absence de convictions pré-établies, il avait forcément à faire face à des pressions constantes au Cabinet de la part de ceux qui avaient vraiment quelque chose à pousser. Ce pouvait être Gérin-Lajoie en éducation; ce pouvait être Kierans dans son secteur; moi dans le mien; Laporte dans le sien, quand il a détenu un ministère clé. Et Lesage était vulnérable à ce genre de pressions-là. Mais ce n'était pas nécessairement un mal. Ce fut un mal à l'occasion, parce que, forcément, il y a eu des reculs, comme il y a eu des progrès. Mais, en soi, ce n'était pas nécessairement un mal. » [1]

---

1. Entrevue avec René Lévesque, 9 mai 1973.

Que faire de ce Québec?

Les Libéraux ont été suivis par la population qui leur a donné le feu vert pour la nationalisation. Mais, depuis juin 60, ils ont paré au plus pressant. Ils ont réparé les fissures des fondations et mis de l'ordre dans la maison. Les diverses mesures d'assainissement des finances publiques, par exemple, ne s'expliquent que de cette façon. Ce sera pour René Lévesque des « attempts to bring order out of our intricate jungle ». Même la nationalisation de l'électricité peut être conçue comme une mesure visant à mettre de l'ordre dans cette jungle très précise, car elle n'aura pas rapidement d'effet d'entraînement pour les autres secteurs de l'économie québécoise. De même pour la longue campagne de l'accessibilité générale à l'éducation.

En janvier 1963, après quelque 30 mois de pouvoir, on s'aperçoit que ces mesures, extrêmement louables et nécessaires, n'ont permis que de débroussailler la forêt. Doit-on s'asseoir sur ses lauriers et se contenter d'être administrateur à la petite semaine? Le gouvernement du Québec doit-il se confiner au rôle d'administration régionale, guère plus élevée qu'une administration municipale? Jean Lesage et René Lévesque ont déjà parlé du gouvernement du Québec comme étant le « levier » principal des Québécois et le « point d'appui » de tous les francophones canadiens. A-t-on déjà réalisé ces objectifs?

Il est évident que le travail du gouvernement libéral n'en a été qu'une amorce. Il faut donc pousser plus loin ou cesser de croire à une affirmation plus grande du Québec. René Lévesque et son équipe des Richesses naturelles entendent bien aller plus loin. Il manque maintenant au Québec de grands objectifs. Que fait-on de ce coin de terre? La société québécoise doit désormais se définir des buts et le gouvernement pourra alors ordonner ses interventions et inciter l'entreprise privée à aller dans ce sens. C'est ce que certains ont appelé planification; d'autres, contrat social.

Depuis 1961, Lévesque croit énormément à la planification. Déjà on avait mis sur pied le Conseil d'orientation économique. Malgré certaines études de ce conseil, le Québec n'a pas encore beaucoup progressé en ce domaine. Aussi, à compter de 1963, le ministre des Richesses naturelles se fait l'adepte d'une planification québécoise. Le 28 janvier, il déclare: « Depuis un an, passablement de choses se sont précisées. D'abord sur la façon d'aborder et d'orienter l'activité

Mars 1963. On parle déjà de l'établissement d'un complexe sidérurgique au Québec. René Lévesque, alors ministre des Richesses naturelles du Québec, prend l'avion pour Paris afin d'aller convaincre des industriels français.

économique en général, il est évident que la vieille tradition désuète du laissez-faire, déjà moribonde dans les faits, a fini pour de bon de régner sur les esprits. Il est remarquable de constater en effet que le mot de *planification*, dont beaucoup se moquaient encore si gentiment il n'y a pas si longtemps, est maintenant d'un usage à peu près universel dans notre société. Il n'y a plus que les vrais antédiluviens qui refusent encore de l'accepter dans leur vocabulaire de chaque jour. C'est même au point où le mot est à la veille de taper sur les nerfs, tant on ressent sans cesse davantage l'impatience de le voir se traduire dans la réalité et y produire ses effets. C'est une saine impatience, mais qu'il ne faudrait tout de même pas pousser trop vite. Un régime économique qui a vécu si longtemps sous la domination exclusive et foncièrement anarchique des seuls intérêts privés ne peut pas démocratiquement tomber d'accord du jour au lendemain sur l'application d'une recette qui exige l'acceptation d'une vue d'ensemble, la coordination en faisceau de toutes les forces pour en tirer un rendement maximum, et forcément la subordination et parfois même le sacrifice du particulier pour le bien général. Puisque c'est une recette, il faut s'attendre à ce qu'une foule de cuisiniers discutent la mise en vigueur de la planification et qu'il y ait par exemple opposition féroce entre ceux qui y croient trop, pour qui c'est une fin en soi plutôt qu'un moyen, et ceux qui font semblant d'y croire uniquement pour s'en servir à leur seul profit. »

Après ces étapes préliminaires, le ministre livre sa conception de la planification. « Quel que soit le dosage auquel on arrivera dans l'usage de cette recette de la planification économique, dit-il, il faudra de toute façon qu'on y respecte au moins deux ingrédients, sans lesquels elle ne serait bientôt qu'une espèce de fraude nationale: 1) que l'économique y soit lui-même un moyen d'arriver à cette fin qui doit être celle de toute société civilisée, c'est-à-dire la dignité de l'homme par le travail, et par un travail rémunéré de façon à lui assurer la part de bien-être sur laquelle il a le droit de compter; 2) que la planification en marche soit une discipline consentie par le plus grand nombre, qu'elle ne soit pas simplement imposée de haut en bas, mais qu'elle résulte de la participation la plus large et la plus démocratique à la mise au point et à la réalisation des objectifs. » [1]

Le ministre des Richesses naturelles croit donc fermement à la planification. Après l'électricité, la construction d'une industrie sidérurgique québécoise et la mise sur pied d'une Société générale de financement seraient selon le ministre d'excellents outils, tout comme une éducation plus poussée d'ailleurs, pour soutenir un effort de planification ou la réalisation d'un « grand projet collectif ». Mais la planification n'est pas facile pour un Québec dans le cadre confédératif. Peut-être même est-elle impossible? C'est Roland

---

1. Conférence au congrès des coopératives d'électricité, 28 janvier 1963.

Des goûts artistiques communs. À la première émission de la série télévisée « Votre choix », à Radio-Canada, René Lévesque et Daniel Johnson sont venus applaudir Félix Leclerc, l'artiste qu'ils ont choisi pour animer cette émission.

Parenteau qui conclut rapidement à l'opposition de la « nation » et de la « région » en ce domaine. [1]

René Lévesque avait déjà confié au journaliste Jean O'Neil: « J'ai toujours été fier d'être Canadien français. On a mangé toutes sortes de merdes dont nous avons fabriqué une grande partie nous-mêmes. À l'heure qu'il est, je ne vois pas d'intérêts plus dévorants que ceux des cinq ou six millions de Canadiens français. Ça ne m'em-

1. « Les problèmes du développement régional dans un état fédératif: l'expérience canadienne », *Revue d'économie politique*, mars-avril 1963.

pêche pas de regarder de l'autre côté des frontières chaque fois que c'est nécessaire. L'important c'est de ne pas retourner dans la merde. » [1] Cette déclaration, reprise par plus d'un, dont Gérard Bergeron et Robert McKenzie, illustre bien le nationalisme du personnage, sorte de fierté lucide à la fois individuelle et collective. En 1963, comme toujours probablement, il est naturellement méfiant à l'égard du fédéralisme canadien. Mais il est prêt à le tolérer à la condition qu'il ne soit pas un obstacle à la réalisation de la « québécitude ».

Le gouvernement libéral à Québec ne dispose pas encore de Plan. Mais le gouvernement central devra céder du terrain au gouvernement québécois pour lui permettre de réaliser ces grands objectifs. À très court terme, ces objectifs sont sectoriels. Le bien-être social et l'éducation, deux domaines de compétence québécoise, constituent un fardeau important qui exige des ressources financières appartenant, selon la constitution de 1867, au fédéral. Le gouvernement central devra donc céder cet argent au Québec. Et Jean Lesage est pleinement d'accord. Le 5 avril 1963, il met le gouvernement fédéral en demeure de lui remettre d'ici un an 25% de l'impôt des particuliers, 25% de l'impôt des compagnies et 100% des droits de succession. Ottawa devra également se rendre à la demande québécoise de retrait de certains plans conjoints.

Le gouvernement du Québec veut pouvoir disposer à sa guise de son argent et d'une partie de celui que les Québécois versent à Ottawa. Dans la réalisation de projets sectoriels et d'un plan futur, il veut écarter toute hypothèque fédérale. Mais les hommes politiques québécois ne sont peut-être pas encore totalement conscients de la logique de leur démarche. Il est clair que le raisonnement de la « planification » poussé à l'extrême suppose la remise en question de gestes fédéraux sur des compétences fédérales. Même si le gouvernement du Québec ne l'a pas fait, il pourrait éventuellement remettre en question l'affectation de la part financière des Québécois (impôt des particuliers versé à Ottawa, par exemple) à la Défense dite nationale. On débouche alors sur la négation du fédéralisme actuel et la souveraineté pleine et entière du Québec.

À compter de 1963, les sorties de René Lévesque contre le régime politique canadien sont de plus en plus fréquentes. Elles s'expliquent

---

1. Jean O'Neil, « René Lévesque, un intérêt dévorant: le Canada français », op. cit., p. 12.

par son nationalisme et aussi par cette volonté de récupérer des pouvoirs ou des sommes dues.

Le 23 mars, il déclare au *Financial Post* appartenir à l'école de ceux qui croient que le Canada est formé de deux nations et non de dix provinces. Bien plus, il se dit tout à fait en désaccord avec la politique du premier ministre fédéral, Lester B. Pearson, en matière d'armes nucléaires, donc de Défense nationale. « En acquérant des armes nucléaires, affirme le ministre des Richesses naturelles, nous dépenserions une fortune pour de la ferraille (junk). Soyons réalistes: si la guerre éclatait pour de bon, le genre d'armements que posséderait le Canada n'aurait aucune importance. La guerre se déroulerait au-dessus de nos têtes et nous n'y pourrions rien. Ce dont nous avons besoin, c'est d'une bonne garde nationale. Et je suis sérieux. » [1] Voilà un ministre provincial qui n'exige pas encore le droit de regard sur des politiques fédérales, mais qui en est, en tout cas, sur la bonne voie.

Deux mois plus tard, René Lévesque fait choc à Toronto. « Pour être honnête, je dois vous dire que je me sens comme un indigène quittant sa réserve à chaque fois que je quitte le Québec. À l'extérieur du Québec je ne retrouve pas deux grandes cultures. Je me sens comme un étranger. Je suis d'abord et avant tout un Québécois et, deuxièmement, avec un doute de plus en plus grand, un Canadien. » Décrivant la constitution de 1867 comme « une vache sacrée de 96 ans », il affirme qu'elle doit être modifiée « to make Quebeckers truly masters in their own house ». [2] Le ministre est prêt à demeurer dans la Confédération, à la condition que le Québec puisse faire ce qu'il veut, sans ingérence fédérale.

Le même jour, le politicologue Peter Regenstreif publie un constat personnel du ministre québécois des Richesses naturelles. « Confederation isn't sacred, you know. It is just a bargain made 100 years ago. It has become a bad bargain. Sometimes the only thing you can do with a bad bargain is to get out of it. And that can be done democratically. » [3] Une semaine plus tard, René Lévesque réfléchit à voix haute devant les travailleurs sociaux de la région de Québec. « Le Québec, dit-il, est, à tous les points de vue, ou presque, à un tournant capital de son histoire. Au sein de la fédération qu'est le Canada, de moins en moins, nos moyens corres-

---

1. *Financial Post*, 23 mars 1963.
2. *Toronto Daily Star*, 1er juin 1963.
3. *Ibid.*

pondent à nos besoins. De plus en plus, on peut parler d'un carcan québécois. En principe, une fédération comme la nôtre se doit d'aider, par tous les moyens possibles, les parties qui la composent; ici, l'une des parties est la nation canadienne-française, et il est impossible de dire que la fédération a donné jusqu'ici, à cette partie, le minimum de garanties lui permettant de s'épanouir, de se développer normalement en son sein, tel qu'elle l'aurait désiré. Cet état de choses est inacceptable et doit être modifié. » [1] Voilà le fond de la pensée « politique » de René Lévesque en juin 1963. La Confédération canadienne n'est pas « sacrée », mais il est prêt à lui donner le bénéfice du doute, si elle offre au Québec tous les moyens et les garanties possibles pour qu'il s'épanouisse. C'est là toute la limite des concessions qu'il est prêt à faire à ce régime politique.

On voit alors les journalistes anglophones écrire que « les Canadiens français sont d'avis qu'ils ne sont pas acceptés comme des partenaires égaux sur le plan canadien ». Ils demandent à René Lévesque quelles clauses il veut changer dans la charte de 1867. Celui-ci leur répond qu'il ne le sait trop et il craint qu'on en reste à une querelle de mots et d'articles. Selon lui, le problème est beaucoup plus fondamental. Le Québec est occupé à son rattrapage. Lévesque croit à la vertu de la planification comme moyen de réaliser le « contrat social » québécois, mais ce contrat n'est pas encore défini. Aussi le Québec ne saurait expliquer maintenant aux anglophones les grandes lignes de ce contrat. René Lévesque est certain d'une chose: engagé dans ce processus, le Québec ne peut qu'aller au bout de ses capacités en tant que collectivité et bulldozer les obstacles, fussent-ils économiques ou politiques.

Le nouveau directeur du *Devoir*, Claude Ryan, s'inquiète de la marche suivie par le ministre des Richesses naturelles. « M. Lévesque, écrit-il, arrive à un stade où il lui faudra se formuler à lui-même de manière plus claire et plus cohérente les objectifs politiques et économiques qu'il veut poursuivre. Des problèmes aussi graves que ceux qui touchent à l'aménagement de l'avenir économique et à l'avenir de la Confédération exigent d'être abordés non seulement avec franchise et spontanéité, mais aussi avec un équipement conceptuel dont on a longuement pesé la portée et les implications. Ce passage de l'instinct vital à la pensée mesurée n'a pas encore été fait chez M. Lévesque. L'homme est devenu trop important, trop plein de pro-

---

1. *L'Action catholique*, 7 juin 1963.

1963. Avec la verve qu'on lui connaît, Michel Chartrand prend un instant la vedette à René Lévesque, lors d'une assemblée d'information donnée par ce dernier.

messes, pour demeurer indéfiniment celui qui reste debout à côté de la porte, menaçant d'aller crier sa colère au dehors si sa voix n'est pas entendue de l'intérieur. » [1]

Le ministre des Richesses naturelles a acquis des certitudes au sujet du Québec. Et, honnête avec son public, il fonctionne toujours à l'intérieur de la Confédération. Le 5 juillet 1963, *Le Devoir* publie une entrevue obtenue du ministre par Jean-Marc Léger. Les premières phrases de l'entrevue nous montrent un Lévesque mettant cartes sur table. Il croit au Québec-nation, mais à un Québec non souve-

1. *Le Devoir*, 29 juin 1963.

rain. « Toute notre action dans l'immédiat, dit-il, doit tenir compte de deux données fondamentales. La première: le Canada français est une nation véritable, il renferme les éléments essentiels à la vie nationale et possède une unité, des ressources humaines et matérielles, un équipement et des cadres comparables ou supérieurs à ceux d'un grand nombre de peuples du monde. La deuxième, c'est que nous ne sommes pas un peuple souverain, politiquement. Il ne s'agit pas d'examiner pour l'instant si nous pourrions l'être ou non: nous ne le sommes pas. Donc une nation authentique, mais une nation qui ne possède pas la souveraineté. C'est à partir de ces deux pôles ou en fonction de ces deux réalités que nous devons travailler. »

Le ministre révèle au journaliste Léger que les deux problèmes québécois les plus importants sont ceux de la primauté de l'éducation et de la maîtrise économique. Pour le Québec, la vie dans un régime politique fédéral ne doit pas l'empêcher de résoudre ces deux problèmes. « Le régime fédératif, dit René Lévesque, commande aussi, bien entendu, une zone de jonction et de coordination. Mais la nature et les limites de cette zone doivent être définies conjointe- ment et redéfinies quand besoin est, en l'absence de toute pseudo- prépondérance du pouvoir fédéral. C'est difficile, terriblement déli- cat, mais ce doit être; c'est la grandeur et la misère d'une fédération où l'on prétend faire vivre en harmonie deux nations. Si l'on persiste à y échapper, ou bien la nation minoritaire risque de s'asphyxier; ou bien la fédération est en péril de dislocation. Bref, dans un Canada qui se veut bien portant, le rôle et les moyens législatifs, fiscaux, administratifs de cet État-nation qu'est le Québec doivent acquérir le maximum d'ampleur et d'autonomie que le régime fédératif peut supporter. C'est une priorité absolue et ce sont les priorités du fédéral qui doivent être résiduaires. »

Puis René Lévesque donne un exemple de cette priorité absolue et, à nouveau, il conteste l'affectation de sommes fédérales impor- tantes à la Défense nationale. « Un seul exemple, en passant, de ce que j'entends par priorités absolues et résiduaires. Supposons qu'au même moment — qui pourrait être celui que nous vivons — le ministre de la Défense, qui est fédéral, dépense à bon ou mauvais escient plus d'un milliard et demi, tandis que l'enseignement et les grands projets d'investissements publics, qui sont du ressort provin- cial, sont forcés de tirer la langue. Eh bien, ce sont les crédits affectés à la défense qu'il faut alors diminuer radicalement en cédant aux États provinciaux, par des voies diverses, les sommes indispensables à leur progrès, car les priorités des États provinciaux doivent constamment primer celles du gouvernement central. » Et le ministre place au premier rang, avant la canalisation de l'épargne québécoise et la direction et l'utilisation des nouveaux réservoirs de capitaux, la récupération des impôts directs d'Ottawa.

Le 27 septembre, devant les étudiants de l'université de Sherbrooke, il prévient le gouvernement central que l'ultimatum 25-25-100 ne constitue qu'un strict minimum vital. « Les exigences à venir promettent d'être encore plus nombreuses » [1], ajoute-t-il. Un mois plus tard, il classe à nouveau au premier rang des revendications majeures du nationalisme québécois la redistribution du champ de taxation. « Si cela n'était pas possible, dit-il, il ne resterait plus que de se séparer . . . Ce n'est pas la fin du monde! Le Canada? C'est un *gamble* accepté il y a cent ans. Dans un contexte qui menace notre existence, ce n'est pas à nous d'accepter de disparaître. » [2] Le lendemain, il prévient le journaliste Bruce West qu'un Québec indépendant serait viable. « Why not? We are approaching a population of six millions and have tremendous natural resources. Surely we could fare as well as some of the smaller Scandinavian countries, for instance. » West ajoute: « I asked him whether Quebec ever gave any consideration to the terms of the British North America Act when it considered secession. « Constitutional niceties won't mean much when the majority in this province makes up its mind, » he said. » [3]

Pour le ministre des Richesses naturelles, les trois décisions les plus importantes que devra prendre le gouvernement Lesage au début de l'année 1964 sont celles touchant la sidérurgie, la caisse de retraite et le bill 60, créant un ministère québécois de l'Éducation. Mais la planification, « recette pour éviter le gaspillage, l'incohérence et le ralentissement », tarde. Elle ne se fait pas attendre seulement au Québec, mais également au Canada anglais et dans la majorité des pays occidentaux. Lévesque explique: « Il reste que c'est difficile, pénible et laborieux de maîtriser une recette moderne comme celle-là dans le domaine économique parce qu'au sommet, il y eut des gouvernements qui n'ont jamais essayé cette recette. » [4] Le Conseil

---

1. *La Tribune*, 28 septembre 1963.
2. *La Presse*, 29 octobre 1963.
3. *The Globe and Mail*, 31 octobre 1963.
4. *Le Soleil*, 5 décembre 1963.

d'orientation économique, qui, depuis 1961, a conseillé le gouvernement au sujet de plusieurs développements majeurs, promet la présentation pour le début de 1965 d'un plan de trois ans. Bien plus, un second plan triennal et deux plans quinquennaux suivront ces premières orientations économiques. [1] En avril 1964, le ministre des Richesses naturelles livre le fond de sa pensée au sujet de la politique économique de l'État du Québec. Pour lui, il faut en finir avec le colonialisme économique et les décisions doivent être prises ici, par le peuple du Québec, « en fonction d'objectifs que nous aurons fixés nous-mêmes ». Depuis 1960, l'État a pris conscience de l'importance de son rôle dans l'économie et le gouvernement libéral, de l'importance primordiale du facteur économique dans toutes les grandes décisions politiques, législatives, etc. « Il faut, dit le ministre, une vue d'ensemble, une vigueur d'ensemble qui viennent de l'État sous la forme d'une Politique, avec un *P* majuscule, c'est-à-dire quelque chose qui ait à la fois l'audace, la permanence nécessaires pour répondre aux besoins, pour rejoindre les buts dont on parlait tantôt: l'approfondissement et la compétence. » Pour qu'un tel plan soit efficace, il ne doit pas être un dogme, mais simplement une technique; il doit éviter de se perdre dans des ramifications auxquelles le public ne comprendrait rien. Ce même public doit être très bien informé afin de permettre la réconciliation de l'apport nécessaire de contrainte qu'il doit y avoir dans une politique économique de l'État et la démocratie. Enfin, il y a ce « sentiment d'urgence sans panique, sans improvisation ». « Il faut, dit René Lévesque, prendre le temps qu'il faut mais il ne faut pas prendre plus de temps qu'il ne faut et cela rejoint le fait qu'il faut cette pression de l'opinion publique pour que les décisions bien mûries se prennent parce que chaque année que l'on perd en vaut 4 d'il y a 25 ans. » [2]

Et le ministre poursuit le procès de la Confédération. « Le système actuel, confie-t-il aux étudiants de l'université Laval, est anormal. C'est une jungle avec un monstre qui grandit démesurément, l'administration fédérale. Les provinces, c'est des poussières à côté. Les hommes ont pourtant plus d'importance que les canons. Cherchez les gros investissements nécessaires au pays. Ils sont presque tous dans le domaine pernicieux et extrêmement poison des plans conjoints. Tout ce que le gouvernement fédéral a fait pour les

---

1. *The Financial Post*, 22 février 1964.
2. René Lévesque, « La politique économique de l'État du Québec », *L'action nationale*, septembre 1964, pp. 44-75.

besoins de l'homme, depuis une quinzaine d'années, c'est du ressort provincial. » [1] La Confédération: une jungle. Depuis moins de deux ans, nous avons recensé l'usage du terme « jungle » chez le ministre une quarantaine de fois. Le système politique canadien, l'hydro-électricité, les forêts québécoises, la fiscalité, l'éducation, l'agriculture, autant de « jungles » où René Lévesque a tenté ou tente d'y voir clair.

Mais, au sujet du système politique, il perd ses illusions. Devant l'Association des jeunes Libéraux du comté montréalais de Notre-Dame-de-Grâce, à majorité anglophone, il promet aux anglophones de ne plus les entretenir des deux cultures et des deux langues, tant qu'il n'aura pas trouvé une solution. « Il existe, dit-il, trop de données essentielles dont la signification est trop confuse et c'est, ce soir, jusqu'au jour où j'aurai acquis une certitude, le dernier effort que je tente pour communiquer sur ce sujet avec les anglophones. Il est pour moi impossible de vous dire ce que le Canada anglais devrait faire pour le Québec; ce qui se passe au Québec, il faut que vous le trouviez de vous-mêmes, trouver ce qu'est le Canada français, ses éléments de base, ce dont il est fait. »[2] Quant à ceux qui contesteraient la légitimité d'une décision du peuple québécois au sujet de son avenir, René Lévesque répond: « Le Canada français est une nation et une nation a le droit de décider de son propre sort. L'indépendance est l'une des trois options positives qui s'offrent au Québec et c'est nous qui déciderons si elle s'avère rentable. » [3]

Quoi qu'il arrive au Québec, s'il n'en tient qu'à René Lévesque, les droits de la minorité non francophone seront respectés. « No matter what happens in the Québec of the future, French Canadians would only destroy themselves if they sought to destroy the non-French-speaking population. It is extremist folly to speak of the damned English or the damned Jews. If they live in Québec, they have the same rights as we have and no matter what the Québec we live in, they are and always will be our fellow-citizens. » [4]

Puis Lévesque fait un pas de plus vers la solution qu'il cherche pour le Québec. « Le Québec étouffe dans les cadres d'une Confédération vieillie, désuète, et le statu quo est intenable pour un Québec qui a fini de survivre et qui désormais sait qu'il peut vivre; ou bien alors le Québec deviendra au sein du Canada un État associé, doté

---

1. *La Presse*, 16 janvier 1964.
2. *La Presse*, 7 mars 1964.
3. *Montréal-Matin*, 24 mars 1964.
4. *The Gazette*, 7 avril 1964.

d'un statut spécial lui garantissant les pouvoirs économiques, politiques et culturels nécessaires à son expansion en tant que nation; ou bien le Québec sera indépendant, libre arbitre de son destin dans les limites, bien sûr, qu'impose l'interdépendance des nations au XXe siècle. » Pierre Laporte, Paul Gérin-Lajoie et Jean Drapeau se disent d'accord avec le ministre des Richesses naturelles. Se dirigerait-on alors vers une sorte de consensus québécois au sujet de la place politique du Québec?

Loin de là. Ce fédéralisme rêvé devient une Babel. C'est la confusion des langues. On commence à jouer avec les appellations fédératives. Fédéralisme coopératif, fédéralisme uni, fédéralisme binational, fédéralisme fonctionaliste, deux langues — une nation, deux langues — deux nations, une seule langue — plusieurs cultures, une seule culture — plusieurs langues, deux langues — deux cultures, deux langues — plusieurs cultures, une société juste, un Québec d'abord, et, un des derniers en date, fédéralisme rentable. Les hommes politiques perdront, souvent sciemment, les populations dans les dédales du verbe.

C'est durant cette année, 1964, que certains journalistes se voient investis d'une mission, celle de sauver la Confédération canadienne. À certains moments, on se demande si le directeur du *Devoir*, par exemple, croit que la survie de la Confédération dépend de son attitude, de la correspondance qu'il échange avec certains directeurs de grands journaux torontois ou des bons sentiments entre le quotidien d'Henri Bourassa et certains quotidiens influents au Canada anglais. Ryan permet à l'historien Ramsay Cook et au politicien Douglas Fisher d'écrire régulièrement et reproduit des éditoriaux des quotidiens anglais. L'éditorial du 31 décembre 1964 est l'occasion pour Ryan de faire le point. Il s'intitule « Le dialogue canadien en 1964 ». Le directeur du *Devoir* écrit: « Celui qui écrit ces lignes a été intimement mêlé à la vie canadienne en 1964. Il a voyagé plus souvent qu'à son tour d'un océan à l'autre. Il a adressé la parole à plus d'une centaine d'auditoires différents. Il a suivi avec assiduité la presse du pays. Il a dû entretenir une correspondance abondante avec des Canadiens de toutes les provinces sur des questions reliées à l'avenir du pays. Il a essayé en même temps de rester proche de son milieu immédiat. De tous ces contacts, une impression se dégage avec une netteté que pourrait seul nier un aveugle volontaire: il existe, de part et d'autre, à travers beaucoup d'ignorance, un réel désir de rapprochement et de compréhension. » Les prises de position de Claude Ryan, inconditionnellement fédéraliste, étaient loin de faire l'unanimité chez les Québécois. Pour de nombreux jeunes, elles auront été, durant les années 60, une des causes de mécontentement. On affirmait même, à une certaine époque, que Claude Ryan avait trahi les positions antérieures du *Devoir*.

De toute façon, René Lévesque poursuit sa recherche. Le journal des étudiants du collège de Lévis écrit: « Partant de ce qu'il a déjà proposé sous le nom d'État associé ou de province à statut particulier, M. Lévesque déclare que « ce à quoi il faut arriver, c'est, aussi complètes que possible, une indépendance sociale et politique et une interdépendance qu'il va falloir respecter au point de vue économique ». » [1] Inutile d'ajouter que cette déclaration fera la manchette de tous les quotidiens québécois.

Et les bombes de jeunes partisans de la violence explosent. La première vague en 1963 et la deuxième, l'année suivante. En mai 1964, prenant la parole devant les étudiants du collège Sainte-Marie, René Lévesque rejette toute violence. Mais une phrase est mal rapportée dans les journaux. « He told the students, écrit le *Vancouver Sun*, the use of guns and dynamite is immoral and these methods could be used only when no other means was available to obtain independance. » [2] Deux semaines plus tard, de peur que certains apportent une interprétation fautive de ses propos, il précise sa pensée. « Québec est et doit demeurer une société démocratique. Il a la liberté de pensée et de parole, des administrations élues librement et tout un appareil législatif. Tout homme ou groupement peut préconiser un changement politique ou social, si radical qu'il puisse être ou qu'il puisse paraître à certaines gens, et utiliser les moyens légitimes de recueillir des appuis. Dans ce contexte, la violence, c'est-à-dire la violence physique et les méthodes de terrorisme sont toutes deux criminelles et stupides. Leur utilisation révèle aussi un manque de courage en même temps qu'un manque de sens commun. Quand vous vous battez pour des idées, il faut du courage et de la persistance dans une société démocratique pour prendre position ouvertement, pour recevoir le pot et les fleurs, et pour continuer. Il ne faut rien de cela pour frapper les gens physiquement et aveuglément dans le noir. Ce que cela requiert c'est une absence plutôt dégradante de dignité humaine et du mépris pour la vie humaine et la faiblesse d'esprits qui ont tellement peu foi en leurs idées qu'ils ont peur de se battre pour elles démocratiquement. La même faiblesse d'es-

---

1. *L'Écho*, décembre 1964.
2. *Vancouver Sun*, 12 mai 1964.

prit est évidente chez les gens qui, d'un côté, prétendent promouvoir l'avancement du Québec et qui, d'un autre côté, feraient exactement ce qu'il faut faire pour empoisonner l'air et retarder le progrès économique et social du Québec. Heureusement, ils ne sont rien de plus qu'une très petite fraction de gens déséquilibrés qui ne commandent aucun appui réel. En fait, je pense qu'ils sont fondamentalement étrangers. Ils ont lu sur le terrorisme ailleurs sans aucune connaissance réelle de la situation qui l'a engendré et qui n'a absolument rien de commun avec notre propre situation. Ainsi, ils sont isolés et, en réalité, ils n'atteignent personne d'important, aucun nombre important de gens. Si ce qu'ils font n'était pas si dangereux, ils seraient plus à plaindre qu'autre chose. » [1]

Le 5 décembre, il répète ce qui prend chez lui l'allure d'une marotte maintenant que nous le connaissons un peu mieux: « La tâche des *vrais démocrates* est de voir à ce que le peuple soit de plus en plus au courant, instruit, renseigné sur ses propres intérêts. La liberté, c'est d'être au courant, et le reste en découle. La tâche qui s'impose est de mettre le peuple au courant, en ne confondant pas la liberté avec celle du renard dans le poulailler. Les outils principaux des vrais démocrates sont la liberté d'expression et d'information. Ces deux libertés ne ressortissent pas de dogmes ou d'idées reçues. Elles impliquent la projection de toutes les idées, vieilles et nouvelles, qui ont toutes droit à leur place sur le marché des idées. Elles impliquent aussi la protection jalouse du droit à la manifestation, laquelle est souvent le seul moyen qu'a une minorité impopulaire, et peut-être prophétique, de se faire entendre. Toutefois, dans le climat actuel du Québec, rien ne justifie l'usage de la violence et du terrorisme. » [2]

Et on commence à analyser le cas Lévesque. L'écrivain et cinéaste Jacques Godbout conclut: « Ni lui, ni nous, ni moi le savions alors, qui regardions, chauffeur de taxi, cultivateur, dentiste ou écrivain, une émission qui passait trop vite le mardi soir: *Point de mire*. Avec une bonhomie et une honnêteté à toute épreuve, une sorte de professeur à la voix éraillée nous expliquait le monde et ses périls, mais aussi désamorçait les pires terreurs, rappelant à chaque fois que des hommes exploitaient d'autres hommes et que personne n'est un dieu. (...) Notre premier professeur laïque, à l'écran, séduisait sans qu'il y paraisse. Il se prenait pour un journaliste faisant du digest, il était devenu le premier citoyen à reprendre contact avec

---

1. *Le Devoir*, 1er juin 1964.
2. *Le Devoir*, 7 décembre 1964.

les siens par l'intelligence. René Lévesque fut mythifié avant qu'il ne le sache. (...) René Lévesque, dernier mythe en lice, le plus moderne, fait le lien avec la tradition: de Papineau on a fait un dicton. De Lévesque que fera-t-on? Un enterrement magistral ou une révolution? ... » [1]

L'année 64 avait commencé avec la création en mars du ministère québécois de l'Éducation. Elle se termine avec la présentation du rapport Parent, sorte de contenu à ce ministère. Bien que nous ayons surtout fait écho aux prises de position de René Lévesque touchant l'avenir du Québec et du Canada, il ne faut pas croire que le ministre des Richesses naturelles ne s'intéresse pas aux grandes politiques du gouvernement Lesage. Au contraire. Le temps venu, il prend position publiquement. Il en va de même de sa présence à l'Assemblée législative. « Lorsque je devais y être, dit-il, j'y étais. »

En 1965, René Lévesque ne ménage pas ses sorties. Au début de février, après deux mois de grève à la Régie des alcools du Québec, le premier ministre Lesage conseille tout bonnement aux salariés de retourner au travail, affirmant qu'il se montrera par la suite généreux avec eux. René Lévesque, dernier orateur à participer au débat soulevé à l'Assemblée législative sur cet arrêt de travail, déclare: « Je suis syndicaliste par tempérament, puis par expérience. Quand on est salarié, l'union fait la force. Il n'y a que cela; or, si jamais, ce qu'à Dieu ne plaise, il y avait un fonds de secours pour les grévistes de la Régie des alcools, moi, j'y contribuerais sans aucune vergogne, tout en étant partie de ce qu'on appelle les patrons dans ce cas-là, parce que cela n'a aucun rapport, ces gens-là ont un syndicat et doivent le garder, parce que c'est le cœur de cette union qui fait leur force et leur dignité. Cela, j'en suis convaincu tout simplement. » Puis il raconte aux parlementaires sa rencontre avec deux grévistes de la RAQ. Ceux-ci lui avaient demandé: « Écoutez, on est au pied du mur, cela va faire la neuvième semaine, quelque chose comme ça. Qu'est-ce que vous pensez qu'on devrait faire? » René Lévesque leur a répondu: « D'abord, ne lâchez pas. Vous avez un syndicat. Vous vous êtes syndiqués pour le meilleur et pour le pire. C'est vous autres qui avez choisi; bien, vous avez choisi la formule syndicale. Elle a des aspects difficiles, puis c'est évident qu'elle implique des responsabilités pénibles à prendre à l'occasion. Vous avez pris, par exemple, celle de faire une grève. Bon, bien finissez-la!

---

1. Jacques Godbout, « Faut-il tuer le mythe René Lévesque ? », *Le Maclean*, novembre 1964.

Si vous tenez le coup, cela va vous aider à monter puis à être respectés comme vous ne l'avez jamais été auparavant. À cause de cette grève qui vous fait mal mais qui fatalement achève, vous aurez été, vous ne l'avez pas choisi, mais ça va arriver comme ça, vous aurez été des espèces de pionniers dans l'art difficile que le gouvernement et puis ses fonctionnaires ont à apprendre, qui est de vivre ensemble, puis vous aurez des avantages dont pour une fois vous pourrez être fiers parce que ce ne sera pas des cadeaux paternalistes à la mode d'autrefois, vous aurez sacrement l'impression de les avoir mérités. » [1]

Plus d'un ont noté la contradiction entre les propos de Jean Lesage et ceux de son ministre. Le « ne lâchez pas » de René Lévesque passera à l'histoire; on le retrouvera exprimé dans maintes grèves, surtout celles touchant les salariés à l'emploi du gouvernement du Québec. On cherche à expliquer ce désaveu de l'attitude de Jean Lesage. René Lévesque répond: « On oublie malheureusement que j'ai déjà dit ceci: en autant que je reste dans la politique (sous la forme actuelle où je l'ai choisie), je ne peux pas dire tout ce que je pense. Mais, à partir du moment où cela ne me sera plus possible (de ne pas dire tout ce que je pense), je m'en irai ailleurs. » [2]

Sa seconde sortie est contre l'administration de l'université McGill qui vient d'annoncer une hausse de 100 dollars des frais de scolarité. Devant 3,000 étudiants de cette université montréalaise anglophone, réunis pour protester contre cette majoration, le ministre des Richesses naturelles déclare: « Le gouvernement du Québec a toujours comme objectif d'assurer la gratuité scolaire à tous les niveaux, y compris le niveau universitaire, et toute hausse des frais exigés des étudiants représente un pas en arrière par rapport à cet objectif global. (...) L'éducation supérieure est un droit fondamental qu'il faut assurer à tous ceux qui en ont les aptitudes; elle est, en outre, un investissement essentiel de toute société civilisée. Le gouvernement du Québec croit que l'éducation, de même que la santé et quelques autres domaines vitaux, sont des droits essentiels qui doivent être sortis dès que les moyens le permettent de la jungle de l'épaisseur des comptes de banque et des intérêts privés. » [3] Voilà une autre « jungle » où René Lévesque aimerait bien y voir clair.

---

1. *Le Devoir*, 4 février 1965.
2. Cité par Pierre Léger, « Qu'on me juge sur ce que je fais, le reste n'est que déshabillage », *Photo-Journal*, 19 mai 1965.
3. *Le Devoir*, 23 mars 1965.

Sa sortie la plus fracassante de l'année est celle contre la compagnie minière Noranda Mines. Effectuant une tournée dans plusieurs mines du Québec pour y rencontrer les syndiqués, le ministre des Richesses naturelles prend la parole samedi soir, le 27 mars, à Rouyn, au cœur du « royaume » de la Noranda Mines. « Apprenez à vous civiliser dans le temps qui vous reste, lance-t-il aux sociétés minières, sans quoi la société sera obligée de trouver des structures autres que les structures traditionnelles pour exploiter les mines. » [1] Dans un communiqué émis à Toronto, la Noranda Mines ne tarde pas à lui répondre que ses propos sont insensés. [2]

Deux jours plus tard, à Sept-Iles, le ministre apporte certaines précisions. « Les sociétés minières, dit-il, méritent un traitement parfaitement équitable, à condition qu'elles respectent les règles du jeu : 1) accepter les cadres essentiels de la législation; 2) respecter les exigences normales d'un revenu collectif et local; 3) assurer le meilleur traitement possible au progrès social; 4) observer le respect normal de la population en ce qui regarde les aptitudes, la culture et la langue et sa façon de voir les choses. » [3] Mais la Noranda Mines ne veut rien entendre. À nouveau par la voie d'un communiqué, cette fois-ci non signé, elle répond au ministre que ses critiques sont vagues et non fondées et qu'il est devenu le jouet du syndicat des Métallurgistes unis d'Amérique. [4] René Lévesque poursuit sa guerre verbale. « Si jamais c'était vrai que je suis le jouet des Métallos, j'aime mieux être le jouet de la main-d'œuvre du Québec que le jouet de la Noranda Mines, comme les autres gouvernements l'ont été avant nous. La Noranda Mines traite avec le mépris le plus complet la société québécoise. La politique de la Noranda Mines est d'écrabouiller la main-d'œuvre par tous les moyens, d'infiltrer les syndicats, de saboter les unités de négociation et de leur refuser systématiquement ce que partout ailleurs on leur accorde depuis 10 ans. » [5]

Jean Lesage est nerveux. Ces attaques contre la Noranda Mines seraient-elles, un peu comme dans le cas des compagnies d'électricité, l'amorce d'une campagne du ministre des Richesses naturelles pour en arriver à la nationalisation des mines? Il est probable également que

---

1. *Ibid.*, 29 mars 1965.
2. *La Presse*, 30 mars 1965.
3. *Le Soleil*, 30 mars 1965.
4. *Le Soleil*, 2 avril 1965.
5. *Le Devoir*, 5 avril 1965.

les propriétaires de la Noranda Mines interviennent auprès de Jean Lesage pour lui demander de faire taire son ministre. Les journalistes Daignault et Clift écrivent: « The speech made during a press tour of Quebec's mines developed into headlines of the kind that makes business circles break into a cold sweat. Returning to Quebec City, Levesque met a stony-faced Premier Lesage. « I want proof of the charges you've made, » snapped the Premier. It is understood Levesque put a number of people to work on a full report for the Premier, covering employer-employee relations in all of Noranda's plants. » [1]

Le premier ministre du Québec peut être certain d'une chose: son ministre des Richesses naturelles n'entend pas procéder à une nationalisation générale des mines. Mais il veut « mettre les points sur les *i* »; c'est ce qu'il répond au président de la Noranda Mines, John R. Bradfield, qui lui demande « un entretien privé dans le but de régler nos différends ». René Lévesque lui écrit: « Le débat ne porte pas sur ma personne, ni même si j'ose dire sur des questions d'ordre strictement minier. Il s'agit essentiellement de deux faits: votre compagnie n'a rien fait, ou très peu, pour respecter le climat culturel du Québec; votre compagnie a systématiquement combattu l'existence même d'un authentique syndicalisme au sein de ses employés au Québec. Reconnaître ces faits et prendre des mesures énergiques pour les corriger, c'est se civiliser. (...) Quant à la question syndicale, votre compagnie n'a pas caché ses positions. Il a fallu une disposition spécifique du code du travail pour que la retenue syndicale libre et révocable soit reconnue chez vous, au Québec. C'est pourtant une mesure élémentaire et bien bénigne qui avait été instaurée librement par presque toutes les industries et presque tous les secteurs miniers. (...) Pour discuter fermement et intelligemment d'objectifs économiques avec un syndicat, il faut d'abord admettre qu'il a sa place dans la vie économique, qu'il représente une force réelle et utile, poursuivant des buts en eux-mêmes tout aussi valables et importants que ceux que poursuit l'entreprise. À quoi rimerait la coopération tripartite si elle ne visait qu'à unir industrie et gouvernement sur le dos du syndicat? (...) Il fallait donc dire les choses comme elles sont. Inutile d'ajouter que, si ce bref aperçu général ne vous paraît pas vraiment conforme à la réalité, nous sommes prêts à mettre, en détail, les points sur les *i*. » [2]

1. *Ottawa Journal*, 30 avril 1965.
2. *Le Devoir*, 1er mai 1965.

Dans le deuxième volume du rapport du Comité interministériel d'étude sur le régime des rentes du Québec, on écrivait: « On a souvent tendance à se laisser emporter par des calculs globaux et à décrire l'économie québécoise en termes de superlatifs. Mais dès que l'on dépasse le mirage de ces chiffres, on ne peut pas ne pas être frappé par l'analogie qui existe entre la structure de l'économie québécoise et celle des pays sous-développés. Le Québec a une économie à deux compartiments dont l'un fort puissant, axé sur des richesses naturelles exploitées en fonction de l'évolution économique d'ensemble du continent, est caractérisé par la très grande entreprise... et dont l'autre, démesurément petit, peu influencé par le précédent, surtout axé sur la satisfaction des besoins locaux... » [1] René Lévesque ne peut admettre cette mentalité de dirigeants rhodésiens face aux indigènes. Il ne lui sera pas nécessaire de mettre les points sur les « i » avec la Noranda Mines, puisque le président de la compagnie jugera bon de se taire après réception de la lettre du ministre des Richesses naturelles.

Durant l'année 65, ses sorties contre le système politique canadien sont moins nombreuses. Préfère-t-il laisser parler la Commission Laurendeau-Dunton qui, en février, livre au public ses premières constatations? « Le Canada, conclut le rapport préliminaire de la commission, traverse la crise majeure de son histoire. Il en résultera soit la rupture, soit un nouvel agencement des conditions de son existence. La situation est d'autant plus grave qu'une fraction du peuple canadien n'en est pas consciente. (...) Le conflit d'aujourd'hui n'est plus le conflit traditionnel entre une majorité et une minorité. C'est un conflit entre deux majorités: l'anglophone du Canada et la francophone du Québec. » [2] En mai, René Lévesque fait à nouveau profession de foi québécoise. « On devra, dit-il, me passer sur le corps si l'on veut que le Québec abandonne sa culture et ses institutions. Nous avons mis beaucoup de temps à démarrer, mais c'est maintenant chose faite et l'évolution du Québec ne peut plus être freinée. » [3] Le lendemain, il déclare que le mémoire de la Presse étudiante nationale, présenté au Comité de la constitution à Québec et préconisant pour le Québec une indépendance politique doublée d'une association économique, est le plus impressionnant et

1. Cité par James Bamber, « Lévesque contre la Noranda », Le Maclean, novembre 1965.
2. Le Devoir, 26 février 1965.
3. Le Soleil, 17 mai 1965.

le mieux préparé. « C'est un des très peu nombreux mémoires, dit le ministre, que personnellement j'ai gardés. La solution proposée par la PEN est très valable et très réalisable. » [1]

René Lévesque n'avait jamais attaché beaucoup d'intérêt aux discussions sur la constitution canadienne. Jean Lesage et Paul Gérin-Lajoie, au contraire, y avaient accordé beaucoup d'importance. Ils avaient donné leur appui à une formule de rapatriement et d'amendement de la constitution mise au point par deux hommes politiques canadiens: Davie Fulton et Guy Favreau. Les prises de position radicales de Jean Lesage, qui qualifie de « non instruits » ceux qui critiquent la formule, soulèvent une levée de boucliers dans les milieux nationalistes. Des individus, des corps intermédiaires, des mouvements patriotiques trouvent que cette formule, trop rigide, fait bon marché des droits du Québec. En mars, Jean Lesage demande à deux de ses ministres, Pierre Laporte et René Lévesque, d'aller défendre, en l'absence de Paul Gérin-Lajoie, la formule Fulton-Favreau devant les étudiants de l'université de Montréal.

Pierre Laporte, ministre des Affaires culturelles et des Affaires municipales, y va avec cœur. « La formule FF met le Québec à l'abri d'un coup de force, ce qui représente un gain par rapport à la situation actuelle. » Affirmant qu'il se range au nombre des « non instruits » en cette matière, René Lévesque est plus prudent. « Pour moi, dit-il, cette formule que j'ai acceptée ne m'apparaît pas comme la garantie d'une ère nouvelle, ni un carcan, une défaite ou une reddition. C'est une mécanique juridique qui traduit le statu quo, qui arrive, comme tous les textes juridiques, quelque peu en retard sur la réalité sociale. C'est une espèce de garantie pour la survivance, alors que le concept est dépassé. C'est une victoire en retard, mais ce n'est pas une défaite. » Puis il exprime sa méfiance devant les débats juridiques. « Il faut éviter de se lancer à fond de train dans « the wrong battle at the wrong time at the wrong place ». (...) Le Québec, pour une foule de raisons, a évolué moins vite que les autres. Mais, pour ce peuple comme pour tout peuple, la maturité signifie qu'il acquiert, en le prenant, le droit à l'autodétermination. Il se rend compte que la question réelle, derrière la façade, est: comment et jusqu'où dans notre intérêt exercer ce droit? Personne, dans le monde d'aujourd'hui, ne peut prétendre bloquer une décision majoritaire du peuple québécois sur son sort. Le peuple canadien-français est conscient qu'il a sa vraie patrie dans le Québec. L'appren-

---

1. *Le Devoir*, 18 mai 1965.

tissage de l'autodétermination que nous faisons amène le goût de la liberté. Le progrès ou recul de notre société ne dépend plus que de nous désormais. (...) Des textes ne peuvent encadrer une réalité assez forte, qui les déborde. Ceux qui dramatisent les dangers de cette formule, notre réalité québécoise ne peut probablement pas les imprégner. » [1]

Jacques-Yvan Morin, professeur de droit constitutionnel à l'université de Montréal, a la charge de répondre aux deux ministres libéraux. Rapidement, il montre que la formule Fulton-Favreau consolidera le carcan qui pèse sur le Canada français. Aussi propose-t-il le rejet de cette formule. Il n'en fallait pas plus au professeur Morin pour gagner à sa cause l'auditoire estudiantin. L'incident n'est guère plus important qu'il ne le faut, sauf que « c'était la première fois, croit-on, que René Lévesque baissait pavillon devant un auditoire étudiant ». Un journaliste témoin écrit: « Ce qui est apparu plus significatif à ce débat, c'est que, pour la première fois, un groupe d'étudiants manifestait en bonne partie son désaccord avec le ministre. (...) « Patineur », devait lancer quelqu'un près de nous. « Qu'est-ce qui lui arrive? », de demander un autre. » [2]

Huit ans plus tard, voici l'interprétation qu'en donne René Lévesque. « Paul Gérin-Lajoie était parti en Europe. Et, pendant ce temps-là, Lesage avait pris la place de Gérin-Lajoie et, à une réunion, s'était plus ou moins avancé, je crois. D'ailleurs, cela avait créé pas mal de tension. Il avait pris une position plus avancée que celle du Cabinet. Pendant ce porte-à-faux gouvernemental, au moment où nous n'avions pas encore pris position clairement à ce sujet, se produit cette rencontre, extrêmement bien dramatisée par les étudiants de l'université de Montréal. Laporte et moi, nous nous sommes faits littéralement mandater par le Cabinet et par Lesage pour essayer d'aller défendre, au moins temporairement, les positions prises par Lesage. Ça a pris trois-quarts d'heure, une heure avant de me décider. Et j'ai dit: « O.K., je vais y aller. » Tout en pensant: « Parce que politiquement ça n'a pas tellement d'importance. C'est encore du juridisme, des formules juridiques à ne plus finir. Alors qu'en réalité, c'est la décision ou la volonté politique du Québec qui fera l'avenir. » C'est là peut-être que je me suis rendu compte de mon cheminement politique. J'ai donc accepté d'y aller et je me suis fait déculotter comme il faut. Mais ce qui

1. Le Quartier Latin, 25 mars 1965.
2. Le Devoir, 19 mars 1965.

est le plus drôle, c'est, quand je suis sorti de là, ma rencontre avec Claude Ryan qui me demande: « Pouvez-vous me donner un *lift?* Il fait mauvais. Avez-vous votre voiture? » J'ai dit: « Oui, j'ai ma voiture; montez. » À un moment donné, mon Ryan me dit, tu sais, le genre Ryan: « Oui. C'était une soirée intéressante. Mais je pense que vous seriez mieux de vous occuper plus des questions constitutionnelles. Ça pourrait devenir plus important que vous aviez l'air de le croire ce soir. » Je lui ai dit, en riant: « Pas besoin de me le dire. Je viens de m'en rendre compte. » » [1] De toute façon, face à la pression populaire et à celle du Cabinet, le premier ministre Lesage décide, à la fin de mars 65, d'interrompre sa lutte en faveur de la formule Fulton-Favreau.

Déjà la fin du gouvernement libéral?

Le gouvernement libéral demeure productif, malgré ses cinq années de pouvoir. Durant la première partie de la session, le Parlement adopte les lois créant le régime de rentes, la caisse de dépôts et de placements, un régime de négociations collectives pour les travailleurs du secteur public, une commission royale d'enquête sur l'agriculture, une société publique d'exploration minière (SOQUEM). Mais si l'équipe libérale avait déjà existé, elle n'existe plus. « M. Lesage apparaît plus solidement maître de son parti qu'à l'automne de 1964. Mais, en même temps, il est plus majestueusement solitaire, à la tête de sa monture, qu'à aucun autre moment depuis 1960. Sur la formule Fulton-Favreau, sur Sidbec, sur la loi de la fonction publique, M. Lesage s'est défendu à peu près seul. Des hommes comme Lévesque, Kierans et Gérin-Lajoie ont à peine ouvert la bouche. » [2] Bien plus Jean Lesage se méfie de plus en plus de René Lévesque. Un journaliste écrit: « Lesage prenant en main lui-même le lancement de Sidbec et de la Caisse de retraite, Lévesque s'est vu plus ou moins écarté de la possibilité de prendre des positions radicales sur ces deux questions primordiales pour l'avenir du Québec. » [3] Les dirigeants du

1. Entrevue avec René Lévesque, 9 mai 1973.
2. *Le Devoir*, 10 août 1965.
3. Richard Daignault, « Où en est René Lévesque? » *Le Maclean*, septembre 1965.

parti jugent les positions du ministre des Richesses naturelles souvent trop radicales.

Mais, il y a plus. Une sorte de ralentissement peut-être? Le premier ministre québécois n'est franchement pas d'accord. « Aujourd'hui, dit-il, nous continuons de progresser au même pas, au même rythme, au galop; mais qu'est-ce que vous voulez, la population s'est habituée au rythme et cela est devenu moins une nouvelle. C'est ça la vérité. La sidérurgie, la Société générale de financement, les divers volumes du Rapport Parent, qui apporteront une transformation complète de notre système d'enseignement, tout cela ne dure qu'une journée dans les journaux maintenant, alors qu'en 1960, on nous suivait pas à pas et que le moindre détail devenait un élément de révolution dans le Québec. » L'habitude, donc? Peut-être. Mais si la population s'est habituée, le Parti libéral s'est également habitué au pouvoir. « C'est assez drôle, dit René Lévesque. Moi, j'ai l'impression qu'au début on a manqué le bateau un peu, comme ceci, justement parce qu'on n'était pas prêt et que, peut-être, on n'avait pas assez vu à quel point les gens avaient des frustrations et des besoins qu'ils avaient longtemps traînés.

« Si on s'était rendu compte du potentiel de changement qu'il y avait dans le Québec en 60 et en 61, au début, ça aurait pu être quelque chose « comme une révolution », sans détruire rien, il y aurait eu moyen de chambarder fondamentalement une bonne partie des mauvaises habitudes et des mauvaises structures du Québec. Les gens étaient prêts à l'accepter. Ils sont devenus de moins en moins prêts parce qu'on a traîné, parce que le Parti libéral est tombé de nouveau dans le vieux vice du patronage, surtout du patronage des gros, et la caisse électorale. Alors, ça a ralenti, et puis les gens se sont écœurés. Mais, moi, je n'ai jamais cru à l'histoire qui disait: « Au bout de trois, quatre ans, il faut ralentir parce que les gens sont essoufflés. » Ce n'était pas tellement que les gens étaient essoufflés, c'est qu'il y avait eu trop de PAROLES et dans bien des domaines pas assez de RÉALISATIONS et de RÉFORMES. [1] Alors, à la fin, c'est ce qui a fini par tuer le gouvernement. C'est qu'il avait perdu son élan; il était alourdi par pas mal de corruption et, en tout cas, de mauvaises habitudes qui étaient vite revenues. Enfin, on dit toujours que le naturel revient au galop. » [2]

---

1. Mots mis en relief par l'auteur.
2. Francine Vachon, *op. cit.*

La caisse électorale, de plus en plus importante en coulisse, force donc le parti à mettre la pédale douce sur la voie des réformes. Ainsi, une autre cause s'ajoute à l'habitude. Mais il y a plus. Claude Ryan avait souligné la « majestueuse solitude » du premier ministre québécois. Très certainement, Jean Lesage apparaît de plus en plus seul. Il le veut bien. Ses appels aux grévistes de la Régie des alcools et son expression de « non-instruits » en choquent plusieurs. Il est vrai que la presse, le monde syndical et les milieux intellectuels se montrent beaucoup plus critiques à l'égard de son parti.

Mais le premier ministre s'impatiente. En avril, un jeune terroriste québécois se pend à la prison de Bordeaux à l'aide d'une courroie enlevée à la jambe artificielle qu'il portait. Les quotidiens font grand état de cet événement. Jean Lesage réplique: « Je trouve que vous donnez de l'importance aux choses les plus insignifiantes. Voulez-vous, on va se parler franchement? Tâchez donc d'avoir une perspective un peu plus élevée pour voir les programmes dans leur véritable ordre de grandeur: la constitution, oui; la conférence fédérale-provinciale, oui; un gars qui se pend à Bordeaux, non; avec sa courroie de béquille. Il y a toujours un bout de faire des scandales avec un gars qui se pend à Bordeaux; voyons donc! Quand un habitant, dans le rang de Chafoura, s'était pendu, cela avait été un émoi épouvantable. Il n'y avait pas de télévision, ni radio dans le temps. C'était épouvantable; l'habitant s'était pendu parce que sa femme l'avait trompé. C'est bien plus grave que l'autre affaire. Arrêtez de faire des huit colonnes avec les petites affaires et les chiens écrasés. » [1]

Le 12 juin, le premier ministre québécois se lance dans une violente attaque contre les « rêveurs séparatistes ». Il les affuble de nombreux qualificatifs: rêveurs dangereux, théoriciens dédaigneux, farfelus, enfants mal grandis, bricoleurs sans apprentissage, grands penseurs brevetés, doctrinaires, fabricants de panacée. Beaucoup de ceux qui ne croient pas alors à l'hypothèse de la souveraineté québécoise s'en trouvent offusqués. Claude Ryan écrit à ce sujet: « Ce qui déplaît, dans la manière de M. Lesage, c'est sa façon vaniteuse de s'attribuer le monopole du bon sens, du réalisme, de la responsabilité. » [2] Donc, solitude ou vanité du premier ministre québécois.

1. *Le Devoir*, 24 avril 1965.
2. *Le Devoir*, 14 juin 1965.

L'on commence donc à cerner les causes de ce ralentissement. L'habitude, la caisse électorale et l'attitude du premier ministre. Oublierait-on une autre cause extrêmement importante? En effet, on n'a pas encore réussi à trouver une réponse à la question qu'on se pose depuis deux ans: après l'adoption de mesures de rattrapage, que fait-on avec le Québec? Où va-t-on? René Lévesque disait qu'il y avait eu trop de paroles et souvent pas assez de réalisations ou de réformes. Et le Plan? On en parle sérieusement depuis deux ans. Annuellement, on le promet pour l'année suivante. D'où vient cette incapacité d'accoucher d'un Plan? Manque de compétence, insuffisance des données, incurie du Conseil d'orientation économique, absence de volonté politique, ingérence fédérale dans les affaires québécoises?

En mars 1966, le Conseil d'orientation économique, toujours incapable de soumettre un projet de plan québécois, énumère les nombreux obstacles à l'élaboration de ce plan. « Parmi ces difficultés, certaines tenaient à la pénurie de renseignements et de recherches d'ordre économique, à l'absence de méthodes de programmation économique, au manque de personnel expérimenté en planification et à un état d'esprit peu propice à la collaboration étroite entre l'État, le patronat et les syndicats. On eut aussi vite fait de découvrir des entraves d'ordre institutionnel. Il apparut, en effet, qu'il manquait au Québec des structures ou des mécanismes de coordination entre les organismes intermédiaires, les entreprises et les gouvernements, voire entre les ministères québécois eux-mêmes. Le partage des pouvoirs économiques entre le gouvernement fédéral et le gouvernement du Québec imposait également des limites à la planification à l'intérieur d'un État provincial. (...) L'analyse économique devait révéler, au surplus, des difficultés inhérentes à la nature de l'économie du Canada, dans son ensemble, mais qui présentent une intensité particulière au Québec. Il fallut convenir que l'activité économique s'était développée au Québec presque sous la seule impulsion de la libre entreprise, dont une grande partie dépendait de centres de décision situés hors du Québec et mus en fonction d'intérêts étrangers plutôt que de l'économie interne. » Quelques lignes plus bas, le Conseil d'orientation économique, comparant le Québec à certains pays européens, réfère à nouveau aux conditions économiques dans le cadre fédéral. « Il aura fallu, en somme, prendre conscience de l'ensemble des problèmes économiques québécois, note-t-il, pour s'apercevoir, au début de 1964, qu'il était impossible d'élaborer rapidement un plan adapté aux besoins du Québec en suivant un modèle préétabli, comme le Plan français ou le Plan hollandais. Les conditions et les objectifs économiques diffèrent, en effet, complètement dans un État aux frontières ouvertes, comme une province, et dans un État indépendant, unitaire et quasi autarcique. » [1]

Quoi qu'il en soit, nous ne pouvons pour l'instant vérifier la véracité de toutes ces assertions. Une chose est certaine: le Conseil d'orientation économique vient de tracer là le portrait de ce que René Lévesque appellerait une « jungle » et ce même conseil avoue son incapacité de voir clair en ce domaine après 5 années de travail. Le Québec se condamne donc à demeurer à court terme au stade de la parole et à ne plus atteindre celui des réalisations. Le gouvernement Johnson ne sera souvent que l'inflation de la parole sur le plan international pour mieux masquer l'administration à la petite semaine sur le plan intérieur. Le fort de Madeleine de Verchères, quoi! La poignée de Blancs disposant avec art et ruse une foule de couvre-chefs tout autour de la palissade et alimentant un feu nourri pour laisser croire aux Peaux-Rouges de l'extérieur qu'ils sont numériquement supérieurs à eux. Mais l'illusion ne dure qu'un temps. Les administrations Bertrand et Bourassa préféreront ouvrir toutes grandes les portes aux Peaux-Rouges.

Le 14 octobre 1965, le premier ministre Lesage procède à un remaniement ministériel. Éric Kierans et René Lévesque quittent des ministères proprement économiques pour occuper respectivement ceux de la Santé et de la Famille et du Bien-Être social. Si ces deux hommes sont déçus, ils ne le laissent pas voir. Ils semblent accepter leur nouvelle fonction avec l'entrain du début. Ce n'est qu'après coup qu'on apprendra de la bouche de René Lévesque qu'ils étaient venus bien près de quitter le gouvernement. « En 65, quand on a changé de ministère, Kierans et moi, nous confie René Lévesque, on a lâché l'économique, parce que ça ne marchait plus. Puis, on a bien failli sacrer notre camp complètement. Moi, je me souviens — et je crois que c'est vrai aussi pour Kierans — que c'est plutôt des gars avec qui on travaillait, genre Michel Bélanger et d'autres, qui nous ont convaincus de ne pas lâcher, parce qu'il y avait encore des choses à faire. On était bien écœuré! » On demande à René Lévesque si c'est parce qu'il se butait au gouvernement fédéral. Il

---

1. Cité par James Iain Gow, *Administration publique québécoise*, Beauchemin, 1970, pp. 40 et 42.

Octobre 1965. *Le nouveau ministre de la Famille et du Bien-Être social prête serment.*

répond: « Bah! Ça et le reste. Le gouvernement avait perdu de son élan. On retombait pas mal dans certains aspects de la vieille poutine et il était plus difficile, à mesure que le temps passait, de faire aboutir des projets. » [1]

Le jour de l'assermentation, Kierans et Lévesque annoncent qu'ils formeront un tandem dans le secteur de la sécurité sociale. Le ministre de la Famille et du Bien-Être social explique qu'il y a des mesures très urgentes à réaliser « au plus sacrant »: l'assistance médicale aux nécessiteux, un programme universel d'assurance-maladie et la définition d'une politique cohérente de sécurité sociale. Le nouveau ministre de la Famille et du Bien-Être social prévoit s'inspirer surtout du rapport du Comité d'étude sur l'assistance publique, préparé par J.-Émile Boucher, Marcel Bélanger et Claude

1. Entrevue avec René Lévesque, 9 mai 1973.

223

Morin et remis au gouvernement du Québec en juin 1963. « Je l'ai lu, relu, étudié sur toutes ses coutures, affirme René Lévesque. Il doit être appliqué le plus tôt possible et à peu près intégralement. » Lorsqu'on demande au ministre combien de temps il lui faudra pour appliquer intégralement sa nouvelle politique de sécurité sociale, celui-ci répond: « Autant de temps qu'il me faudra ... regardez l'étatisation de l'électricité, ça s'est fait plus vite que je ne le croyais ... » [1] « Kierans et moi, nous confiera René Lévesque, avions formé un tandem qui devait durer au moins pour deux ans. On s'était dit: « On va essayer en deux ans de marier progressivement la Santé et le Bien-Être social. » On avait l'idée de faire un peu la même chose que Castonguay, mais en y allant doucement, parce qu'il y a toute une série de coordinations qui sont nécessaires en ce domaine-là et il fallait les faire avec beaucoup de soin, de doigté. Et ça nous intéressait. »

Durant le premier trimestre de 1966, René Lévesque livre au public des réflexions de plus en plus personnelles. Lui qui avait promis aux anglophones de ne plus leur parler de langue et de culture tant que ses positions ne seraient pas arrêtées prend la parole, le 24 janvier, devant 400 étudiants à l'université McGill. La *Gazette* rapporte ses propos: « Many businesses here, he said, seem to be arrogant and ignorant of the fact that 80 per cent of the population is French. He warned them to be civilized and respect the French position *while there is still time* ». [2] Selon le ministre, certains hommes d'affaires anglophones ont une mentalité de type rhodésien face à la majorité francophone. Un mois plus tard, il affirme: « The awakened French Canada is not against any group or its rights, only against the entrenched privileges of a dominant minority. Quebec's awakening is a positive phenomenon that is not only tolerant but deeply respectful of minority rights. Not privileges, but rights. » [3]

À Sainte-Foy, il conseille à des étudiants de 17-20 ans de « ne pas s'affilier à des groupes partisans avant le stade universitaire, puisque ce serait là un signe de vieillissement précoce; vous n'avez pas le droit, dit-il, d'avoir des idées figées ou fanatiques, des attitudes absolues. Il faut au moins garder une ouverture dans l'esprit pour

---

1. *Le Devoir*, 20 novembre 1965.
2. 25 janvier 1966.
3. *Montreal Star*, 28 février 1966.

1965. Le tandem Lévesque-Kierans fait face à la presse.

autre chose que les passions pour lesquelles on nourrit une préférence momentanée. » Il ajoute: « Moi, j'évolue tout le temps... et j'ai l'impression que ça doit être vrai pour l'homme politique et pour le citoyen. (...) Dans le domaine des choses humaines, je ne connais pas de dogme. Le dogmatisme signifierait que, par définition, j'arrête de penser. Ce qui me rend bien aise d'être attaqué par le Parti socialiste du Québec et par la revue d'extrême-droite *Aujourd'hui-Québec*, puisque 100 pour cent socialiste, je trouve ça imbécile, s'il faut en arriver à tordre la réalité pour la rendre conforme aux dogmes et faire, comme en URSS, des machines administratives desséchées et compliquées qui étouffent la population. »[1] À un colloque sur la pauvreté à Montréal, il revient sur le sujet. « Être réaliste, dit-il, c'est parfois sacrant, mais c'est plus efficace que de prôner de nobles idées irréalisables. »[2]

---

1. *L'Événement*, 11 mars 1966.
2. *Le Devoir*, 18 avril 1966.

Kierans et Lévesque s'étaient donné deux ans pour mettre de l'ordre dans le secteur de la sécurité sociale. Le tandem ne tiendra pas deux ans, car, en avril 66, Jean Lesage annonce la tenue d'élections générales, le 5 juin. Le 18 avril, un journaliste demande à René Lévesque de commenter cette décision. « Tout ce que je souhaite, dit-il, c'est que ça se fasse le plus tôt possible. » Il explique que la situation est toujours la même à chaque élection. « Lorsqu'on sait que cela s'en vient, tout le monde va en Chambre où l'on fait de moins en moins de travail et de plus en plus de déclarations électorales. »[1]

Le Parti libéral part gagnant, tout simplement parce qu'on ne peut imaginer un retour au pouvoir pour le parti de feu Maurice Duplessis. Deux formations souverainistes, le Rassemblement pour l'indépendance nationale et le Ralliement national, feront la lutte au Parti libéral et à l'Union nationale. Ce dernier parti joue sous le thème « Égalité ou indépendance ».

Les stratèges du Parti libéral organisent une campagne axée sur le chef, Jean Lesage. On ne retrouve plus l'équipe des deux élections précédentes. Ce genre de campagne est conforme à ce qu'est devenu le Parti libéral. Et Claude Ryan a raison d'écrire: « Cette élection ne sera pas une grande étape de notre vie politique, comme le furent par exemple les scrutins de 1936, de 1944 et de 1960. Ce sera plutôt une élection de type administratif, une élection qui portera sur la compétence des équipes en présence plutôt que sur des idées de fond. »[2]

Certains sondages prévoient que les Libéraux l'emporteront, mais par une faible marge. Puis, à quelques jours du scrutin, on affirme que les deux principaux partis en lice sont nez à nez. La presse québécoise donne du Parti libéral une image moins avantageuse que celle du principal parti d'opposition, l'Union nationale; l'image du Rassemblement pour l'indépendance nationale est particulièrement favorable, alors que, pour le Ralliement national, les traits défavorables sont mis en évidence.[3]

Le 5 juin: une surprise qui frise la stupeur, l'Union nationale est de retour au pouvoir! Les Libéraux ne parviennent à faire élire

---

1. *L'Action*, 19 avril 1966.
2. *Le Devoir*, 21 mai 1966.
3. Résultats d'une étude effectuée par Guy Bourassa et Francine **Dépatie**, *Le Devoir*, 19 octobre 1966.

que 50 députés contre 56 pour le parti dirigé par Daniel Johnson. On cherche à expliquer cette défaite qui prend l'allure d'un sort, mais toutes les interprétations se valent. Est-ce l'effet créé par « le visage rajeuni qu'a su présenter l'Union nationale » ? N'est-ce pas plutôt l'exigence de cette réforme libérale qui a laissé en route des milliers de mécontents et « suscité des inquiétudes profondes dans de larges secteurs de la population » ? S'agit-il de la présence du Rassemblement pour l'indépendance nationale qui, dans 13 comtés, a fait la différence entre le Parti libéral et l'Union nationale? N'aurait-on pas voulu servir à Jean Lesage une leçon de modestie? Et que dire du comportement de la presse québécoise qui a favorisé l'Union nationale? Robert Cliche croit que la défaite est due au « manque de participation de la population aux réformes mises en œuvre par le Parti libéral dans plusieurs domaines ». Le directeur du *Devoir* écrira: « Trop sûrs d'eux-mêmes, incapables de voiler ou de réparer à temps les nombreuses fissures qui s'étaient fait jour ici et là dans leur machine, les Libéraux ont été les premiers artisans de leur défaite. Ils ont succombé une fois de plus à leur tentation coutumière: la suffisance. » Oublie-t-on que cette défaite peut être la conséquence d'une carte électorale désuète? En effet, l'Union nationale triomphe avec 41.2 pour cent du vote populaire alors que le Parti libéral se classe second avec 47 pour cent. Le soir du scrutin, René Lévesque reconnaît que « si les objectifs du parti ont été et demeurent valables, le gouvernement a échoué dans sa tentative de les expliquer clairement à la population ». [1] Quelques jours plus tard, sur les ondes de Radio-Canada, il déplore que le Québec n'avance que par « sursauts », par « bonds », et ne soit pas capable de maintenir « un rythme continu de progrès ». Et il ajoute: « Ça viendra peut-être . . . » [2]

À sept années d'intervalle, René Lévesque décrit le sentiment qui l'animait au lendemain du scrutin. « Moi, je n'ai pas d'abord été surpris du résultat, parce qu'on a vu la campagne se disloquer très vite. L'entourage de Lesage a eu la sinistre idée — ils avaient employé le terme d'ailleurs, mais on ne s'en est pas rendu compte — de faire une campagne gaulliste, autrement dit de tout centrer sur l'homme. C'était la première campagne qui n'était pas centrée sur l'équipe. Cette fois-là, Lesage est parti tout seul de son bord, à

---

1. *Le Devoir*, 8 juin 1966.
2. *Ibid.*, 23 juin 1966.

l'occasion avec Wagner, mais la plupart du temps tout seul. Et, très vite, cela a produit une dislocation complète de l'image. Maintenant, il y avait d'autres raisons évidemment: l'essoufflement de six ans, etc. Mais, je me souviens, en revenant d'une tournée dans le Bas-du-Fleuve et la Gaspésie, tu sentais que ça ne marchait pas du tout. Ça, c'était à la mi-mai, au moins quinze jours, trois semaines avant le vote. Et, en mettant ensemble les réactions des autres qui couvraient les autres régions, en regardant à gauche et à droite, en lisant les journaux, qui publiaient des sondages disant 55-56 ou quelque chose comme ça, je me suis dit: « Tant mieux s'ils ont raison, parce que ça pourrait être pire que ça. » On sentait qu'il n'y avait plus moyen de remonter la côte. Et Lesage avait vraiment trop fait d'erreurs et il était trop le centre d'intérêt pour parvenir à corriger la trajectoire. Alors, je n'étais pas surpris le soir du 5 juin. Déçu? Un peu, parce que, curieusement, je suis très mauvais administrateur quand il s'agit de mes affaires, mais j'aimais ça être dans le gouvernement, être dans l'appareil de décision, l'appareil d'administration. D'ailleurs, Johnson a été obligé d'admettre que le ministère avait été bien administré, lorsqu'il l'a repris en main. Il a été incapable d'y déceler des failles. Ça se tenait. Parce que j'aimais ça. Alors, le soir du 5 juin, il y avait cette déception de lâcher les leviers au moment où le tandem que Kierans et moi avions formé était sur le point d'accoucher. D'un autre côté, au point de vue politique, il n'y avait pas une énorme déception, parce qu'on sentait que ça achevait depuis un certain temps. » [1]

Est-ce vrai que la déception n'était pas complète parce qu'elle permettait à René Lévesque de poursuivre un cheminement personnel? Il répond par la négative. « Non, ça, on n'a pas pensé à ça tout de suite. Le mélange que je viens de décrire était à peu près ce qu'on ressentait le soir même ou le lendemain. Et cela s'ajoutait à un nouveau défi, le travail dans l'Opposition. Je n'avais jamais connu ça, moi; j'étais entré dans le gouvernement de but en blanc. »

Justement, parlons-en de l'Opposition! Combien se sont dit que le gouvernement Johnson aurait la plus forte opposition jamais vue dans l'histoire de la Confédération? « Au fait, écrit le journaliste Vincent Prince, il est à se demander si Québec aura jamais eu une opposition de cette envergure. (...) M. Lesage devrait être celui qui donnera le plus de fil à retordre au nouveau premier ministre.

---

1. Entrevue avec René Lévesque, 9 mai 1973.

Il devrait le harceler sur tous les fronts à la fois. Mais il n'y a pas que M. Lesage. Le nouveau ministre de l'Éducation n'aura pas tous les atouts de son bord quand il devra croiser le fer avec M. Paul Gérin-Lajoie. Ce dernier connaît non seulement tous les rouages du ministère, mais il a été au cœur même de toute la réforme scolaire. De plus, on le sait travailleur acharné. Et que dire de M. René Lévesque qui, même au moment où il siégeait à la droite du président de la Chambre, savait garder des opinions bien personnelles. (...) Il y a encore M. Pierre Laporte qui, au pouvoir, a démontré qu'il était un administrateur de qualité et un habile parlementaire. (...) Et la même observation vaut pour M. Eric Kierans, ce financier qui a appris très vite l'art de la politique et du gouvernement. Les anciens ministres, Gérard-D. Lévesque, Claude Wagner, Lucien Cliche, Alcide Courcy, Gaston Binette, Bernard Pinard, Claire Kirkland-Casgrain, Richard Hyde et Émilien Lafrance, ne seront pas toujours faciles, non plus, à contenir. » [1]

La désillusion sera double. Non seulement le Québec venait de perdre le gouvernement qui avait animé la révolution tranquille, mais la forte opposition tant attendue ne viendra jamais. Pourquoi? « En fait, répond René Lévesque, on a vu très rapidement qu'il y avait des gars bien fatigués de la voiture, des gars qui avaient un prestige qui ne correspondait pas à ce qu'ils étaient. Paul Gérin-Lajoie n'était pas parmi les gars qui donnaient l'impression d'être vidés. Il y en avait d'autres qui étaient vidés à mort et qui n'étaient plus que des façades. En réalité, dans certains cas, ils l'avaient toujours été. Tu auras toujours ça dans un gouvernement. Et, dans l'opposition, ça se révèle plus vite. Parce que quand tu n'es plus l'honorable ministre, s'il n'y a pas grand'chose, ça paraît. Mais ce qui nous a peut-être le plus affaiblis la première année, c'est ce tiraillement qui s'est vite dessiné sur l'orientation à venir. Nous autres, tout un groupe, on s'est dit que ça ne servait pas à grand'chose de continuer à faire de la politique uniquement pour retourner un jour au pouvoir diriger le même bateau qui prend l'eau de partout. » [2]

Après les élections de 1966, les Libéraux ont tenu plusieurs réunions qu'on a appelées *post mortem*. « D'abord, il y a eu la réunion du Cabinet défait, comme c'est traditionnel. Ensuite, il y a eu les réunions de ce qui s'appelle la Fédération libérale, qui était

---

1. *Le Devoir*, 7 juin 1966.
2. Entrevue avec René Lévesque, 9 mai 1973.

assez active à ce moment-là, qui avait été mise en veilleuse pas mal ou ignorée pendant les derniers milles du gouvernement; mais, quand on s'est ramassé après la défaite, tout à coup, c'est devenu important de parler aux gars qui avaient été négligés. » [1] Les dernières réunions portent sur l'orientation du parti. « Il fallait quand même se demander où est-ce qu'on allait pour les quatre prochaines années, de dire René Lévesque. Autrement dit, comment on préparait une étape postérieure. »

Laissant les événements se décanter, René Lévesque est heureux. Il retrouve une certaine liberté. Le 26 juillet, il confie aux correspondants du quotidien *The Gazette*: « I have the impression it could be fascinating. » Et les journalistes ajoutent: « Especially after six years of that damned thing — power — which he compared with being caught in a narrow corridor and having to move straight ahead without stopping to explore behind any of the doors. » L'ex-ministre continue: « Now I'm at the end of the corridor and there are 25 doors waiting, now I can stop and think about things, like the political role of television. » En effet, en juillet et en août, il s'en prend violemment aux postes privés de radio et de télévision. Au début de septembre, il juge que l'ensemble des mesures sociales au Québec constitue « une espèce de catalogue de pièces rattachées les unes aux autres au hasard des élections et des promesses électorales, au hasard des conditions socio-économiques et parfois des pressions politiques ». Comment en arriver à y voir clair? En réglant les conflits de compétence entre Québec et Ottawa où « même une chatte, dit-il, n'y retrouverait pas ses petits » et en éliminant progressivement le quasi-monopole de la charité privée et des Églises. [2] Il n'en fallait pas plus pour faire rager le secrétaire général de la Fédération libérale du Québec, Henri-A. Dutil. Des postes privés, Dutil affirme que la FLQ a obtenu « un juste traitement »; quant à la remarque du député de Laurier concernant la charité privée et le quasi-monopole des Églises, Dutil désire se dissocier de cette prise de position.

Sur le plan politique, René Lévesque est de plus en plus convaincu que le Québec est une colonie, « une société sous-développée, sous-instruite, coloniale, manquant de richesse et de fierté mais paradoxalement bien nourrie et confortable, endormie par ses

---

1. Francine Vachon, *op. cit.*
2. *Le Devoir*, 6 septembre 1966.

Été 1972 : le pied à l'étrier. À Saint-Léonard, dans le comté de Nicolet, le chef du P.Q. n'a pas dédaigné de jouer les « cow-boys » en chevauchant un poney, lors d'une fête champêtre.

élites et ses rois nègres dans une médiocrité totale qui pourrait lui être mortelle, exaltant sa culture, mais abîmant sa langue ». [1] En octobre, il affirme: « Le fait est brutal, mais nous devons l'accepter: économiquement, on est une colonie. Et ce n'est que dans la mesure où nous reprendrons le contrôle de notre vie économique, ce que seul l'État peut nous permettre de faire, que nous pourrons assurer la survie et le développement de notre langue et de notre culture française. » [2] Beaucoup de ceux qui cogitent avec lui sur l'orientation du Parti libéral ne partagent pas cette conclusion. René Lévesque raconte au journaliste Jacques Guay: « Après la défaite de 1966 on s'est retrouvé un groupe autour de Lapalme, *la gang du club Saint-Denis*. On a fait des *post-mortem* à en devenir malades. C'était bien beau mais il fallait se dire: « Où va-t-on? » Il fallait faire un bond en avant. « Quel statut veut-on pour le Québec? » Certains commençaient à reculer, remettaient même en question le *Maître chez nous*. Pour eux, le slogan victorieux de 1962 avait causé la défaite de 1966. Comme on ne pouvait s'entendre, on a décidé d'escamoter la question constitutionnelle. Et on s'est rabattu sur la caisse électorale. » [3]

En fait, la Fédération libérale tient son congrès du 18 au 20 novembre à Montréal. Un trio de Libéraux, formé des Kierans, Casgrain et Brière, se présente à la direction de la Fédération pour démocratiser les finances du parti. Ils veulent appliquer la résolution adoptée au congrès de 1963 qui demandait « la création d'un comité directeur conférant à quelques représentants parlementaires et militants la responsabilité des normes de perception et de l'administration de tous les fonds du parti conjointement avec le chef ». René Lévesque donne rapidement son appui au trio et il n'est pas tendre envers la caisse électorale. « Les partis traditionnels qui ont formé les gouvernements du Québec ont des méthodes de financement qui sont les vestiges d'un régime féodal désuet, inconciliable avec la démocratie et extrêmement dangereux pour les intérêts de la population. À l'intérieur des partis, la tradition veut que le chef, qui désigne des caissiers, soit seul responsable de la perception et de l'administration de la caisse et que les députés, les représentants élus et les militants n'en sachent rien. Devenant tour à tour gouvernement, les

---

1. *Ibid.*, 1er octobre 1966.
2. *La Presse*, 4 octobre 1966.
3. « Comment René Lévesque est devenu indépendantiste », *op. cit.*, p. 26.

partis, financés dans le secret par une poignée d'hommes qui n'avaient de comptes à rendre qu'à eux mêmes, sont allés longtemps jusqu'à troquer les richesses naturelles du Québec contre des fonds électoraux, sans compter le système de vente de permis, de ristournes, etc. » [1] À cette occasion, le député de Laurier apporte comme exemple la décision « mystérieuse et troublante » de Mitchell Sharp de retarder la mise en vigueur du régime d'assurance-santé. « Combien les compagnies d'assurance et de produits pharmaceutiques ont-elles versé à la caisse électorale? » demande René Lévesque.

En plein congrès, Radio-Canada publie une entrevue obtenue par le journaliste Teddy Chevalot du président sortant de la Fédération libérale, Irénée Lapierre. Celui-ci affirme qu'Eric Kierans serait « la marionnette de René Lévesque » et que le député de Laurier « n'est plus rentable pour le Parti libéral ». « Et j'irai plus loin que ça, ajoute-t-il, je dirais qu'il n'est plus rentable pour aucun parti politique. » [2] De tels propos provoquent un chahut invraisemblable le jour même de la clôture du congrès. Irénée Lapierre est contraint de retirer ses paroles. Du trio cherchant à se faire élire pour assainir les finances du parti, seul Eric Kierans est élu. Casgrain et Brière sont défaits par Bernard Pinard et Jean Morin. Les réformistes remportent donc une victoire morale, mais l'incident Lapierre a cristallisé les rancœurs et le parti sort de cette réunion plus divisé que jamais.

Rapidement, on s'aperçoit que la présence d'Eric Kierans à la tête de la Fédération libérale ne servira pas d'antidote à ce que René Lévesque appelle « le poison le plus destructif, le plus corrosif qui puisse s'attaquer aux institutions parlementaires », la caisse électorale. Mais le député de Laurier va son chemin. Il veut dépasser le stade de la parole, répondre à la question « Où va le Québec? » et convaincre tous les Québécois, et d'abord le Parti libéral, de la nécessité d'un plan. « Un plan, dit-il, c'est la feuille de route d'une société. Un plan pour le Québec marcherait sans retard si l'État québécois s'y embarquait à fond de train. Même si le Québec a présentement un régime conservateur, foncièrement antiplan, ça marcherait quand même, parce que le Québec vit le drame d'un peuple qui commence à se rendre compte de ses vrais besoins, de ses urgences de vie ou de mort, mais dont les élites traditionnelles

---

1. *La Presse*, 14 novembre 1966.
2. *Le Devoir*, 21 novembre 1966.

233

résistent un peu partout aux changements requis et ont des influences dominantes dans les partis traditionnels. Un plan exige une action centrale et primordiale de l'État, comme moteur, coordonnateur et animateur suprême. Il faut que l'État paie de sa personne du début à la fin. Des hommes, spécialement des hommes politiques, le plan exige un sens et une passion dévorante de l'intérêt collectif. Dans l'État, il faut qu'il y ait des hommes politiques qui ne soient pas attachés aux intérêts privés. Il faut qu'il y ait des hommes qui soient obsédés par l'intérêt collectif. Car il peut arriver qu'on doive sacrifier les préoccupations électorales pour faire de la planification. » [1] Et pourquoi faire une large place à l'économique? « Selon que nous maîtriserons l'économie ou non, répond René Lévesque, c'est elle qui nous maîtrisera ou nous asservira. (...) Si nous voulons que notre vie ait un sens, il faut que nous arrivions à maîtriser normalement l'économie du Québec, autrement tous les systèmes les plus excitants deviennent inutiles. » [2]

Et qu'arrivera-t-il si le Québec ne réussit pas une fois pour toutes à définir un plan? Lévesque répond: « Si on ne réussit pas à définir cette feuille de route, on risque d'aller de pataugeages en découragements et, compte tenu de l'époque où nous vivons, à une lente désintégration qui me paraît réservée à tous les petits peuples qui sont incapables de se brancher. » [3] Voilà maintenant cinq ans que René Lévesque est convaincu du bien-fondé d'une telle mesure, de même que de l'État qui doit régler les problèmes fondamentaux de l'économie. « C'est l'État du Québec, dit-il, car lui seul peut le faire par nous et pour nous. »

En février 1967, il fait une mini-tournée de conférences dans les provinces canadiennes occidentales. « La situation au Québec est la même qu'en Rhodésie, affirme-t-il à Vancouver. Une minorité privilégiée gouvernant une majorité arriérée. Si ce n'était la couleur de notre peau, ce serait la même chose que la Rhodésie. » [4] Et il prévient les anglophones canadiens: « Either Quebec gets a new deal or eventually it will get out. » [5] À Saint-Jean-d'Iberville, il croit que

1. *Le Nouvelliste*, 9 novembre 1966.
2. *La Voix de l'Est*, 28 novembre 1966.
3. *Le Devoir*, 29 novembre 1966.
4. *Le Devoir*, 22 février 1967.
5. *The Montreal Star*, 20 février 1967.

« the least Quebec should do would be to fight to get a *new association with the rest of the country.* » [1]

L'opinion de René Lévesque de la place du Québec sur l'échiquier politique nord-américain est de plus en plus précise. Malgré certaines frictions avec des dirigeants du Parti libéral, il est toujours membre et député de cette formation politique. Aussi il aimerait reprendre le débat sur l'orientation du parti, laissé en plan avant le congrès de novembre 66. Les 1er et 2 avril, une « réunion-surprise » se tient dans un hôtel de Mont-Tremblant, réunion groupant une vingtaine de « Libéraux progressistes », dit-on. On remarquera la présence d'Eric Kierans, René Lévesque, Paul Gérin-Lajoie, François Aquin, Yves Michaud, Claire Kirkland-Casgrain, Jean-Paul Lefebvre, Robert Bourassa et Gilles Houde. [2] En fait, on se penche sur l'évolution de la pensée politique du parti depuis le congrès de novembre. René Lévesque se montre carrément Québécois; d'autres, comme Gérin-Lajoie, Bourassa et Lefebvre, font preuve d'indécision. [3]

Cette réunion dans les Laurentides apprend bien peu de choses à René Lévesque, sinon que l'urgence qu'il voit de régler le problème constitutionnel n'est pas partagée par une majorité de députés. L'éditorialiste de *L'Action*, Laurent Laplante, écrit: « C'est à M. Lévesque qu'il appartient désormais de dire carrément à quelles conditions il envisage de demeurer dans le Parti libéral. » [4] Lévesque groupe des membres de la Fédération libérale et d'autres de l'Association libérale du comté de Laurier, qui partagent son avis, pour formuler l'orientation nouvelle que devrait prendre le parti. Et Claude Ryan regarde évoluer le député de Laurier. « Lorsque M. René Lévesque, écrit-il, se torture l'esprit en public à propos de l'avenir politique du Québec, il y a, dans sa démarche, quelque chose d'insolite, mais aussi d'authentiquement dramatique. (...) M. Lévesque reste un homme très spécial. Il a tout risqué pour le Parti libéral en 1960. Il a été l'un des grands artisans de l'œuvre de rénovation accomplie par son parti entre 1960 et 1966. Il a toujours conservé, même au pouvoir, un ton indépendant, un je ne sais quoi de très personnel et de détaché à la fois, qui en faisait et en fait encore un

---

1. *Ibid.*, 4 mars 1967.
2. *La Tribune*, 4 avril 1967.
3. *The Globe and Mail*, 8 avril 1967.
4. *L'Action*, 8 avril 1967.

être tout à fait spécial. On a souvent pardonné à M. Lévesque des gestes, et surtout des paroles, qui n'auraient été guère excusables chez un Gérin-Lajoie et même un Kierans. » [1]

Un prochain congrès du Parti libéral doit se tenir à l'automne de 1967. Les dirigeants du parti et de la fédération appréhendent la solution à laquelle arrivera le groupe réuni autour de René Lévesque. Dès juin, l'exécutif du Parti libéral décide que les « six grands sujets prioritaires à débattre au congrès » n'incluent pas la question constitutionnelle et que, de toute façon, la population s'en désintéresse. René Lévesque juge cette position « invraisemblable ». « Le Parti libéral du Québec, dit-il, est en danger de se trahir irrémédiablement. C'est lui ces dernières années qui a présidé à un renouveau sans précédent de tout le Québec et de son État en particulier. Que ça continue à s'accélérer, rien de plus normal, puisque c'est encore une chose toute neuve dont le mouvement ne peut pas et ne doit pas être arrêté. Que cette accélération fasse un peu peur, c'est compréhensible: il y avait pas mal d'apprentis-sorciers dans toute l'affaire. Mais ce qui est défendu, c'est de nous trahir en reniant à toutes fins pratiques ce que nous avons déclenché de plus valable. Je crois que le public est en droit de s'attendre à ce que nous ayons le simple courage d'aborder sans détour le sujet « où va le Québec? » et de discuter publiquement sans ukase pour en arriver à des accords ou des désaccords clairs et nets, de ceux qui permettent ensuite à des gens de se donner une bonne poignée de mains, peu importe qu'ils puissent ou non continuer à faire route ensemble. » [2] Aussitôt, les dirigeants décident d'inscrire la question constitutionnelle au congrès comme « la plus prioritaire de toutes les prioritaires ».

L'échéance approche. René Lévesque s'est fait aider pour la formulation de cette nouvelle pensée politique, dit-on, par un jeune comptable, le député libéral de Mercier, Robert Bourassa. Quel est donc le rôle très précis de ce député fraîchement élu? « Robert a joué le jeu, dit René Lévesque. Sincèrement ou pas, je ne le sais pas. Quels étaient ses calculs? Je ne le sais pas. Mais pendant la période cruciale, les deux ou trois derniers mois avant le mois précédant le congrès, disons du début de l'été ou de la fin du printemps jusqu'en septembre, Bourassa s'est joint à notre groupe: Brière, Boivin, Beaulé, enfin quelques douzaines de gars dont une

---

1. *Le Devoir*, 9 mai 1967.
2. *Le Devoir*, 12 août 1967.

douzaine surtout étaient actifs, et, je ne l'oublierai jamais, à peu près toute l'Association libérale du comté de Laurier à ce moment-là qui a suivi, qui a été d'accord et qu'on a tenue au courant tout le long du chemin, entre autres Gérard Bélanger, le président de l'association à ce moment-là. Robert Bourassa a joué là-dedans, d'accord avec nous autres. Et je me souviens que non seulement il a étudié le projet et il a aidé à l'étudier, mais c'est dans sa cave — ça, c'est un fait — chez lui, que la veille du dernier jour on révisait pour la dernière fois le brouillon que j'avais fait, parce que j'avais été chargé de le rédiger, de la résolution qui était en fait une sorte de manifeste. Et il a trouvé des raisons ce soir-là, essentiellement monétaires, etc., mais qui venaient terriblement à la dernière minute, de ne pas être avec nous autres. C'est comme ça qu'il nous a lâchés. Mais il avait été là durant toute la période cruciale, jusqu'à ce soir-là. Ça a été une assez grosse surprise, que je n'aime mieux pas qualifier là, de le voir lâcher à la dernière minute. Il y en a un autre seulement qui a lâché, mais lui avait d'excellentes raisons: il était employé par une entreprise anglaise et il avait une famille très jeune; il n'avait pas d'argent et il était sûr qu'il se trouverait sur le pavé s'il signait ça. Alors, lui, on a compris tout de suite. Dans le cas de Bourassa qui n'avait pas les mêmes raisons, on a mal compris. » [1]

Immédiatement après avoir annoncé la décision d'inscrire à l'ordre du jour du congrès la question constitutionnelle, le parti charge Paul Gérin-Lajoie, président du Comité des affaires constitutionnelles de la commission politique, de préparer un rapport sur le sujet et de le soumettre aux membres du comité avant le congrès. Eric Kierans, président de la FLQ, déclare alors publiquement qu'il ne pouvait y avoir deux positions constitutionnelles dans le parti. Le message est clair: on entend bien crever « l'abcès Lévesque ».

---

1. Entrevue avec René Lévesque, 9 mai 1973.

5

Le choix du Québec

Le 18 septembre, René Lévesque est arrivé au terme de la réflexion qu'il poursuivait sur « les conditions fondamentales du progrès économique, social et culturel comme du devenir politique du peuple québécois ». Dans un premier temps, il constate.

« Dans une optique purement révisionniste, ce que nous avons à réclamer dépasse de toute évidence non seulement les meilleures intentions qui se manifestent dans l'autre majorité, mais sans doute aussi l'aptitude même du régime à y consentir sans éclater. Sur cette voie, nous nous ferions dire que nous affaiblirions excessivement un État central dont le Canada anglais a autant besoin pour sa sécurité et son progrès à lui, que nous, de l'État québécois. Et ce serait vrai. Nous nous ferions demander à nouveau, avec une insistance fort compréhensible, ce qu'iraient faire à Ottawa nos représentants politiques dans des débats et des administrations dont nous prétendrions si largement éliminer du Québec les effets et l'autorité. Si le Québec s'engageait dans des pourparlers de révision des cadres actuels et qu'il y persistait, (...) ce serait bientôt le retour lamentable à la vieille lutte défensive, aux escarmouches dans lesquelles on s'épuise en négligeant le principal; les demi-victoires qu'on célèbre entre deux défaites, avec les rechutes dans l'électoralisme à deux niveaux, les fausses consolations du nationalisme verbal, et surtout, SURTOUT — il faut le dire, le redire et le crier au besoin — cet invraisemblable gaspillage d'énergie qui est sûrement l'aspect le plus néfaste pour nous du régime actuel. »

Après ce diagnostic, le député de Laurier apporte sa réponse à l'éternelle question « What does Quebec want? » « Ce que dicte clairement l'examen du carrefour crucial devant lequel nous nous trouvons, c'est qu'il faut se débarrasser complètement d'un régime fédéral qui est complètement dépassé. Et recommencer à neuf. (...) D'une part, il faut que nous osions saisir pour nous l'entière liberté du Québec, son droit à tout le contenu essentiel de l'indépendance, c'est-à-dire la pleine maîtrise de toutes et chacune de ses principales décisions collectives. Cela signifie que le Québec doit devenir au plus tôt un État souverain. Nous y trouverons enfin cette sécurité de notre être collectif qui est vitale et qui, autrement, ne pourrait que demeurer incertaine et boiteuse. (...) Bref, il s'agit non seulement pour nous de la seule solution logique à la présente impasse canadienne; mais voilà aussi l'unique but commun qui soit exaltant au point de nous rassembler tous assez unis et assez forts pour affronter tous les avenirs possibles — ce projet suprême qu'est le progrès continu d'une société qui prend en main la direction de ses affaires. (...) Il n'y a aucune raison pour que les voisins que nous serons ne demeurent pas, librement, des associés et des partenaires dans une entreprise commune, celle qui répondrait à l'autre grand courant de notre époque: les nouveaux groupements économiques, unions douanières, marchés communs, etc. Il s'agit d'une entreprise qui existe déjà puisqu'elle est faite des liens, des activités complémentaires, des innombrables intimités économiques dans lesquels nous avons appris à vivre. Rien ne nous oblige à la jeter par terre; tout nous commande au contraire, aux uns et aux autres, d'en maintenir l'armature. (...) En résumé, nous proposons un régime permettant à nos deux majorités de s'extraire de cadres fédéraux archaïques, où nos deux *personnalités* bien distinctes se paralysent mutuellement à force de faire semblant d'en avoir une autre en commun. (...) » [1]

Voilà. René Lévesque a formulé d'une façon nette et précise sa pensée politique. Le congrès du Parti libéral se tiendra du 13 au 15 octobre. Il lui reste à convaincre les militants du parti du bien-fondé de sa thèse. Mais les dirigeants libéraux ne tardent pas à réagir. Eric Kierans déclare: « La proposition de René Lévesque sera

---

1. *Le Devoir*, 19, 20 et 21 septembre 1967. Également reproduit dans l'ouvrage de René Lévesque, *Option-Québec*, éd. de l'Homme, 1968.

battue. Le Parti libéral n'acceptera pas son appel en faveur de l'indépendance du Québec. » Jean Lesage prévient les militants que les organisateurs du congrès n'accorderont « pas de préséance à la résolution de Lévesque ». Paul Gérin-Lajoie, plus posé, affirme: « Je suis frappé par le ton serein et objectif de ce document. »

Le président du Rassemblement pour l'indépendance nationale, Pierre Bourgault, demande à René Lévesque de joindre le RIN. Claude Ryan écrit: « On sentait bouillir, au fond de cet être, des convictions, des désirs, des intuitions et des rêves qui n'osaient pas s'exprimer dans toute leur nudité. M. Lévesque vient de rompre cette gangue étouffante. Il est devenu, lundi soir, l'homme public clairement défini que souhaitait retrouver, au bout d'un long et pénible cheminement, l'opinion québécoise. » [1]

Les dirigeants du parti n'osent y croire

Le grand allié de René Lévesque au congrès de 1966, Eric Kierans, ne se contente pas d'une réponse de quelques lignes. Il rédige un article intitulé: « Que deviendrait, au point de vue économique, un Québec séparé? » Il affirme que la réponse est simple: « La séparation du Québec du reste du Canada jetterait les Québécois dans la misère, la pauvreté et le chômage. » Il avance cette première preuve: « À l'heure actuelle, à peu près 35% des sommes versées aux provinces par le gouvernement fédéral sont destinées au Québec. Le contribuable québécois ne finance que 25% de ces versements. L'indépendance nous coûtera cher dans cette province parce que nous touchons plus que nous versons. » [2] Avec le recul des ans, ces chiffres, qui ont servi alors d'argument contre la thèse de René Lévesque, étonnent. Le 30 septembre 1970, une étude du ministère québécois des Affaires intergouvernementales, *La part du Québec dans les dépenses et les revenus du gouvernement fédéral de 1960-61 à 1967-68*, est rendue publique. On y affirme en conclusion: « De 1960-61 à 1967-68, le Québec n'a pas profité plus des dépenses fédérales faites pour lui qu'il n'a contribué à celles-ci. Plus précisément, il n'a reçu du gouvernement fédéral que les bénéfices pour lesquels il a payé et n'en a retiré aucun profit supérieur à sa contribution. (. . .)

1. *Le Devoir*, 20 septembre 1967.
2. *Le Devoir*, 2 octobre 1967.

Par les revenus que ses citoyens et ses institutions versent au gouvernement fédéral, c'est en quelque sorte le Québec qui se paie à lui-même sa propre péréquation. »

À quelques heures du congrès, ce ne sont que controverses et surexcitation dans le camp libéral. Jean Lesage dit donner son accord au rapport Gérin-Lajoie. L'ex-secrétaire de la FLQ, Henri-A. Dutil, accuse René Lévesque de vouloir instaurer au Québec un « régime d'extrême gauche ». Eric Kierans déclare qu' « il est temps de balayer une fois pour toutes le séparatisme du Parti libéral et du Québec ». Le chef du parti, Jean Lesage, revient à la charge et prévient le député de Laurier qu'il devra « se commettre ou se démettre » si son option est rejetée par le congrès. Jean-Luc Pépin, ministre libéral fédéral, compare le texte de René Lévesque aux « essais politiques du siècle des Lumières » et il ajoute: « Je ne pars pas en guerre contre le siècle des Lumières ou contre la Révolution française. Je rappelle seulement qu'ils ont conduit à la terreur, à la dictature de Napoléon et surtout à la restauration. » Avant même le début du congrès, les députés Kierans, Wagner, Lefebvre, Courcy, Lechasseur, Hyde, Goldbloom, Brown, Blank et Kirkland-Casgrain rejettent la thèse de René Lévesque.

Le journaliste Gilles Daoust note: « Plusieurs observateurs se sont étonnés du fait, incidemment, qu'on n'ait pas attendu le congrès pour débattre la thèse Lévesque. N'avait-on pas affirmé dans la direction du parti que toutes les options pourraient normalement être soumises en vue du congrès? » [1] L'initiateur de la thèse « souveraineté-association » déclare: « Nous espérions avoir au moins une audition convenable, honnête, démocratique, mais il est manifeste que nous n'aurons qu'une pseudo-audition. » Et l'éditorialiste Laurent Laplante écrit, devant ce qui est maintenant devenu évident: « En jetant M. Lévesque par-dessus bord, le Parti libéral s'achète un beau grand gouvernail tout neuf, mais il abandonne son moteur. » [2]

Vendredi soir, 13 octobre, ouverture du congrès libéral. Dans son discours de bienvenue, le président de la Fédération libérale, Eric Kierans, invite, en termes à peine voilés, René Lévesque et ses partisans à quitter le parti, si leur proposition est rejetée. Puis les organisateurs demandent aux congressistes d'adopter les règles de procédure. Pour la réunion du Comité des affaires constitutionnelles,

---

1. *La Presse*, 13 octobre 1967.
2. *L'Action*, 14 octobre 1967.

le samedi après-midi, et la séance plénière en soirée, les organisateurs proposent le vote à main levée, ce qui est accepté par l'assemblée.

René Lévesque sait fort bien qu'une telle procédure lui sera préjudiciable, donc fatale. Samedi, 18 heures, après quatre longues heures de délibérations au Comité des affaires constitutionnelles, René Lévesque annonce qu'il démissionne du Parti libéral. « Lorsque M. Lévesque fit part de sa décision, froidement, calmement, l'émotion étreignit la salle. Il y eut quatre ou cinq secondes d'hésitation. M. Lévesque eut juste le temps de descendre de la tribune. Alors son groupe, une soixantaine de supporters fidèles, l'entoura pour le féliciter, applaudissant à tout rompre. Les journalistes postés tout près purent le voir au bord des larmes. Il se reprit très rapidement cependant et quitta la salle suivi d'un grand nombre de personnes. » [1] Pourquoi 18 heures? « Ça n'aurait pas pu aller plus loin que minuit, dira René Lévesque, parce que samedi soir dans la mécanique, ça aurait été plus tassé, plus paqueté. Le vote aurait été alors une vraie farce. Le vote, on l'a perdu, vendredi soir, sur le refus du vote secret. » [2]

Si pour Jean Lesage le départ de René Lévesque laisse son parti « plus fort que jamais », pour Robert Bourassa, député de Mercier, c'est « une grande perte pour le parti et un homme difficile à remplacer ». Il ajoute: « En fait, ce qui va manquer maintenant au parti, c'est une police d'assurance contre l'embourgeoisement du parti libéral. » [3] Pour le chroniqueur André Langevin, c'est l'écœurement. « Devant ce congrès, le plus démocratique qui se pût concevoir, écrit-il, muselé dès le départ par l'imposition d'un dogme, les hérétiques, et qui ne le sont pas qu'en matière constitutionnelle, ont compris qu'on attendait depuis longtemps leur départ. Leur option était à l'avance non seulement condamnée, mais encore avilie. Il n'était nul besoin d'être d'accord avec les thèses de M. Lévesque pour avoir été humilié par le terrorisme des sous, orchestré par M. Eric Kierans, l'un des rares anglophones prestigieux qui avaient paru avoir fait leur la cause du Québec. » [4]

1. *Le Soleil*, 16 octobre 1967.
2. *L'Action*, 16 octobre 1967.
3. Cité par François Trépanier, *La Presse*, 16 octobre 1967.
4. « Kierans: l'ombre d'un gros bâton ... », *Le Maclean*, décembre 1967.

Le 1er novembre 1967, René Lévesque révèle devant les étudiants de l'université Laval que l'ancien conseiller économique du gouvernement du Québec, Jacques Parizeau, avait contribué à la mise au point de la partie économique de son manifeste. Ce dernier confirme la nouvelle. « Il a dit qu'il n'avait pas collaboré à la préparation du manifeste lui-même dont il a pris connaissance seulement quelques heures avant sa publication, rapporte un journaliste. Mais il a discuté pendant plusieurs heures avec M. Lévesque dans les jours qui ont suivi alors que l'ancien ministre libéral préparait une annexe économique au document. Il a ajouté que M. Lévesque s'était servi de certaines idées qu'ils avaient échangées lors de ces conversations et a rappelé que depuis dix ans il avait eu des relations semblables avec plusieurs hommes politiques québécois qui voulaient discuter avec lui de certaines questions. » [1]

On rentre chez soi ou on fonde un nouveau parti?

La première association de comté à appuyer René Lévesque est celle de Laurier. Plus de cinquante Libéraux mécontents démissionnent de cette formation politique pour former l'Association Laurier-Lévesque sous la présidence de Gérard Bélanger. Si le député de Laurier est fort heureux de cette attitude, il s'oppose à l'échelle québécoise à toute fusion précipitée ou improvisée. « Nous voulons, dit-il, éviter quelque chose d'artificiel qui ne pourrait être que la cause de divisions. » [2] Aussi, dès le mois de novembre, René Lévesque part-il en tournée dans le Québec pour expliquer sa thèse. Shawinigan, Sorel, Sherbrooke, Granby, Québec. À Trois-Rivières, il est reçu à la salle Notre-Dame par 800 syndiqués « gagnés à l'avance à ses thèses si l'on en juge par les applaudissements qu'il a recueillis ». Le journaliste Michel Roy cherche à s'expliquer ce succès. « C'est la première fois, écrit-il, qu'un homme politique ayant opté pour l'indépendance obtient un tel succès auprès d'un auditoire de syndiqués (...). » Roy demande au directeur québécois des Métallurgistes unis d'Amérique et vice-président de la FTQ, Jean Gérin-Lajoie, à un autre vice-président de la FTQ, Fernand Daoust, au directeur des relations extérieures des Métallurgistes, Jean-Marc

---

1. *Le Devoir*, 2 novembre 1967.
2. *Ibid.*

Avril 1972. À l'occasion de la publication du Manifeste du Parti Québécois. René Lévesque est flanqué de l'économiste Jacques Parizeau (responsable de toute la section économique du Manifeste) et de Camille Laurin, chef de l'aile parlementaire.

Carle, et au chargé de l'éducation politique à la CSN, André L'Heureux, comment expliquer cet accueil chaleureux. Ces quatre cadres syndicaux, dont trois assistaient à la rencontre, y trouvent deux raisons. « C'est d'abord et avant tout la personnalité même de M. Lévesque qui explique son succès auprès d'un auditoire de syndiqués, car ceux-ci voient toujours en lui l'homme qui fut à l'avant-garde de tous les combats sociaux. (...) Ils reconnaissent en deuxième lieu que cette réunion est très importante, qu'elle témoigne d'un « phénomène nouveau » dont il faudra « certainement tenir compte à l'avenir »; en somme, on ne peut plus dire que les syndiqués sont massivement et unanimement opposés à toute formule de souveraineté. » Jean Gérin-Lajoie ajoute: « C'était la première fois que des syndiqués le rencontraient depuis sa démission du Parti libéral. Ils savent dans quelles conditions il a quitté le parti et se félicitent de constater qu'il a rompu avec un **parti bourgeois**. Il y a dans cet accueil une grande part d'émotion. Les travailleurs ont le sentiment de se *faire avoir* dans la société; ils sont souvent en état de révolte; ils sentent que *ça ne tourne pas rond*. Lévesque incarne à leurs yeux un espoir de justice. » [1]

Un groupe de démissionnaires entouraient René Lévesque lors de son départ du Parti libéral. Il y avait, entre autres, Gérard Bélanger, Rosaire Beaulé, vice-président de la FLQ, Marc Brière, candidat défait au congrès de 1966, Guy Pelletier, candidat libéral défait dans le comté de Témiscouata en 1966, Monique Marchand, membre de la Commission politique du parti, Réginald Savoie, président du Comité de l'éducation de la Commission politique, Jean-Roch Boivin, président de la Commission du congrès sur la main-d'œuvre et le travail, Pothier Ferland et Maurice Jobin. Ces ex-Libéraux, de même que 400 délégués représentant les grandes régions économiques du Québec, se réunissent au monastère des Dominicains à Montréal, les 18 et 19 novembre, « pour **structurer** et organiser les appuis à la souveraineté-association venus de tous les coins du Québec ».

Le premier jour, du matin jusqu'au soir, presque interminablement, René Lévesque et les membres du comité directeur provisoire répondent aux centaines de questions posées par les délégués. Le lendemain, il faut décider des gestes à poser à court terme. Très tôt, il apparaît évident qu' « il faudra, tôt ou tard, créer un nouveau parti politique ». Bien que plusieurs réclament la formation immédiate de ce parti, l'assemblée choisit, pour les quelques mois qui viennent, de constituer une association pure et simple. On choisit l'appellation quelque peu boiteuse de « Mouvement souveraineté-association ». Certains veulent lui donner le nom de « Mouvement Lévesque », « Option Lévesque » ou « Thèse Lévesque ». Mais le député de Laurier s'oppose vigoureusement à de telles expressions. « Il ne faut pas, dit-il, personnaliser l'option constitutionnelle de la *souveraineté-association*. C'est notre patente à tous; pas la mienne. Je ne suis qu'un instrument dans le mouvement et je ne veux être que cela. » [2]

---

1. *Le Devoir*, 13 novembre 1967.
2. *Le Soleil*, 20 novembre 1967.

Même si, lors de la conférence de presse qui suit cette réunion, René Lévesque souligne la représentativité de l'assemblée — « c'est la première fois que je vois une assemblée avec une telle qualité représentative du Québec » — et l'importance des diverses décisions prises, tout reste à faire pour le MSA. « Il faut s'étendre, écrit le journaliste Jean-V. Dufresne, faire des contacts, diffuser l'idée, convaincre, préparer le terrain, lire les documents et la petite édition format de poche que le comité directeur s'apprête à publier, discuter, préparer la tournée de Lévesque, favoriser l'émergence de *leaders naturels*, construire des comités régionaux en respectant strictement la nature même de la région, sa composition économique et sociale, tenir compte de ses problèmes particuliers, etc. Sans tout ce travail, créer un parti serait un leurre, de l'opinion de la grande majorité des participants. » [1]

Immédiatement après cette première grande réunion de travail du MSA, Lévesque reconnaît qu'il ne sait pas encore quel sera le programme du mouvement. Et il ajoute que tout ce qu'il dit actuellement n'exprime que son opinion personnelle. Mais s'il n'en tient qu'à lui, « il n'existe pas de dogme et il ne faut pas chercher des solutions d'emprunt. Il faut un mouvement populaire par tout le monde et pour tout le monde. Mais c'est clair qu'au Québec, l'État est notre moteur collectif. La majorité des mesures qui ont le plus marqué l'évolution du Québec depuis 1960 ont été prises par le gouvernement. » [2]

En acceptant de diriger ce nouveau mouvement politique, René Lévesque vient de perdre une grande partie de cette liberté personnelle qu'il disait avoir acquise par suite de la défaite libérale de juin 66. Durant la semaine qui suit la réunion chez les Dominicains, il prend la parole au Glendon College de Toronto, au centre Paul-Sauvé, à l'université de Sherbrooke, aux Hautes Études commerciales et au collège Jean-de-Brébeuf. Le journaliste anglophone Ian Macdonald, qui a suivi les faits et gestes de René Lévesque pendant les dernières semaines, conclut qu'on a vendu la peau de l'ours avant de l'avoir tué. « They buried René Lévesque much, much too soon, écrit-il. His slight, gaunt figure, topped by a creased face with caved-in cheeks, is hardly a symbol of health and strength, but Lévesque is very much alive with an intense, burning desire to shape Québec

1. *Le Devoir*, 20 novembre 1967.
2. *La Presse*, 20 novembre 1967.

Août 1972. *Conférence de presse au P.Q. De g. à d.: Marcel Léger, René Lévesque et Pierre Marois.*

the way he feels it should be. (...) Lévesque is exactly the type to turn on the heat. While his opponents figure out ways to try to cool him off, look on Lévesque as one of Canada's livelier corpses. » [1]

Au début de l'année 68, René Lévesque déclare que le MSA ne deviendra un parti politique que s'il répond à deux exigences: financement public et expression des aspirations du peuple. « Car, dit-il, le peuple du Québec ne mérite pas les partis politiques qu'il a présentement, avec leurs caisses cachées et leur corruption. » Et ce parti devra être à l'image de toute la population. Déjà, René Lévesque avait déclaré aux étudiants du collège Mont-Saint-Louis à Montréal: « Il faut comprendre que dans sa majorité la population compte plus d'éléments conservateurs et qu'un parti qui veut prendre le pouvoir

1. *The Vancouver Sun,* 7 décembre 1967.

Janvier 1968. René Lévesque lance « Option Québec ». Ce livre très attendu était le complément du manifeste du MSA de l'automne 1967.

doit leur accorder une place jusqu'à un certain point. (...) À cause de la composition même de la population, un parti ne peut prendre le pouvoir sans refléter un minimum d'éléments conservateurs. » [1]

Dans le cadre de la campagne de sensibilisation à l'indépendance par le MSA, René Lévesque lance, le 17 janvier 1968, un ouvrage intitulé *Option Québec*. Il s'agit là d'un « petit dictionnaire souveraineté-association ». Le 1er février, l'auteur doit autographier son ouvrage dans une place achalandée de Montréal. Un journaliste anglophone est présent. « The invitation said Place Ville Marie at « midi précises », but, characteristically, René Lévesque arrived at « midi quarante cinq précises ». However, even though he was 45 minutes late he quickly turned one corner of the shopping promenade into

---

1. *Le Devoir*, 21 mars 1967.

a sort of politico-literary happening. One hundred or more passersby and newsmen were jammed shoulder-to-shoulder in the corridor outside La Maison du Livre, all straining to catch a word or two from the province's most fascinating politician. » [1] Le Mouvement Souveraineté-Association progresse à pas de géant. Peut-être trop rapidement? Au moment où l'on apprend que 37% des enseignants québécois ont choisi cette option politique, René Lévesque révèle: « C'est allé cinq ou dix fois plus vite que ce qu'on pensait. On croyait atteindre vers mars ou avril 68 une mise en marche au niveau des grandes régions économiques. On en est déjà au niveau des comtés. » [2] Trois semaines plus tard, le chef du MSA se dit « content mais inquiet » en ce qui concerne son mouvement, « à cause de la vitesse avec laquelle il progresse, vitesse qui peut causer des problèmes d'aménagement rapide et presque un danger d'improvisation ». [3] Lévesque redoute également un autre danger. « C'est, dit-il, que tu peux ramasser au début pas mal de boulets à traîner. Il faut faire attention, il ne faut pas devenir une patente. Souvent parmi ceux qui viennent au début d'un nouveau mouvement se trouvent des gars qui aiment ça faire parler d'eux, tu sais, des chiâleux du quartier et puis les mécontents, à l'état pur, et puis aussi le bois mort, c'est-à-dire ceux dont personne ne veut et qui disent: « Bien, voilà un refuge pour moi. » Il faut attendre un peu pour voir clair avant de laisser ces gens-là s'installer dans des structures où ils fermeraient la porte puis diraient: « C'est notre patente ». On veut un parti qui soit un parti populaire, pas un vieux parti qui recommence. » [4]

Néanmoins, le temps semble venu de transformer le mouvement en parti politique. Le 29 février, un communiqué de presse du Comité directeur du mouvement invite tous les membres en règle à participer aux assises du mouvement, les 20 et 21 avril, à l'aréna Maurice-Richard. Au cours de cette réunion, l'assemblée générale sera invitée à se prononcer sur trois grandes questions. D'abord, « convient-il de fonder un parti politique ou de garder au groupe fondé par M. René Lévesque son caractère de mouvement? » À ce sujet, le Comité directeur recommandera à l'assemblée de fonder

1. *The Montreal Star*, 2 février 1968.
2. *La Patrie*, 14 janvier 1968.
3. *Le Soleil*, 7 février 1968.
4. André Gilbert, Pierre Larivière et Jacques Patenaude, *op. cit.*, p. 16.

un parti. L'assemblée devra également étudier l'orientation du mouvement, les grandes lignes de son éventuel programme et se prononcer sur les structures et règlements de l'organisme. Si l'on s'en tient à un texte de René Lévesque paru en novembre 1963, voici ce que devrait être ce parti politique. Il faut comprendre qu'à l'époque, René Lévesque parlait du Parti libéral. « Pour l'essentiel, il me semble que cela peut tenir en trois mots: démocratique, progressiste, québécois. Démocratique veut dire d'abord le contraire d'un ramassis de privilégiés ou de petites chapelles. Le parti doit garder ses portes grandes ouvertes et accueillir tous ceux qui s'offrent à soutenir son programme. Y compris ceux qui tiennent à leur liberté d'expression, à leur droit de n'être pas toujours d'accord sur tous les points. Un parti démocratique n'est pas une collection d'automates. C'est une réunion de citoyens libres, qui acceptent simplement le minimum de discipline nécessaire dans toute organisation qui, ne se contentant pas d'être un forum sans suite, veut sérieusement accomplir quelque chose. Un parti démocratique est aussi une formation qui appartient à ses membres, dont le financement est tout entier, sans restriction et sans mystère, entre leurs mains. Progressiste est un adjectif qui s'applique à un parti qui n'a pas peur du changement. À notre époque plus que jamais, il faut accepter l'évolution sociale et économique comme un phénomène normal. Un parti progressiste non seulement accepte cette évolution, mais il doit avoir le courage de proposer les changements qui paraissent indiqués, et de les provoquer calmement dès qu'il en a les moyens, c'est-à-dire quand il est au pouvoir. Et il doit continuer à le faire avec la même audace réfléchie, aussi longtemps qu'il est au pouvoir. Sans quoi il devient plus ou moins vite un parti conservateur; ce qui est également respectable, mais pas du tout la même chose!... Québécois, pour moi, signifie d'abord que nous acceptons d'emblée, et sommes prêts à défendre au besoin, l'égalité, devant la loi et les institutions, de tous les citoyens du Québec. Quelle que soit leur appartenance culturelle ou religieuse ... ou même politique! Chaque Québécois est et doit demeurer un citoyen à part entière. C'est une chose absolument vitale, et qu'il ne faut jamais oublier, surtout pendant des périodes fiévreuses comme celle que nous vivons. Cela dit, Québec doit vouloir dire, collectivement, Canada *français*. Nous sommes la nation québécoise, plus de 80 p.c. de la population. D'autres peuvent être chez eux n'importe où ailleurs, mais nous, nous n'aurons jamais d'autre patrie sûre et bien à nous que le

Avril 1968.
René Lévesque
et
François Aquin
affichent
publiquement
des positions
irréconciliables.

Québec. Un parti québécois doit y penser sans cesse, travailler d'arrache-pied à la promotion nationale des Canadiens français, et chaque jour, dans tous les domaines, s'acharner sans arrêt à rapprocher le moment où nous serons, pour de bon, maîtres chez nous. » [1]

C'est parce qu'il ne put réaliser une bonne partie de ces conditions dans le Parti libéral que René Lévesque quitta cette formation politique. Il apparaît donc certain que le député de Laurier voudrait les voir se réaliser dans un autre parti politique.

Un premier congrès

Nous voici à l'aréna Maurice-Richard à Montréal, le 20 avril. Plus de 1,200 délégués participent aux délibérations dans les ateliers culturels, sociaux, économiques et politiques. On y ébauche les

---

1. *Point de Mire*, journal de l'Association libérale du comté de Laurier, 1er novembre 1963, p. 5.

grandes lignes d'un premier programme politique touchant à tous ces secteurs de la vie québécoise. Dans un des ateliers culturels, la discussion est vive. Le Comité directeur provisoire du MSA recommande aux congressistes d'approuver « un système d'écoles primaires et secondaires anglophones qui seront subventionnées sur la base du nombre de citoyens déclarant au recensement quinquennal que l'anglais est leur langue maternelle ». Beaucoup approuvent ce projet de résolution; un grand nombre s'y objectent.

Le lendemain, dimanche, jour de plénière. Rapidement, on approuve la proposition visant à transformer le mouvement en parti. « Il est résolu, y dit-on, par l'assemblée générale des membres du Mouvement souveraineté-association de donner un mandat à son comité directeur afin que le MSA participe activement à la fondation d'un parti politique regroupant tous ceux qui partagent les mêmes objectifs fondamentaux. » On s'entend pour tenir le congrès de fondation « dans les six mois après le 21 avril ». Puis la résolution sur le système d'écoles anglophones revient sur le tapis. François Aquin, député démissionnaire du Parti libéral en août 1967, s'objecte complètement à de telles subventions. Pour lui, il s'agit là de privilèges. René Lévesque croit plutôt qu'il s'agit de droits et déclare à l'assemblée générale, quelques minutes avant le vote: « Je suis libre de rentrer chez moi. » [1] Sous-entendant par là qu'il se verrait contraint de quitter le mouvement si on s'objectait majoritairement à ces subventions. Certains observateurs, dans les tribunes, crient alors à l'« impérialisme ». Après une prise de bec entre Aquin et Lévesque, le président demande le vote et l'assemblée donne raison à René Lévesque par 481 contre 243 et 51 abstentions.

Invité à commenter ce résultat, François Aquin déclare qu'il reste dans le mouvement pour poursuivre la lutte de l'unilinguisme. En fait, Aquin y était entré en se donnant pour mission de regrouper tous les indépendantistes, soit ceux du MSA, du Rassemblement pour l'indépendance nationale et du Ralliement national. Et Pierre Bourgault, à compter de novembre 67, se livre à des déclarations mensuelles au sujet du regroupement. Il affirme d'abord que lui et René Lévesque se sont entendus pour former un front commun. Le lendemain, Lévesque nie qu'il soit question de front commun avec le RIN. [2] Puis le chef du RIN annonce qu'il rencontrera le

1. *Le Soleil*, 22 avril 1968.
2. *Le Devoir*, 15 novembre 1967.

chef du MSA pour parler de regroupement. Celui-ci ne dit mot. Voilà que Pierre Bourgault déclare publiquement qu'il serait disposé à laisser la place de chef à René Lévesque si le RIN se fusionnait au MSA. Lévesque ne bronche pas. Bourgault s'impatiente et affirme que Lévesque est « un esprit colonisé ». Quelques semaines plus tard, le président du RIN dit que les négociations avec le MSA pourraient buter sur deux problèmes: le système scolaire et l'union monétaire, deux aspects où la pensée des deux partis s'oppose radicalement.

René Lévesque ne répond jamais aux déclarations de Pierre Bourgault. Bien plus, il n'emploie que très rarement son nom lorsqu'il parle du regroupement des forces indépendantistes. Pourquoi? Les raisons sont diverses. Les deux hommes sont venus à l'indépendance par des chemins tout à fait différents: l'émotivité et la rationalité. À certains moments, cela est tellement évident que les deux hommes ne semblent pas se battre pour les mêmes causes. Pour René Lévesque, la question de la langue est secondaire, en ce sens qu'il juge qu'elle se réglera d'elle-même après l'indépendance. Pierre Bourgault s'attachera à réglementer, à « légaliser » cette question. Pour le président du RIN, il faut faire l'indépendance pour des raisons de « dignité », alors que, pour celui du MSA, la dignité passe, d'une certaine façon, par le développement. René Lévesque a exercé le pouvoir; il sait qu'il lui faudra faire des concessions. Pierre Bourgault, non. Lévesque n'avait-il pas qualifié de « folie » la déclaration du président du RIN à l'effet que le gouvernement d'un Québec indépendant coulerait les bateaux dans la Voie maritime du Saint-Laurent, si...

Donc, René Lévesque, instinctivement, a tendance à se méfier de Pierre Bourgault. De plus, on a l'impression qu'il cherche pour le MSA à gagner du temps. Il aimerait bien éviter une fusion officielle avec le RIN, car les deux formations lui semblent très dissemblables. Il ne détesterait pas, non plus, « être démarqué à gauche ». Pothier Ferland, un de ses acolytes, n'avait-il pas déclaré au sortir des assises d'avril 68: « Le résultat des discussions sur l'unilinguisme a démontré que les membres du Mouvement Souveraineté-Association ne sont pas des radicaux. Maintenant, la fusion se fera plus sainement, bien que plus lentement peut-être. De plus, un petit noyau inorganique de radicaux s'agitera probablement à côté du parti de l'indépendance, ce qui aidera le nouveau parti, car la masse pourra plus clairement établir une différence entre les *radicaux* et les *modé-*

rés, ceux-ci réunis dans le parti de M. René Lévesque. (...) La victoire de Lévesque s'avère le reflet d'un réalisme populaire. La masse aura désormais plus de facilité à comprendre le MSA: elle n'y verra pas un groupe intransigeant et vengeur. De plus, la fusion sera plus facile, les éléments radicaux éliminés au départ. » [1]

Nous avons posé la question à René Lévesque: « Pierre Bourgault vous tend constamment la perche pour une fusion avec le RIN. Non seulement vous ne mordez pas à l'hameçon, mais vous donnez l'impression après coup que vous n'auriez pas détesté voir un parti politique plus radical que le MSA sur l'échiquier politique du Québec. C'est vrai? » Et René Lévesque de répondre: « D'abord, premièrement, dans ces faits-là, pour autant que je me souvienne, on a fondé le MSA chez les Dominicains en novembre 67. Une des intentions clés était de forcer le regroupement des indépendantistes, en même temps que d'amener le plus grand nombre possible de nationalistes indécis, à former un parti. En fait, c'était une sorte de ralliement qu'on voulait créer. On ne lui a pas mis de règlements quétaines; on l'a laissé *wide opened*, dans le genre « Tu rentres, tu sors ». Une espèce de carrefour donc, en tout cas de mouvement. Et non pas un parti structuré. De façon à pouvoir laisser s'approcher les autres et en même temps jouer sur la pression, ce qui me paraît encore légitime. Même si le RIN ou d'autres lançaient des appels de toutes sortes, nous préférions attendre que la pression les amène eux-mêmes à accepter l'idée d'un regroupement. On ne tenait pas à ce que ce regroupement soit fait sous nous, pas plus que sous eux. Mais je pense que le RIN avait des intentions, surtout au début, dans le genre « Ils sont un petit groupuscule qui vient au monde; nous, nous formons déjà un parti. Ils vont se rallier à nous. » Et je les comprends. Mais si on avait accepté ça, c'était le baiser de la mort, parce que le RIN avait plafonné à tout jamais à cause des attitudes qu'il s'était cru obligé de prendre. C'était leur droit. Mais nous voulions refaire une image nouvelle. Et ce regroupement se serait ainsi fait dans un contenant nouveau. Ça, c'était purement stratégique, si vous voulez. Pour ce qui est de l'opportunité que j'aurais vue et que je verrais encore à un parti de gauche ou d'extrême-gauche, ça reste vrai. Le RIN n'a jamais vraiment été un parti de gauche. Il y avait beaucoup plus de radicalisme verbal que de radicalisme réel. En fait, le programme du Parti québécois actuellement, et même depuis le début, est pas mal plus progressiste, pour employer le jargon, que

---

1. Cité par *Le Soleil*, 22 avril 1968.

l'était celui du RIN. Il y a moins de verbiage sonore, mais il y a beaucoup plus d'objectifs concrets et qui sont dans le sens du changement. Ceci dit, que ce soit le RIN, à ce moment-là, ou, aujourd'hui, l'éternel pseudo-parti de Charles Gagnon et Compagnie, j'aimerais bien ça, moi. Pour une raison double. La première, c'est que ça nous démarquerait beaucoup mieux comme un parti de centre-gauche assez avancé, plus à gauche, je pense, qu'aucun parti de gouvernement dans toute l'histoire du Québec, mais quand même d'une gauche modérée. Et ça permettrait de voir qu'on est balisé par des extrême-gauchistes qui se gargarisent sans arrêt d'un parti ouvrier, mais qui ne sont pas capables de le faire. J'aimerais bien ça qu'ils se décident. Parce qu'à notre point de vue, le paysage politique serait plus cohérent et cela permettrait mieux de dessiner notre place dans ce paysage. Et pour l'avenir aussi, parce que, qu'on le veuille ou non, nous n'éviterons pas, je pense, que le Québec prenne la forme d'une société normale où le jeu politique se fera sur un éventail qui ira de la gauche jusqu'à la droite avec les nuances normales. Qu'il n'en ait pas trop, je l'espère, car, si l'on tombe dans des folies genre *Quatrième République en France*, on aura l'air fou. Mais qu'il en ait suffisamment pour que les principales familles politiques soient représentées, ça me paraît logique.» [1]

Donc, au sortir des assises d'avril 68, le MSA est loin du regroupement avec le RIN. En juin, il y a élections générales au Canada. Pierre Trudeau, nouvel élu à la tête du Parti libéral fédéral, est vu par plusieurs anglophones comme étant celui qui mâtera le nationalisme qui se manifeste maintenant depuis une dizaine d'années au Québec. Le 5 juin, le démocrate Robert F. Kennedy est assassiné à Los Angeles. Profitant d'une assemblée électorale en Abitibi au cours de laquelle une poignée d'indépendantistes font du chahut, Trudeau compare alors les « séparatistes » aux « assassins de Kennedy », les qualifiant également de « colporteurs de haine ». À quelques jours de la fête nationale, la Saint-Jean-Baptiste, beaucoup de Québécois sont offusqués par ces propos de Trudeau qui tente vraiment de stigmatiser les souverainistes. René Lévesque ne rate pas l'occasion de lui dire qu' « en se servant ainsi du cadavre encore chaud de Kennedy pour faire peur, il fait preuve de basse démagogie ». [2]

Mais les souverainistes ne sont pas au bout de leur peine. Pierre Trudeau a reçu une invitation de la Société Saint-Jean-Baptiste de

---

1. Entrevue avec René Lévesque, 9 mai 1973.
2. *La Parole*, 12 juin 1968.

Montréal pour assister au grand défilé de nuit du 24 juin à Montréal. Les élections fédérales se dérouleront le lendemain. Le chef du Parti libéral accepte l'invitation. Beaucoup d'indépendantistes croient que ce n'est pas là la place de Pierre Trudeau, lui, « candidat discuté aux élections du lendemain ». Pierre Bourgault invite tous les Québécois à manifester publiquement dans la rue leur réprobation. L'affaire prend l'allure d'un défi pour les deux hommes en présence.

Le soir du 24 juin, alors que Pierre Trudeau siège sur le balcon de l'Hôtel de Ville de Montréal, des échauffourées éclatent entre manifestants indépendantistes et policiers. Ces derniers s'en donnent à cœur joie. Tous les journalistes présents, y compris ceux de la presse télévisée, notent l'extrême violence avec laquelle les policiers interviennent. *Montréal-Matin* qualifie ces gestes d' « actes de brutalité inouïe ». Résultat: 135 blessés, près de 300 arrestations, dont 81 mineurs. Le chef de police et le maire de Montréal diront, bien sûr, qu'ils ont fait leur devoir.

Le lendemain, Pierre Trudeau et son parti remportent les élections au Québec et dans l'ensemble du Canada. Peu importe qu'il se soit agi d'une mise en scène policière, d'une provocation de celui qui désirait devenir premier ministre du Canada ou de violence de la part de certains indépendantistes, René Lévesque renvoie tous ceux mis en cause dos-à-dos. Lors d'une conférence de presse, il déclare: « Le M.S.A. tient à condamner toutes les formes de violence dont le seul résultat ne peut être que de diviser et d'affaiblir encore un petit peuple que sa situation de minoritaire politique, de démuni économique et d'humilié social a déjà bien suffisamment magané. Trop de gens, et souvent, hélas, ceux-là mêmes qui devraient être les plus responsables, jouent présentement avec la violence comme autant d'apprentis-sorciers. Les événements du 24 juin, à Montréal, sont tristement révélateurs sur ce point. Il y a eu, dans les jours qui ont précédé, des incitations directes à l'emploi de la violence comme moyen d'action politique. À ce sujet, le M.S.A. tient à proclamer sans aucune ambiguïté qu'il réprouve complètement ces méthodes, qui sont celles du moindre effort et ne mènent en définitive qu'à des aventures anarchiques où tout le monde se dégrade. Quant à nous, nous continuerons à éviter farouchement cet abîme dans lequel pourrait sombrer la chance historique du Québec. C'est par la force de persuasion et la ténacité inlassable que nous inspire notre cause que nous la ferons triompher. Le pari que nous tiendrons, en dépit de toutes les provocations, en est un qui s'adresse à l'intelligence et non aux nerfs de notre peuple. (...) Plus immédiate, il y a la provocation que constituait pour beaucoup la présence d'un homme, candidat discuté au scrutin du lendemain, et qui s'est voulu lui-même au-dessus pour ne pas dire en dehors de cette nation dont on célébrait la fête. L'inconscience béate de ceux qui l'ont invité n'a d'égale que l'irresponsabilité avec laquelle d'autres ont déclenché une manifestation qui était condamnée d'avance à dépasser les bornes. (...) La police, bien sûr, devait maintenir l'ordre; mais, mal équipée et pas du tout entraînée à faire face à un tel contexte, elle a rapidement confondu le maintien de l'ordre avec une répression à outrance. (...) Quant à la suite, il nous paraît tout aussi évident que, sans prétendre y voir un remède à tous les maux, seule la liberté politique du peuple québécois peut lui apporter à la fois la sécurité et la dignité collectives dont l'absence est la cause la plus profonde des tentations, aussi bien celle de la violence que celle de la démission, auxquelles un certain nombre d'entre nous résistent mal. Seul un peuple qui s'appartient, et qui bâtit par lui-même les progrès et la justice dont il a besoin, est en mesure d'éviter les deux abîmes que sont la noyade progressive dans le *melting pot* et le gaspillage des révoltés pseudo-révolutionnaires. (...) » [1]

Personnellement, René Lévesque n'acceptera jamais de lésinerie sur le sujet de la violence au Québec. En ce sens, c'est un véritable pacifiste qui aimerait que le MSA ou ce mouvement transformé en parti s'affiche comme tel. S'il n'en tient qu'à lui, c'en est bien fini avec Pierre Bourgault et le RIN. D'ailleurs, lors de la conférence de presse qui suit cette déclaration, il affirme que les négociations avec le RIN en vue d'une fusion sont suspendues jusqu'au 6 juillet, date de la réunion élargie des divers représentants du MSA. En fait, le RIN vient de signer son arrêt de mort aux yeux du MSA et René Lévesque a l'occasion rêvée pour mettre un terme à ces pourparlers.

Le 4 août, les chefs du MSA et du Ralliement national, René Lévesque et Gilles Grégoire, annoncent la fusion prochaine de leurs partis, fusion qui se matérialisera par la fondation d'un parti politique commun à l'automne. Les deux partis se sont entendus sur quatre objectifs fondamentaux: « créer démocratiquement un État souverain de langue française; instaurer une démocratie électorale mais aussi économique, sociale et culturelle; respecter jalousement les droits scolaires de la minorité anglophone et négocier un traité

---

1. *Le Devoir*, 29 juin 1968.

d'association économique avec le Canada anglais. » [1] Le président du MSA devait ajouter que les négociations avec le RIN avaient achoppé sur la question du système scolaire anglophone. À François Aquin, il ne reste plus qu'à démissionner, ses deux positions fondamentales, regroupement complet des indépendantistes et opposition à un système scolaire anglophone subventionné, battues en brèche par le MSA et le RN. Et il ne tarde pas à quitter le mouvement présidé par René Lévesque.

Plus aucun obstacle désormais sur la voie de la transformation du mouvement MSA en parti politique. La formation a déjà vécu une année de rodage. Le RN s'est montré désireux de se fondre avec le MSA. On a mis les points sur les « i » quant aux droits scolaires des anglophones dans un Québec souverain et quant à la violence. On a déjà esquissé un premier programme politique. Il ne reste plus qu'à fonder ce parti politique.

Du 12 au 14 octobre 1968, 957 délégués, représentant toutes les régions du Québec, se rassemblent à l'université Laval et au Petit Colisée de Québec pour fonder ce parti politique. À la présidence, on y élit René Lévesque; à la vice-présidence, Gilles Grégoire, au secrétariat et à la trésorerie, Fernand Paré. Jean-Roch Boivin, Marc Lavallée, Gérard Bélanger, Claude Laurin, André Larocque et Marc-André Bédard sont les autres membres composant le premier comité exécutif du parti. Rosaire Beaulé, un militant de la première heure, résume le sentiment des congressistes: « Il y a exactement un an, à la même date, ici même à Québec, un groupe de vingt personnes quittaient de façon dramatique le Parti libéral. Aujourd'hui, ce n'est plus vingt, mais vingt mille Québécois qui se sont regroupés autour de René Lévesque pour accélérer la marche de notre libération collective. » [2]

On choisit comme nom, « un nom, au dire de René Lévesque, très beau, peut-être trop beau », Parti québécois. Pour le président, « ce plus beau nom pour un parti politique » est déjà tout un défi à relever. Mais le défi dépasse ce simple nom. « Il doit y avoir moyen, dit René Lévesque aux congressistes, de prouver, sans tomber dans l'incohérence ou l'idéalisme échevelé, qu'un parti politique peut être réaliste sans tomber dans l'opportunisme, peut appartenir vraiment à ses militants tout en demeurant efficace, peut être un rendez-vous de citoyens adultes et responsables sans devenir un club académique,

---

1. *La Presse*, 5 août 1967.
2. *Le Carabin*, 17 octobre 1968.

et peut même contenir toute la passion d'une grande cause sans dégringoler dans la fébrilité ou l'agitation improvisée. » [1] Aux membres, la parole et la force de persuasion...

1. Discours d'ouverture, Congrès MSA-RN, 11 octobre 1968.

Octobre 1969.
Au congrès
du P.Q.,
à Montréal.

Conclusion

Nous voici rendus au terme de cet ouvrage. Et René Lévesque poursuit son chemin. Il aurait fallu le suivre au cours des premiers mois du Parti québécois, expliquer son attitude lors des événements touchant le projet de loi 63, raconter sa première campagne électorale comme chef souverainiste, peindre les traits de ce visage forcé de s'écrier, le soir du scrutin, « C'est une grande victoire », alors que son parti, avec plus de 23% des voix, n'obtenait que 6% des sièges, le voir apprendre avec stupeur que Trudeau, Marchand et Pelletier, les trois confrères du début, avaient décidé d'aller jusqu'aux mesures de guerre et que Pierre Laporte mourait, l'entendre décrier à l'avance la manifestation devant *La Presse*, hésiter devant le Front commun de mai 72, etc.

Fallait-il commenter ces lignes du journaliste Thomas Sloan: « ... tout indique que René Lévesque n'a fait qu'obéir aux impératifs de sa nature, laquelle est un composé inhabituel d'idéalisme, d'enthousiasme, de spontanéité et d'intelligence. Son accession vers le pouvoir n'a pas été l'aboutissement d'une démarche consciente et calculée de comédien. Elle a été le fruit d'une exigence plus profonde. Il n'a sans doute pas le pouvoir en aversion. Mais il n'hésitera pas à abandonner le revenant-bon s'il estime ne pouvoir atteindre par ce moyen le principal objectif qu'il s'est fixé, à savoir l'édification d'un Québec économiquement fort, socialement progressiste et politiquement autonome. » [1]

Ou celles-ci du psychiatre Camille Laurin: « Depuis que je travaille à ses côtés, René Lévesque me paraît comprendre et ressentir dans sa chair ces contradictions de l'homme québécois qui tout à la fois lui imposent de se libérer et l'empêchent d'y parvenir. C'est pourquoi il oscille lui-même entre la nuit et la lumière, l'impatience et la confiance, la tendresse et la sévérité, la mercuriale et l'appel au dépassement, lorsqu'il se parle à lui-même ou aux autres. C'est pourquoi il plonge jusqu'au fond de lui-même pour prendre conseil en temps de crise. C'est pourquoi il est pour chacun un signe de contradiction, le lieu de la reconnaissance, de la détestation et de l'amour.

---

1. *Une révolution tranquille?*, HMH, 1965, p. 98.

Avril 1970.
À la descente
de l'avion
du *P.Q.*,
à l'aéroport
de
l'Ancienne Lorette.

C'est pourquoi en somme le destin ne pouvait que le choisir comme accoucheur de notre liberté. » [1]

Ou encore épiloguer sur ces propos de Gérard Bergeron: « Il sera peut-être l'homme de la future réintégration, celui qui est déjà polarisateur et principe magnétique d'intégration de ces sous-sous-Américains de Québécois! Il aura suffisamment montré qu'il n'est pas celui qu'on intègre ou qui s'intègre, tout au plus celui qui s'annexe, un temps, pour un bout de route parallèle. Un tel idéalisme joint à une si forte dose de pragmatisme font un mélange détonant: en compressions et malaxages alternatifs, ça ne pouvait finir que par éclater! (...) Bâti comme ça, on n'est pas à l'aise dans sa propre

---

1. *Témoignage de Camille Laurin. Pourquoi je suis souverainiste?*, éd. du Parti québécois, sans date, p. 56.

29 avril 1970.
Élections
au Québec.
Le chef du P.Q.
a fait son choix.

peau, qui doit envelopper cette espèce de frémissement subconscient de tout un peuple dans son inconfort d'être Canadien français en Amérique du Nord. Tout au long de cette recherche laborieuse pour trouver à ce groupe un *espace-temps* qui ait du sens, Lévesque est devenu autre et plus que lui-même: il est, en s'efforçant de la contenir, cette population même en ses rares moments d'effervescence, entrecoupés de longs silences d'eaux endormies. » [1]

Ou ceux-ci de l'auteur, comédien et astrologue Guy Hoffman: « Je pense aux négateurs de l'astrologie en voyant la précision d'un pareil ciel dont les aspects n'ont été que la conformation indéniable de sa réussite. Dans les rouages, je trouve l'intelligence d'abord, lumineuse, logique, puissante et précieuse, qui ne va qu'en s'am-

1. *Ne bougez plus!*, op. cit., p. 146.

plifiant. Je trouve en gros caractères l'achèvement de la tâche commencée avec en pouvoir les dons de sciences, d'arts, d'écriture, d'orateur (ombrée), d'intuition, presque de voyance sensitive et illuminatrice. La buée vient de sa modestie presque maladive, de sa timidité contrôlée avec l'âge, des possibilités de colères dangereuses passionnées et fébriles... Éléments nuisibles mais qu'il essaie de rendre positifs. En somme, au départ, tout entreprendre et tout oser. Pour arriver à la précision idéale, il y a de l'inquiétude et la timidité s'est muée en fébrilité. (...) Toute sa vie, ses revirements seront impressionnants et efficaces. Le besoin d'initiative redeviendra facteur du tout entreprendre et du tout oser. Et, à travers tout cela, il y a beaucoup de sensualité, garante du succès! »

Que dire de ces paroles du philosophe et comédien Doris Lussier: « Cet homme, qu'une intelligence prodigieuse et un courage peu commun ont projeté aux premières lignes de notre combat politique, offre à mes yeux toutes les garanties du chef de file qu'il faut aujourd'hui au peuple québécois. René Lévesque, c'est l'homme qui voit clair et qui prévoit loin. Et la sagesse politique, c'est d'abord ça. Son génie, c'est d'avoir conçu le problème du Québec non pas dans ces incidences secondaires, mais dans la perspective historique et globale qui seule peut éclairer ses véritables dimensions et, partant, permettre le choix judicieux des moyens à mettre en œuvre pour le résoudre dans le sens de nos intérêts supérieurs. Il reconnaît les aspects pratiques et les difficultés réelles du problème, mais cela ne l'empêche pas — comme c'est malheureusement le cas de tant d'autres chefs — de voir qu'il s'agit ni plus ni moins que de la vie ou de la mort de la nation. Pour le Québec français, aujourd'hui ou demain, c'est « to be or not to be ». » [1]

Et celles-ci de l'ex-député unioniste Jérôme Proulx: « La mystique de René Lévesque se traduit par une sorte de symbolisme populaire qui s'acharne à libérer notre subconscient collectif. Démystificateur par excellence, il dénombre et identifie tous les fantômes obsédants de la mythologie québécoise. En familiarisant le peuple avec l'objet de ses peurs, il le rend conscient que ce phénomène d'hallucination est collectif et il exerce par là la thérapeutique de l'apprivoisement. René Lévesque compose d'égal à égal avec son peuple. En traquant la peur, il fait un aveu admirable. Et c'est sa condition de colonisé libéré qui constitue tout le poids de son auto-

---

1. « L'indépendance sans le séparatisme ou pourquoi je quitte le parti libéral », *Le Devoir*, 26 octobre 1967.

rité. (...) Les Québécois se retrouvent en René Lévesque, ce grand vainqueur de lui-même, comme devant un miroir magique, plus forts et plus puissants. (...) Ce verbo-moteur dit tout haut ce que chacun pense tout bas. Il atteint toutes les couches de la société, de l'universitaire au rural, parce qu'il exprime ce qu'il y a de plus profond, de plus caché, de plus authentiquement québécois. Ce phénomène d'identification se manifeste si fortement que nous éprouvons de la pudeur à l'admirer. (...) Par la simplicité de sa personne, René Lévesque a aboli le mythe du surhomme omnipuissant et assoiffé de pouvoir. Il puise sa force dans la connaissance de ses propres limites, dans sa conviction d'homme et dans l'espérance de tout un peuple. Au culte de la personnalité, il oppose l'image d'un homme de bonne volonté que le destin a chargé d'une lourde responsabilité et quand la foule l'acclame, ce n'est pas une idole qu'elle encense mais un homme en chair et en os à qui elle communique sa foi en l'avenir. (...) La simplicité constitue tout le charme de l'homme et par là il aura aussi aboli le mythe du dandy: il n'a ni coiffeur, ni tailleur, ni chauffeur; il n'a rien d'un narcisse et il a horreur du cabotinage. Le seul luxe qu'il s'offre c'est celui d'être lui-même. (...) Les fantômes des ruines de l'Establishment hantent le Québec mais pour René Lévesque ce sont de vieux familiers. Il les déshabille, les scrute et les décortique: effeuillage progressif d'une peur collective? (...) » [1]

Et ce journaliste de Radio-Canada qui nous confiait: « Voici la plus belle image que je garde de René Lévesque. Nous sommes en plein cœur de la crise d'octobre. Pierre Laporte est mort depuis une semaine. Chaque homme politique a au moins deux agents de sécurité pour le surveiller. Nous sommes tous, du premier au dernier, bousculés par ces événements. Il est 21 heures 30; le temps est brumeux. Il fait noir, rue Stanley. Je me rends à mon émission. Tout à coup, qui vois-je? Ce petit homme, sortant de Radio-Canada où il venait d'adresser la parole aux Québécois, cigarette au bec, sans garde du corps, seul pour partager tout le poids qu'il devait assumer à ce moment-là. Il traversa la rue en diagonale et disparut dans la brume, avec le havresac du peuple du Québec sur les épaules. »

Oui, nous aurions pu écrire, écrire et écrire. Car l'homme, phénomène unique au Québec, avait déjà, à son entrée en politique en 1960, une vie de vécue. Nous avons tenté de raconter cette vie de notre mieux. Quant à celle qu'il lui reste à offrir, elle n'en est que sur sa lancée. Nous avons préféré cesser la narration au moment où il

1. *Le panier de crabes*, éd. Parti Pris, 1971, pp. 203-205.

Février 1972. À l'auditorium de l'École polytechnique, à Montréal, le chef indépendantiste fustige les politiciens fédéraux.

est de plus en plus difficile de distinguer la pensée et le cheminement de René Lévesque de ceux du Parti québécois.

Parlant de Réal Caouette et Pierre Trudeau comme de « monstres sacrés », Gérard Bergeron ajoute au sujet du président du Parti québécois: « Mais Lévesque déclenche, lui, des réflexes collectifs d'identification davantage à la façon de Gilles Vigneault que des deux autres (...). » Nous n'avons pas voulu mettre le point final à cet ouvrage sans reproduire ces notes personnelles de René Lévesque, notes obtenues d'abord sans son approbation et rédigées le 6 avril 1970, trois semaines avant le scrutin. Ces réflexions, où l'on croirait voir un René Lévesque se confondant à un certain moment avec

Mai 1973. *L'ultime appel. L'opération-ressources du P.Q. se termine par un rallye de 10,000 partisans et un fonds de $ 800,000.*

Gilles Vigneault, nous en apprennent plus sur l'homme que toutes les pages précédentes. Le texte s'intitule d'ailleurs, comme la chanson de Renée Claude et Stéphane Venne, *Le début d'un temps nouveau.*

« Le galop final est commencé. J'écris le 6 avril, au lendemain de notre ouverture incroyable, au Centre Maurice-Richard, dans l'est de la métropole. C'est fait pour 8,000 assistants. Plus de 12,000 personnes s'y (et nous) écrasaient. Plusieurs milliers d'autres au dehors, dans le froid d'un printemps qui n'arrive pas à se décrocher de l'hiver. Comme le Québec, qui a de la peine, depuis quelques années, à se rendre compte qu'il est mûr pour la vie et la santé normales.

« Ce n'est pas fini. Mais on sent — ça doit se sentir autant que se savoir, me semble-t-il — que ça va se faire. Peut-être, miraculeusement, dès ce mois-ci. On le sent chez les gens qui n'ont pu entrer dans l'aréna comble: il fait froid, mais on a l'impression qu'ils se trouvent au chaud quand même; ils sont déçus, et pourtant joyeux. Ils ont l'air de le flairer, pas loin, en eux-mêmes, le vrai printemps qui tâche puissamment d'oser fleurir.

« Dans cette course folle, qui pour nous n'est que le dernier *droit* d'une piste qu'on dévore depuis bientôt trois ans, les sons, les images s'entremêlent. Pendant les 21 jours qui restent, ce sera un film détraqué. On voudrait fixer tout ce qu'il y a de beau, de prodigieux dans ce tourbillon de séquences, n'en rien perdre. On n'y arrivera jamais. »

« Les capots à l'endroit »

« ... Ces gens de la Côte-Nord chez qui j'étais avant-hier. Ils se sont cotisés, à Sept-Iles, à Schefferville, à Baie-Comeau, Hauterive, à Port-Cartier, à Gagnon, pour noliser un bon vieux DC-3, dans lequel on *remontera* tous ensemble pour la soirée de Montréal. En passant par Sherbrooke et, par des routes qu'il faut elles aussi *sentir* pour y croire, par Wolfe et Richmond.

« À Port-Cartier, il y avait M. Bujold, 80 et quelques années. Un vieux bleu *teindu*, je crois bien. Encore assez jeune pour vivre à plein la saison nouvelle — son vieux capot, il ne l'a pas viré, il l'a tout simplement jeté à la poubelle ... et visiblement il n'a pas froid! La veille au soir, à St-Hilaire, aussi jeune que la jeunesse qui l'entourait, c'était un vieux rouge de 84 ans, M. Boivin, à la première rangée d'une foule de 1,200 personnes ... Ici, là, partout, on voit se re-souder ainsi, comme il arrive toujours aux grands moments, bons ou mauvais dans toute famille, des grands-parents et des petits-fils, et ceux du milieu ... Se peut-il vraiment qu'on soit sur le point d'aboutir? »

« De vie ou de mort »

« ... À Sept-Iles, un ouvrier qui demande 20 de ses précieuses journées de congés accumulés pour se mettre à plein temps avec nous jusqu'à la fin de ce mois ... de ce mois qui fait presque peur à force d'être plein, débordant de cette marée d'énergies, de dévouements, qui se mobilisent spontanément, dans tous les coins du Québec. À Asbestos, ce professeur qui, angoissé, se demande comment garder encore, pendant 21 jours, son enseignement détaché de la tâche de citoyen qui embrase toutes ses autres heures ...

Ailleurs, celui qui a tout bonnement lâché son emploi: « J'irai les revoir en mai, ils m'ont dit qu'ils m'attendraient probablement... »

« ... À Montréal, à une heure du matin, un camion devant le local du financement. À l'avant, incapable de descendre à cause de ses rhumatismes, le père surveille étroitement les opérations. Son fils charge les colis de lettres qui partent (si la poste marche encore) solliciter notre minimum vital dans tous les coins du pays. En haut, avec son équipe de bénévoles, sa fille achève de cacheter. « Il faut que ça marche, dit le père, y'a que ça qui compte. Et, au besoin, y'a encore du monde à la maison... »

« Est-il possible qu'un tel élan, porté par des milliers de Québécois, hommes, femmes de tous âges et de tous milieux, qui littéralement s'arrachent le cœur sans autre motif que de se sentir enfin chez eux une bonne fois, retombe sans résultats à la fin d'avril? C'est presque une question de vie ou de mort. Car, si ça se produisait, on se demande comment, dans un avenir prévisible, sinon jamais, pareil ressort pourrait être remonté. Retomber en automne au mois de mai... Il me semble que ça ne se peut plus... »

« Les vieilles marées baissantes »

« Mais ce n'est pas fini. Nos Cassandre et leurs caisses, bleues et rouges, se déchaînent... Comme un vol de corneilles désaxées qui se trompent de saison, ils vont tâcher de faire tomber les feuilles au moment où la sève monte!

« Dans l'affolement qui les envahit, ils sont prêts à tout, même à provoquer l'avortement collectif. Bien sûr, ils ne savent pas vraiment ce qu'ils risqueraient de faire. Ils ne sentent plus rien — l'esprit et les sens tout remplis, obsédés par les hochets du vieux petit pouvoir provincial, avec la peur bleue de les perdre, avec la rage rouge de les gagner... Pauvre petit pouvoir, mais qui garde pour ses professionnels ses fastes, ses prestiges, ses prébendes.

« M. Pierre Laporte va jusqu'à nous traiter, dans le journal de ce matin, de poseurs de bombes. Est-il possible qu'on en soit rendu, dans ces milieux de l'Establishment le plus orthodoxe, à se concerter avec M. Caouette: lui, il en est déjà aux bains de sang pour très bientôt, tandis qu'un peu plus loin, un nommé Dumont découvre dans le ciel flamboyant un Coup d'État Communiste pour le 24 avril (ou le 25)! Bien avant le 29, ou bien ils vont être morts de rire, ou bien le Vietnam c'est de la petite bière à côté de nous autres! Il y aura partout des Gilberte à St-Bruno, annonçant, attendant, fulminant... »

« C'est l'ultime escalade de l'impuissance conditionnée, et elle ne peut, ne doit être que verbale. Ils crient de plus en plus fort, mais c'est parce qu'ils se voient descendre. Comme une vieille marée épuisée, qui a ses derniers sursauts de furie, parfois si violents qu'on est tout surpris de constater sur le sable que c'est bien le baissant quand même . . . »